일상이 정치: 미식, 세대, 지정학

지금은 하늘나라에 계신,
내 인생의 길을 만들어주신
나의 할머니께 이 책을 바친다.

일상이 정치: 미식, 세대, 지정학

머리말

정치학의 대중화. 이것이 이 책의 목표다.

정치는 두 가지 가치(ambivalent)를 동시에 가진다. 대체로 한국인들은 정치에 관심을 가지지만 또 현실 속 정치인이나 정당을 몹시 싫어한다. 정치는 관심과 냉소를 동시에 받는 존재라는 차원에서 양면성을 가지는 양가적(ambivalent) 존재다.

정치는 공부해서 체계적으로 분석할만한 값어치가 있다. 하지만 진보-보수라는 주관적인 도덕성이 분석을 방해한다. 그래서 정치는 한국사회에서 좋은 사람과 만났을 때 언급해서는 안 되는 존재가 되었다. 꾹 참고는 있지만, 우리 삶을 직접 규정하기에 정치를 말하지 않을 수는 없다. 그래서 한국에서 정치는 대체로 어렵다.

개인적인 기회로 정치학을 가르치는 일을 한 것이 계기였다. 어려워하는 정치학을 좀 더 재미있게 그리고 쉽게 이해하도록 만들면 좋겠다는 생각을 하게 된 것이다. 그런데 객관적으로 현상을 분석하려면 우선은 관심을 가져야 한다. 그래서 시작한 것이 내 주변의 일상과 정치를 연결해 보는 것이었다.

이 책은 그런 일상과 정치간 연결의 시도들을 모은 것이다. 무엇에서 시작할 것인가? 필자는 스스로 가장 좋아하며 관심이 있는 '맛집'에서 시작했다. 좀 거창하게는 미식. 먹는 것은 혼자 하거나 다른 사람과 같이한다. 그래서 가장 기본적인 사회적 행동이다. 식사는 개인에서 출발하여 사회로 나갈 수 있는 계기를 만들어준다. 다음은 세대(generation)다. 한국은 산업화, 민주화, 정보화 세대라는 각기 다른 세대들이 옹기종기 모여 살고 있다. 빠른 경제발전과 민주화는 한국의 자랑이지만 한편으로 세대가 갈등할 수 있는 가치관의 차이를 만들었다. 여기서 더 나가면 세대 간의 갈등을 제도화하는 '제도정치'가 중요해진다. 마지막으로 지정학. 한국은 주변 정세에 압도적인 영향을 받는다. 그런 점에서 지정학은 한국인들에게 대외환경이 얼마나 중요한지를 알려준다. 이렇게 '미식'과 '세대'와 '지정학'이 책의 3개 테마가 되었다.

정치학에 관심을 가지는 것이 체계적 정치이해의 첫걸음이다. 정치학의 대중화. 다시 한번 말하지만, 이것이 이 책의 목표이다. 앞서 말했듯이 정치는 무시할 수 없는 존재이다. 그리고 관심을 가져야만 하는 존재이다. 살아 숨 쉬는 권력을 비판적으로 이해하고 새로운 대안을 논의하는 것이 한국 사회를 발전시키는 길이기 때문이다. 이 책은 모든 정치 현상을 다루지는 않는다. 다만 몇 가지 이슈에서 정치에 관심을 가지는 마중물이 되면 좋겠다.

2020년 3월 30일

일상이 정치: 미식, 세대, 지정학

차 례

제1장 미식속의 정치

01. '우래옥', 메르스를 이겨내다!! _ 11
02. 평양냉면 찬양론 _ 17
03. 냉면 영재 키우기와 정치 영재 키우기 _ 25
04. 필동면옥은 왜 '반 접시' 메뉴를 없앴나? _ 33
05. '백촌 막국수' 드셔보셨나요? _ 39
06. 라면과 정치의 공통점 _ 45
07. 용궁반점, 알프레드 아들러, 선거 _ 51
08. 남도 미식기행(紀行) : '육전'과 '떡갈비'의 교훈과 '타다' 논쟁 _ 57
09. 한 맛집 탐방객의 바람 _ 65
10. '인생술집'과 '얼큰한 여자들'의 의미 _ 73
11. '집밥백선생'에게 '냉장고를 부탁'하면 '오늘 뭐 먹지'? _ 79

제2장 세대(generation)정치: 제도정치와 권력 투쟁

01. 인구 절벽시대의 한국 _ 89
02. 밀레니얼 세대, 꼰대 세대, 보릿고개 세대의 불편한 동거 _ 95
03. 변화, 문화, 진화? _ 101
04. 『응답하라 1988』과 쌍문동 비망록 _ 107
05. 돼지갈비의 추억과 공정성(fairness) _ 113
06. '할로윈데이'와 '10월의 마지막 밤' _ 119
07. 세대 불화와 분화가능성 : 전통적 진보와 새로운 진보간 갈등? _ 125
08. 한국의 갈림길 : 비동시성의 동시성 _ 133
09. 대통령제도가 문제일까? _ 139
10. 제도와 제도운영을 둘러싼 논쟁과 투쟁 _ 145
11. 권력의 어느 부분이 문제일까? : 국회와 정부 형태의 관계 _ 151
12. 국회의원 '무노동 무임금' 원칙 _ 159
13. 국회의원 특권 폐지와 기대하는 리더십 _ 165
14. 유럽의회선거 : '부유'한 '민주주의' 국가들의 '제도'는 어디로? _ 171
15. 연동형 비례대표제 : 재미없고 유용하지도 않은 논쟁 _ 179
16. 우리도 결선투표제를 사용해야 할까? _ 187
17. 강원도 선거구 획정에서 읽는 한국 정치 _ 193

제3장 지정학과 국제정치

01. 아픈 엄지발톱 이야기 _ 201
02. 지정학의 부활 (1) _ 207
03. 지정학의 부활 (2) _ 213
04. 해군력, 복고시대로의 회귀 _ 219
05. 사이버 지정학 : 새로운 위협과 제도화 _ 227
06. 21세기 국가이익과 대한민국 _ 233
07. '3층위(layer)'방정식과 상대적 약소국의 비애 _ 241
08. 균형에 대해 _ 247
09. 한미관계의 어려움 : 미국 패권체제와 일방주의 _ 255
10. 미국-이란 사태 : 국제정치 본질의 현시 _ 263
11. 2차 북미정상회담을 넘어서 미국 예측 : 지정학 차원에서 _ 269
12. 트럼프 손자(孫子)를 불러내다 : 하노이의 협상전략과 청중들 _ 277
13. 중국몽(中國夢) : 강자(stronger)와 지도자(leader)간의 거리 _ 285
14. '문화-정치 투쟁' 관점에서 보는 홍콩사태 _ 291
15. 중국과 러시아간 연대 : 경쟁적 권위주의 국가들의 결탁 _ 299
16. 권력정치와 한일관계 _ 305

17. 일본의 경제보복과 한국의 대응에서 무엇을 볼
    것인가? _ 311
18. 북한의 고슴도치 전략과 비핵화 가능성 _ 319
19. 초코파이로 이루는 통일 _ 325
20. 인도, 지정학전략 중심에 서다 _ 331
21. 부상하는 인도를 이해하는 첫 번째 키워드
    지리(Geography) _ 339
22. 2차 북미정상회담 개최지 베트남 : 베트남 개최는 어떤
    의미일까? _ 349
23. 북한은 베트남처럼 될 수 있을까? _ 357
24. 관광지 태국과 정치 격전지 태국 _ 365
25. 태국의 지정학과 외교 : 자유를 위한 자유의 포기 _ 373
26. 터키의 지정학과 한반도 : 터키의 러시아산 무기구매는
    어떻게 한국정부에 부담이 되는가? _ 381

제 1 장

미식 속의 정치

일상이 정치: 미식, 세대, 지정학

일상이 정치: 미식, 세대, 지정학

01

2015. 6. 11.

'우래옥', 메르스를 이겨내다!!

　메르스의 공포가 대단하다. 확진 환자 수가 매일 늘어나고 있고 확진에 이어 사망자가 늘고 있다. 2015년 6월 11일 현재 9명이 사망했고 메르스 확진 환자는 122명이 되었다. 자가 격리자 수도 늘고, 3차 감염도 확산하고 있어 시민들의 불안은 더욱 가중되고 있다. 6월 10일 세계보건기구가 휴교령을 자제할 것을 요구했음에도 불구하고, 서울시교육청은 서울 강남과 서초 지역의 초등학교와 유치원의 휴교령을 6월 12일 금요일까지 연장하였다.

　메르스의 공포가 심각해지고 있다. 메르스 자체의 감염에 의한 공포를 넘어서 사회 여러 분야에서 메르스로 인한 피해가 심각해지고 있다. 우선 관광객이 급감하여 관광연관 분야가 심각하게 피해를 보고 있다. 중국에서는 메르스를 치면 연관되는 단어가 한국이 나온다고 한다. 중국 관광객들은 한국여행을 취소하였다. 중국인들로 인산인해를 이루던 남대문은 휴장한 듯하다. 남대문시장으로 대표되는 전통시장의 영세상인들은 손님이 없어 죽을 맛이다. 심란한 것은 관광버스업계도 마찬가지다. 호텔들도 울상이다. 주요행사들이 줄줄이 취소되고 있기 때문이다. 버스와 지하철의 승객은 50% 이상 줄었고 택시 이동도 줄어들어 회사택시들은 사납금을 채우지 못할 실정에 있다. 도로에 나가보면 일요일 오전 정도의 교통량을 보여준다.

메르스의 공포가 더욱 거세지고 있다. 일요일. 교회는 아이도 부모도 오지 않아 텅비었다. 이런 사정은 교회만의 문제는 아닐 것이다. 대형종교시설들에는 접촉을 피하고자 하는 사람들이 점점 늘고 있다. 정부도 종

"결혼식 맞아?" 경기도 평택의 한 예식장에서 메르스로 인해 하객들이 마스크를 쓰고 결혼 사진을 찍고 있다. 평생 남을 사진처럼 이번 메르스사태도 한국 국민에게 한 가지를 강하게 남겼다. 정부에 대한 불신.

사진 출처 : 중앙일보

교행사나 집회를 자제해 달라고 당부하고 있다. 메르스의 공포가 개인의 종교적 신념을 넘어서는 것이다.

메르스가 더욱 확산될지 모른다는 우려와 내가 감염될지 모른다는 공포는 마스크를 사용하는 생활경계를 넘어서고 있다. 13일에 치르는 서울시공무원시험에 대해 서울시는 메르스 자가격리자에 한 해 자택시험을 보겠다고 발표했다. 당연히 많은 이들은 불공평하다고 항의하고 있다.

메르스가 우려를 넘어서 공포로 다가오게 된 원인은 확실히 정부의 대응방식 때문이다. 정부의 초기 대응은 굉장히 단호했고 확신에 차 있었다. 충분히 통제가 가능하다고 자신했던 정부의 발표와 달리 감염자가 늘면서 정부에 대한 불신은 질병을 더욱 두렵게 한다. 정부의 대처방식 탓에 감염자가 확산된다고 생각하는 시민들은 더 불안하게 되었다. SNS에는 정체 모를 대처법까지 돌고 있다.

어떤 대책을 내놓을 것인지 판단하는 것은 정부의 몫이자 정책결정자의 문제이다. 이런 상황들에서 어떻게 대처할 것인지를 잘해달라고 시민들은 5년에 한 번 지도자 선택의 시간을 가진다. 최고 정책결정자에게 기대하는 바는 시민마다 다를 것이지만, 이런 상황에서는 혼란을 줄이고 덜 두렵게 해줄 것을 바라는 것은 시민 모두 같을 것이다

그런데 정부는 "낙타고기와 낙타우유를 마시지 말라"는 사우디아라비아식의 정책 권고를 했다. 놀라운 것은 낙타고기가 한국에 수입이 되지 않는다는 것이다. 농림축산부에 따르면 말이다. 농림축산부가 수입을 금지하고 있는 고기를 보건복지부는 메르스 대책으로 먹지 말란다. 이런 발표는 정부를 조롱의 대상으로 만든다. 사람들의 반응은 "집에 있는 낙타를 잘 숨겨야지"라거나 "출근할 때 타고 온 낙타 내일부터는 타지 말자"

이다. 어려울 때 보여준 정부의 유머에 대한 감사.

한국정부의 태도는 사우디아라비아와 닮았고 미국과 반대이다. 사우디아라비아는 3년째 메르스로 고통을 받고 있다. 지금까지 1010명이 감염되었고 442명이 사망했다. 3년이라는 시간으로 볼 때 이 수치는 확산하는 속도가 높지 않다는 것을 보여준다. 사우디아라비아는 26만 마리의 낙타를 가지고 있다. 『네이처』지에 따르면 소말리아에만 낙타 700만 마리가 살고 있고, 케냐에는 300만 마리가 살고 있지만, 이들 나라에는 메르스 환자가 한 명도 없다. 한국에는 40여 마리 낙타가 있지만, 메르스 환자 수 세계 2위라는 점을 보면 감염은 사육낙타 두수와는 크게 관계가 없는 모양이다.

사우디아라비아가 메르스로 골치를 앓고 있는 것은 많은 부분 이들의 생활방식에 기인한다. 사우디아라비아 정부는 2010년부터 낙타사육을 권장했고 이 과정에서 낙타 우유를 직접 먹는 문화가 생기기도 했다. 사우디아라비아 정부는 개체 수 증가문제를 해결하고자 낙타고기를 먹으라고 권하는 캠페인을 시행하기도 했다. 이 과정에서 사우디아라비아의 낮은 위생관념과 허술한 의료체계가 인간감염을 증대시킨 것이다. 병원에서는 감염 여부를 확인하지도 않고 환자와 환자가 아닌 사람을 같은 병실에 몰아넣었다. 특히 의료진마저 손 세척조차 하지 않아, 직접 감염자가 되어 바이러스를 전파한 것으로 보인다.

사우디아라비아에서 시행된 실험에 따르면 200마리 중 3/4의 낙타가 메르스에 감염된 경력이 있다고 한다. 낙타는 메르스에 걸리면 가벼운 감기증상을 보이다 쉽게 완치가 된다. 낙타에게는 코와 입인 상부호흡기에 영향을 주는 것에 그치기 때문에 콧물이 나고 마는 정도로 지나간다고 한다. 그런데 이 메르스 바이러스가 인간에게 전염이 되면, 인간의 상부호흡기 말고 하부호흡기인 폐와 기관지에도 영향을 주는 중증호흡기 질환이 되는 것이다. 따라서 이 바이러스는 낙타에게 안전하지만 인간에게 위험한 바이러스가 되는 것이다. 문제는 사우디아라비아가 자국의 이미지 때문에 지금까지 보고된 것보다 많은 자료를 은폐했을 가능성이 있다는 것이다. 즉 사우디에서 나온 메르스 관련 정보에는 신뢰성이 부족할 수 있다.

이와 대조해 볼 나라는 미국이다. 2014년 4월 미국은 한국보다 먼저 메르스 환자가 발생했다. 미국은 입국과정에서 여행지역을 파악하고 이들을 응급실에서 관리하였다. 실제 두 명의 메르스 환자가 미국에 입국했지만, 이들은 곧바로 격리되었고 이 두 명으로 미국 내 메르스 환자는 끝이 났다. 국가통제가 질병 자체를 격리한 것이다.

한국도 2013년부터 메르스 중앙방역대책반을 운영하고 있다고 한다. 하지만 메르스는 정부의 방역망을 너무 아무렇지 않게 뚫어버렸다. 공항에서부터 예방적으로 관리가 되지 않았다. 게다가 정부가 정보를 통제하다 보니 일이 더 커졌다. 사태가 악화되자, 박원순 시장은 공세를 가했다. 정부는 부랴부랴 병원 명단 공개방안으로 대처했지만, 시민의 불신을 잠재우기에는 이미 때가 늦었다. 몇 년 전 구제역으로 그 많은 소와 돼지들이 살처분되었던 기억이 사라지기 전에. 세월호 사건 때 무기력함이 잊히기도 전에 정부는 다시 메르스 사태의 중심에 섰다.

지금 따져 볼 것은 무엇이 우리를 두렵게 하는가이다. 불확실성. 우리는 불안함을 가져오는 메르스 이면의 불확실성을 보아야 한다. 지금까지도 많은 의료진과 정부와 시민들은 확실하지 않은 정보를 가지고 마치 어두운 동굴 안을 더듬거리는 사람처럼 우왕좌왕하고 있다. 괴담이 퍼지는 것을 걱정하기 전에 이 괴담을 만들어내는 것이 무엇인지를 따져야 한다.

거기에는 불확실함이 있다. 교회를, 성당을, 절을 찾지 못하게 하는 그 불확실성이 우리를 가장 인간의 밑바닥으로 끌고 가는 것이다. 무엇도 우리를 보호할 수 없다는 두려움.

이런 두려움을 이겨내게 하는 것은 확실성과 신뢰이다. 정부의 통제 가능성에 대한 신뢰. 유능한 의료진에 대한 신뢰. 나의 위생예방책이 감염의 가능성을 낮출 것이라는 신뢰. 이러한 신뢰들이 모여 어두운 동굴 속같은 공포를 잠재운다. 그리고 다시 우리를 일상으로 복귀시킨다.

어제 오랜만에 주교동에 있는 우래옥(又來屋)을 찾았다. 오후 한 시를 지났는데도 한 시간을 기다려야 할 정도로 사람들이 넘쳐났다. 과연 메르스가 돌고 있기는 한 것일까 생각이 들 정도로 우래옥은 평양냉면 신자들을 영접하고 있었다. '또 오라'는 신뢰의 이름 '우래옥.' 불확실함과 공포의 시류를 비웃듯이 우래옥은 냉면을 즐기기 위한 이들의 성지이자 안식처로 그 자리에 그대로 있었다. 메르스 사태에도 불구하고 우리의 일상은 계속된다.

 그럼 지금은?

2020년 1월 다시 코로나 바이러스가 한국을 공격했다. 2020년 3월 현재도 사스 때나 메르스 때와 같은 코로나 바이러스의 변종이 공격하고 있다. 이 칼럼을 썼던 때에서 5년이 지난 현재 시점에서 바이러스는 다시 한번 정부의 통제와 대응능력을 시험하고 있다. 현 정부가 이 사태를 얼마나 잘 통제하고 있는지는 정부에 대한 지지에 따라 다를 것이다. 그러나 한 가지 확실한 것은 사스와 메르스 사태를 경험한 뒤 한국의 방역체계는 많이 좋아졌다. 확진자 수로는 2020년 2월 말 현재 세계 2위의 불명예를 썼지만, 바이러스로 인한 사망자 비율인 치명률은 낮게 나오는 것을 보면 그렇다.

일상이 정치: 미식, 세대, 지정학

02   2016. 6. 22.

평양냉면 찬양론

6월이 왔다. 여름이다. 여름이 되면 찬 음식을 찾는다. 찬 음식이 몸에는 별로 맞지 않지만, 찬 음식이 땀을 뻘뻘 흘리면서 먹는 뜨거운 음식보다는 먹기가 편하다는 이유로 사람들은 여름에 찬 음식을 찾는다. 그러다 보니 냉면은 여름 음식의 대표가 되어있다.

여름은 냉면의 인기가 좋아지는 계절이다. 원래 냉면은 여름 음식이 아닌데도 여름 음식이라는 오해로 더운 여름에는 먹기가 오히려 힘들다. 너무 많은 사람이 찾는 유명한 냉면집은 평소보다 더 기다려야 한다. 하지만 '냉면인'에게는 한 삼십 분 이상 기다렸다가 자리를 잡고 앉아 먹는 그 자체가 냉면을 먹는 의식(ritual)의 일부이다. "냉면인"이라면 마땅히 감내하고 더 나가 즐길 수 있어야 한다.

나는 개인적으로 모든 음식의 최고에 '평양'냉면이 있다고 생각하는

'냉면인'이다. '냉면인'으로서 냉면에 대한 이야기 좀 해보자.

언젠가 생각해보았다. 왜 북한에서 내려온 국수를 이렇게 많은 사람들이 좋아하게 된 것일까? 사람마다 냉면을 좋아하는 이유는 각기 다를 것이다. 입을 때리는 면의 식감을 좋아하는 사람이 있는가 하면 평양냉면의 메밀 맛이 주는 구수함에 끌려오는 사람도 있을 것이다. 육수의 은근한 맛을 좋아하는 이들이 있는가 하면 고명과 함께 면을 싸서 먹는 맛으로 냉면집에 오는 사람도 있을 것이다. 평양냉면이 아닌 함흥냉면의 매콤한 양념 맛과 함께 고기 육수를 같이 먹는 맛을 즐기는 사람도 있다. 고깃집에서 고기와 함께 면을 먹는 맛에 혹은 불고기 옆으로 냉면 사리를 넣는 맛에 오는 이들도 있다. 수많은 냉면애호가 만큼 다양한 이유들이 있다.

2011년 이명박 대통령이 미국의 국빈 방문시 오바마 대통령과 미국 우래옥에서 비공식 만찬을 가졌다. 이날 양국 대통령은 불고기로 식사를 했다고 한다. 미국 우래옥 냉면을 먹어보지는 않았는데 미국에 가게 되면 미국 우래옥 냉면도 꼭 먹어보고 싶다. 주교동 우래옥 본점의 냉면과 맛이 같다면 우래옥 냉면은 미국에서 한미관계와 더 나가 세계평화에도 기여할 것이다.

사진 출처 : 조선일보

그럼 나는 왜 냉면을 좋아하는지도 생각해보았다. 그런데 왜 좋아하는지보다 먼저 냉면을 좋아하게 된 계기가 떠올랐다.

몇 년 전이었다. 그전에도 냉면을 좋아했던 차에 을지로에 있는 '우래옥'에 가게 되었다. 바로 거기서 운명적인 만남이 있었다. 냉면을 한 입 넣고 씹었다. 그때 '펑!'하고 맛이 터졌다. 마치 만화 속 폭죽이 터지듯이. 그리고 난 그 자리에서 평양냉면의 신도가 되었다.

그날 이후 3일간 냉면 맛이 계속 따라다녔다. 버티고 버티다 2주일 뒤에 다시 찾아갔다. 그리고 그날 평양냉면의 열혈 신자가 되었다.

평양냉면의 환자가 아닌 신자가 된 것이다. 둘은 중독이 된 것은 같다. 하지만 신자는 환자와 달리 냉면을 예찬한다. 병원에 가듯이 끌려다니지 않는다. 주변에 전도를 주저하지 않는다. 어떤 순간에라도 기꺼이 '님'을 만날 준비를 한다. 게다가 신자는 관용도 가진다. 평양냉면을 싫어할 수 있는 사람이 있다는 것을 받아들인다. 이 세계에 진입하는 데는 많은 장애물이 있을 수 있기 때문이다.

한번은 지인에게 '우래옥'을 소개한 적이 있다. 다음에 만났더니 온 가족으로부터 엄청난 비난을 받았다고 했다. "걸레 빤 물에다 이게 뭐 하는 거냐"고 힐난을 들었다는 것이다. 그럴 수 있다. 매운 냉면에 길든 이들에게 평양냉면은 무척 심심한 음식이다. 그러나 신도가 되면 "슴슴한" 그 맛을 경배하게 된다.

신자가 된 뒤, 서울에 있는 대부분의 냉면집을 찾았다. 냉면은 다신교다. 많은 집들이 서로 다른 맛으로 신도들을 끌어들인다. 종교지도자의 설교가 다 다르듯이 냉면집도 면과 육수 맛이 모두 다르다. 그래서 자신에게 맞는 집들이 있듯이 잘 안 맞는 집들도 있다. 서양에서 종교전쟁의

필동면옥의 냉면과 제육 그리고 제육장. 필동면옥의 냉면은 '사랑'이다. 제육은 '진리'이며 같이 먹는 김치는 '감동'이다. 선주후면(先酒後麵)을 하기에 이만한 메뉴가 있겠나. 제육 한 접시에 소주 한잔하고 냉면으로 입가심하는 것.

사진출처 : www.hansikmagazine.org

과정에서 '관용(tolerance)'이 나왔듯이 평양냉면은 관용을 배우게 한다. 민주주의와 정치경제분야의 대가인 아담 쉐보르스키는 관용을 '다를 수 있음에 대한 인정(agree to disagree)'이라고 했다. 이 관용의 원리는 냉면의 세계에도 적용된다. 호불호가 강한 음식인 만큼 각자 선호의 차이를 상호 인정해야 말썽 없이 더 많은 정보를 공유할 수 있다.

나는 그동안 신도의 역할을 충실히 해왔다. 와이프와 두 딸아이를 입교시켰다. 그 중 둘째 아이는 광신도이다. 부작용도 크다. 3살부터 먹기 시작한 냉면이라 주기적으로 흡입을 해주어야만 한다. 외식을 하게 될 때 "뭐 먹을래?"의 질문은 의미가 없다. 늘 냉면이다. 행복하게 시리.

냉면을 찬양하게 된 이유는 명확하다. 면과 육수라는 두 가지 음식이 서로 조화를 맞추는 그 지점이 놀랍고 또 좋다. 메밀의 끊어짐과 향. 메밀

사이사이 배는 고기 육수와 고명들의 조화. 영어로 표현하자면 오케스트라의 화음을 맞추는 것(orchestrating)과 같다. 메밀 함량을 당일 날씨에 따라 맞추어주는 냉면 장인들의 노력은 입속에서 맛이 화합한다는 것이 무엇인지를 말해준다. 고급스럽고 현란한 재료가 아닌데도 불구하고 깊은 맛을 은근히 그리고 아주 충분히 즐기게 해준다. 맛의 밀당이 있다. 먹었을 때마다 펑하고 터지지는 않지만 빈 그릇을 놓고 돌아서는 순간부터 다시 생각나게 만드는 은근과 끈기의 집요함이 있다.

냉면의 위력은 해장에 있다. 간단히 해장술을 주문하고 냉면을 먹어주면 왜 냉면을 선주후면이라고 하는지 알 수 있다. 물론 낮술에서 헤어 나오지 못하는 부작용도 크다.

냉면은 완벽한 음식이다. 메밀과 고기 향의 '맛'이 있고 후루룩거리는 '소리'가 있고 입술과 치아를 때리는 '찰짐'이 있다. 눈으로 볼 때 면이 던지는 "어 왔어!"하는 눈인사도 있다. 게다가 면과 육수를 즐기면서 하루의 고단함을 잊게 해주는 위로도 있다. 그러니 어떻게 찬양을 하지 않을 수 있겠는가!

몇 년 전부터 한국에는 공화주의에 대한 관심이 높다. 특히 이탈리아 공화주의를 도입해서 한국적 의미를 찾으려는 시도들이 늘고 있다. 공화주의는 국가에 대해 계급적 차이를 뛰어넘는 모든 이들의 공동체로 본다. 계급적 차별이나 특정계급의 다른 계급에 대한 지배가 없는 정치체제로 보는 것이다. '공화(共和)'는 함께 화합을 한다는 한자의 의미처럼 로마에서 공화국의 의미인 republic도 res publica 즉 공동(publica)의 것(res)에서 나왔다.

공화주의가 한국에서 하나의 대안으로 주목받는 것은 개인주의 더 나

의정부 계열 냉면의 본산지인 의정부 평양면옥. 이 집의 자제분들이 을지로 을지면옥, 필동면옥, 신사동 본가평양면옥으로 냉면일가를 이루고 있다. 의정부 평양면옥도 맛이 훌륭하다. 면과 육수의 조합에 더해 특유의 고춧가루를 통해 '공화(共和)'를 이룬다. 한국 정치도 냉면처럼 훌륭하게 공화를 이루면 좋으련만.

사진 출처 : hsong.egloos.com

가 이기주의의 심화와 양극화와 같은 사회구조적인 갈등을 풀어보려는 이유 때문이다. 사회주의의 이론적 빈 공간을 공화주의적 '해방'의 관점에서 채우고자 하기도 한다. '예속과 예종으로부터의 해방'이라는 '비지배'라는 이론적 자원을 가지고 한국사회의 약한 정치이념과 그에 따른 정책 간 불협화음을 해결하고자 한다.

정치권에서도 '공화'를 주장하는 이들이 늘고 있다. '공화'라는 아름답고 바람직한 담론이 사회를 조화시키면 좋겠다. 그러나 이 개혁시도 역시 저항을 불러올 것이다. 사회적 저항을 적게 가져올 수 있는 한 가지 조언을 하자면 평양냉면을 보고 배우라는 것이다. 재료 각각의 개성이 살아있으면서도 냉면 전체의 조화를 이루게 하는 장인들의 노력이 은근하지만 오래 기억에 남는 맛을 만들어왔다. 이처럼 현실정치에서 '공화'를 만들 수 있는 장인이 필요하다. 예속의 탈피를 소개하고 치장하는 것을 넘어서는 현실정치에서 '조화의 장인'이 기다려진다.

그럼 지금은?

공화주의의 역사는 급진적 정치의 역사라고 할 수 있다. 왕과 귀족만이 있는 정치 체제가 아니라 일반 민중들을 품으려고 하는 공화주의는 현실정치에서도 사회주의를 대체하는 이론자원으로 관심이 많다. 기득권을 부정하고 새로운 정치를 만들기 위해서 사용하는 대안 이론들은 이론적 논리가 강해야 한다. 현실에서 무엇인지를 고치려고 하면 그만큼 저항이 따르기 마련이다. 대안으로써 공화주의가 자유주의와의 논쟁이 세련되어질수록 현실정치에서도 구체적인 정책들이 마련될 수 있다.

일상이 정치: 미식, 세대, 지정학

03 2018. 8. 9.

냉면 영재 키우기와 정치 영재 키우기

둘째 딸아이는 감히 냉면 영재라고 부를 만하다. 이제 초등학교 3학년이지만 냉면에 대한 조예가 깊다. 정확하게는 평양냉면에 대해.

이 아이를 냉면 영재라고 부를 수 있는 것은 냉면 맛을 잘 알기 때문이다. 게다가 냉면을 아주 빨리 배웠다. 둘째는 두 돌이 될 무렵 평양냉면에 입문했다. 다른 아이들이 이유식에서 밥으로 넘어갈 때 메밀의 세상을 본 것이다.

얼마 전 일이다. 둘째가 가장 좋아하는 냉면집인 A**에 갔다. 늘 그렇듯이 둘째는 빠른 속도로 냉면 한 그릇을 완냉했다. 그러더니 냉면집 순위를 바꿔야겠다고 한다. 더 이상은 A **이 가장 좋아하는 집이 아니라는 것이었다. 그 전에 몇 번 우래옥과 필동면옥을 다녀온 뒤라서 그럴 수 있겠다고 생각하고 "왜 여기가 마음에 안 들어?"라고 물어보았다. 둘째 아

둘째 아이가 냉면에 입문할 때 다녔던 송추 평양면옥. 송추에서 1980년부터 냉면을 만들고 있는 이 집의 냉면도 좋다. 개인적으로는 제육무침과 만두가 더 인상적이었다.

사진출처 : http://blog.daum.net/juyeon8311/89

송추 평양면옥의 냉면. 이 냉면의 특별한 점은? 이 집은 꿩육수를 쓴다는 것이다. 육수 맛이 기존 고기육수와 차이가 있다. 향이 좋다.

사진출처 : 네이버블로그 "동락식탁"

이 답은 이랬다. "이 집 냉면은 면하고 육수가 따로 놀아. 우래옥은 면 사이사이에 육수 맛이 배어있는데 이 냉면은 그렇지 않아."

사실이 그랬다. A*** 냉면은 면 자체도 나쁘지 않고 육수 자체도 나쁘지 않다. 그런데 면과 육수의 균형이 잘 안 맞는다. 물론 개인적인 평가지만, 우래옥과 달리 면과 육수의 조화가 부족하다. 우래옥은 면이 굵어서 씹는 맛이 좋다. 그런데 이 굵은 면 맛을 강하고 진한 고기 향의 육수가 잘 받쳐준다. 그래서 면과 육수를 한꺼번에 입에 넣으면 맛이 배가 된다. 필동 면옥도 균형이 좋다. 필동면옥은 면이 가늘다. 육수의 육향도 옅다. 그런데 면을 입에 넣고 육수를 함께 먹으면 그 면의 질감을 잘 살려준다. 우래옥의 면과 필동면옥의 육수 배합은 생각도 하기 싫다. 필동면옥의 면과 우래옥의 육수 배합을 상상하는 것은 끔찍하다. 그 집들은 그렇게 몇십 년을 자신들의 면과 육수를 이어서 팔고 있고, 많은 이들이 그 균형 잡힌 맛을 좋아해서 찾는 것이다. 그런데 A**은 면과 육수가 입안에서 따로 논다. 그래도 아이가 좋아하니, 그 집에 가게 되면 냉면을 먹기는 한다. 그랬는데 둘째도 이제는 이 냉면이 그다지 마음에 들지 않게 된 것이다.

냉면 영재다웠다. 이제는 다른 집의 냉면들과 비교를 하며 맛의 균형을 찾기 시작한 것이다. 기특하게도.

다시 말하지만 이 아이가 냉면영재라 불릴 수 있는 것은 어릴 때 냉면에 입문했기 때문이다. 대다수 영재가 그렇듯이, 영재가 되기 위해서는 입문 시점이 중요하다. 아직 어린이집에 다니지 않던 3살에 나는 아이를 데리고 여러 군데 냉면집을 찾아다녔다. 그때는 나도 평양냉면에 꽂혀 있었다. 서울 시내와 송추를 다니면서 냉면을 먹었다. 첫째는 어린이집에 다녀서 어린이집에 가지 않아도 되는 둘째만 같이 다녔다. 자극적이지 않으면서 면의 질감이 좋은 냉면이 둘째에게 잘 맞았던 듯하다. 그래서 네

'평양냉면인'들에게 가장 궁금한 실제 평양의 냉면 맛. 음악가 김광민씨는 북한을 방문할 기회에 고려호텔과 옥류관의 냉면을 접할 기회가 있었다고 한다. 부럽다.

사진출처 : VODA

살부터는 할머니에게 냉면을 해달라고 하거나 냉면을 먹으러 가자고 졸랐다. 다른 아이들이 쌀과 고깃국의 세계로 갈 때 둘째는 메밀과 육향의 세계에 입적한 것이다.

둘째의 냉면 사랑은 수시로 냉면을 먹으면서 더 강해졌다. 냉면인의 한 사람으로서 냉면 학습을 게을리하지 않았다. 메밀과 육향의 세계에 입덕한 뒤에는 배움의 습관화를 실천하고 있다. 즐거운 마음으로.

아이를 냉면에 입문하게 한 것은 어렵지 않은 일이었다. 왜? 내가 좋아하는 일이니까. 내가 좋아하니 둘째와 함께 하는 것이 즐거운 일이었다. 그래서 서로 좋아하게 된 것이다.

그런데 다른 종류의 가르침도 있다. 아이들이 수학이나 영어 숙제를 하면서 도와달라거나 물어볼 때가 가끔 있다. 간단히 몇 문제를 풀어주는 것은 괜찮다. 그러나 숙제가 많으면 이야기가 다르다. 가르쳐 주는 것이

피곤해진다. 설명을 빨리 알아들으면 좋은데 아이들이 집중하지 않으면 한 번 설명한 것을 다시 설명해야 한다. 원리를 알려주었는데 다른 문제에 가서 다시 그 원리를 물어보면 마음이 갑갑하다. 간혹 이성의 끈을 내던지고 아이에게 짜증을 부리기도 한다. 확실히 냉면을 가르칠 때와는 다르다.

무슨 차이일까? 상대방에게 무엇을 가르친다는 것은 같은데 말이다. 두 가지 가르침의 차이는 내가 얼마나 좋아하는지에 있다. 냉면은 나도 좋아하고 딸아이도 좋아한다. 영어와 수학은 나도 그다지 좋아하지 않지만, 딸아이들도 그다지 좋아하지 않는다. 둘 다 해야만 하니 하는 것이다. 냉면을 먹는 것은 계속할만한 일이지만 수학과 영어는 계속할만한 즐거운 일은 아니다. 아이들이 좀 더 커서 이 공부에 흥미를 더 가진다면 모르지만 그렇지 않다면 이 공부는 습관적으로 하되 내켜서 하지는 않을 것이다. 오래간만에 찾는 냉면집처럼 설레지 않을 것이다. 공부법을 알려주는 부모도 마찬가지이다. 이미 지나온 과정을 다시 반복해야 하는 것은 귀찮은 일이다. 그래도 아이에게 필요하니 예전 기억을 떠올리지만, 자신이 알고 있는 것을 아이가 배울 때까지 걸리는 시간을 인내하기가 쉽지 않다. 그래서 두 가지 가르침은 다르다.

냉면을 배우고 습득하는 것과 영어나 수학을 배우고 습득하는 것 중 정치 리더십 훈련은 어디에 속할까? 정치 리더십 훈련은 후자에 속한다. 적어도 한국에서는.

어린 나이에 정치인이 되겠다고 다짐을 한 아이도 처음부터 정계에 입문하지 않는다. 다른 분야에서 명성을 쌓은 뒤 유명인이 되었을 때 '짠'하고 정계에 혜성처럼 등장하기를 꿈꾼다. 그래서 정치 리더십 훈련을 다른 분야에서 받는다. 그것은 법조계이거나 의료계이거나 아니면 학계이거나

인천 부평의 황해도식 냉면집. 전국에는 가봐야 할 냉면집이 너무 많다. 행복하게 시리. 이 냉면은 '생활의 달인'편에도 소개가 되었다. 육수가 설렁탕처럼 뽀얀 것이 특징이다.

사진출처 : 이투데이

어떤 경우에는 영화나 음악 분야일 수도 있다. 그렇게 다른 분야에서 스타가 되어 정계에 입문하면 가장 신경 쓰게 되는 것은 나를 보는 외부의 시선들이다. 나에 대한 지지자들이 얼마나 늘어나는지 혹시 내게서 등을 돌리지는 않을 것인지. 온통 이 생각뿐이다. 그런데 정치는 속성상 반드시 반대편을 가지기 마련이다. 이런 정치 생리에서 이편과 저편 모두를 만족시키면서 이전 분야처럼 유명인으로 남을 수가 없다. 한편으로 정치리더십을 가르쳐 줄 수 있는 원로나 선배들도 별로 없다. 이들은 아직 권력에 욕심이 있든지 아니면 이미 이 판에서 마음이 떠나 자신들이 배운 원리를 어렵게 후배에게 알려주려 하지 않는다. 좋은 부모로 남기 위해 아이 공부는 전문가 선생님에게 맡기듯이, 좋은 선배와 원로로 남기 위해 정치는 전

옥천에는 냉면집들이 모여 있다. 냉면도 좋지만 고기 완자가 워낙에 유명하다. 냉면에 완자를 싸서 먹는 것도 인상적이다.
사진출처 : 네이버블로그 "백옥치과에서는…"

일본 이와테현 모리오카시에서 유명한 모리오카 냉면. 이 냉면은 함흥 출신의 재일교포 양용철이 일본에서 1954년 '식도원'을 열면서 시작되었다고 한다. 메밀을 구하기 어려워서인지 밀가루 면을 쓴다. 부산 밀면과 흡사하다. 수박이 들어있는 것이 특이하다. 위의 냉면은 일본 모리오카의 풍풍사 냉면이다.
사진출처 : 네이버 블로그 "빈들녘"

문가 선생님들에게 넘기는 것이다. 그러니 정치 리더십을 배우는 것도 쉬운 일이 아니다. 링컨과 같은 위대한 스승들로부터 배우면 좋겠지만 책을 통해 이들의 리더십을 배우는 것은 꽤 시간이 걸리는 일이다.

그래서 어찌하면 좋겠는가! 한국의 정치가 다른 분야보다 후진적이라고 생각한다면, 그리고 향후 정치를 변화시킬 필요가 있다고 공감한다면, 차세대 정치 리더들을 키워야 한다. 이들이 정치 영재가 될 수 있게 해야 한다. 냉면 영재처럼 말이다. 어려서부터 정치를 배우고 즐겁게 경험하고 기꺼이 습관화하게 해야 한다. 그러나 현재, 유명인을 앞세우며 당명을 철마다 바꾸는 정당정치의 구조에서 이런 방식으로 정치 영재를 키우는 것은 현실적으로 어렵다. 현재 정치가 마음에 들진 않지만, 그 대안도 생각하기 어렵다는 시민들의 인식구조 속에서는 정치 영재들이 새싹조차 틔우기 어렵다. 그래서 교육이 필요한 것이다. 지금은 정치 영재들에 대한 입문교육과 정치 영재들이 세상에 나와 자신들의 현실정치를 할 때 이들을 지지해줄 수 있는 시민교육이 필요하다.

아이를 데리고 우래옥을 향할 때 설레듯이. 미래의 정치 영재들을 키우기 위해 정치학을 가르치는 많은 이들이 그렇게 설레면 좋겠다.

04

2019. 1. 22.

필동면옥은 왜 '반 접시' 메뉴를 없앴나?

얼마 전 '부름'을 받고 필동면옥에 갔다. '냉면 신도'들은 이해하겠지만 혈중 메밀 농도가 떨어질 때 냉면 신의 부름이 온다. 그래서 혈중 메밀의 농도를 맞추기 위해 필동면옥을 찾았다. 의례적으로 나의 필동면옥 세트를 주문했다. 물냉면. 만둣국. 제육 반 접시.

여기서 잠깐. 먼저 한 가지 고백 아닌 고백을 한다. '냉면 신도'로서 나는 필동면옥을 좋아한다. 몇 가지 이유가 있다. 첫 번째 이유는 가는 면발과 함께 은은한 육향이 올라오는 육수의 조합이 좋기 때문이다. 가끔 씹히는 파의 향기와 고춧가루가 더해지면 심심할 새 없이 '완냉(한 그릇을 완전히 비웠을 때를 이르는 냉면신도들 간의 용어)'할 수 있다.

두 번째 이유는 냉면과 함께 곁들일 수 있는 음식들이 다양하기 때문이다. 우선 필동면옥에는 만둣국이 있다. 냉면 육수를 뜨겁게 하고 거기

필동면옥의 냉면과 만둣국과 필동 면옥 소스. 필동면옥은 냉면도 좋지만 만둣국도 좋다. 이 집 만둣국의 육수는 냉면 육수를 사용하기 때문에 뜨거워진 육수의 육향이 더 짙다. 그리고 고명을 풀면 살짝 매운 맛도 즐길 수 있다. 만두를 갈라서 그 안에 필동면옥 소스를 뿌려 먹는 맛이 매우 좋다. 게다가 김치와 무김치의 간이 약하기 때문에 다른 음식과 조화도 환상적이다. 저 김치만으로도 소주 한 두 병은 거뜬하다.

사진출처 : 싸이월드 맛사노바 928

필동 면옥의 시그니처 제육. 필동면옥은 돼지고기 수육을 제육이라고 하고 소고기 수육은 수육이라고 한다. 돼지고기 수육에서 이렇게 윤기가 나기 쉽지 않다. 게다가 삶아서 바로 먹는 것이 아니라 식혀서 먹는데 고기 잡내가 없다. 이 영롱한 때깔을 보시라.

사진출처 : http://redfish.egloos.com/1410375

에 고기와 표고버섯 고명을 해서 먹는 만둣국은 차가운 냉면과 조합이 잘 맞는다. 돼지고기 편육과 소고기 편육도 있다. 그리고 냉면과 함께 내주는 슴슴한 맛의 배추김치와 무김치도 이들 음식과 궁합이 잘 맞는다.

세 번째 이유는 이 음식들을 골고루 맛볼 수 있게 해주는 '반 접시' 메뉴가 있다는 것이다. 반 접시? 이건 뭔 소리? 필동면옥은 제육과 수육 그리고 접시 만두를 '반 접시'로 판매해왔다. 물론 메뉴판에 따로 기록은 없지만 '반 접시'를 주문하면 그렇게 먹을 수 있었다. 그런데 이 '반 접시'가 기발하다. 왜냐하면 지금처럼 평양냉면이 유행을 타기 전부터 평양냉면집에 오시는 분 중에는 실향민 어르신들이 많았다. 여러분이 같이 오시는 일도 있지만, 혼자 오시는 분들도 많다. 그런데 이분들이 냉면만 드시기는 좀 헛헛하고 그렇다고 다른 메뉴 한 접시를 추가하기에는 양이 많다. 이럴 때 '반 접시'는 아주 절묘하다.

그날. 기분 좋게 주문한 '반 접시' 메뉴가 퇴짜를 맞았다. 잠깐 당황했지만 제육을 안 먹을 수 없어 온전히 한 접시를 주문했다. 왜 '반 접시'가 없어졌는지 궁금했다. 한편으로는 필동의 단골로서 '반 접시'가 사라진 것이 꼭 우리만의 비밀을 하나 잃어버린 듯했다.

식사를 마치고 계산을 하며 주인께 물었다. 왜 '반 접시' 메뉴가 없어졌냐고. 그랬더니 돌아온 답이 좀 놀라웠다. 주인은 '반 접시'메뉴 때문에 꽤 오랫동안 골치가 아팠다고 한다. 한 접시를 먹고 반 접시를 먹었다고 계산하려는 실랑이가 생겨서 손님들과 불편하게 된 경우가 제법 있었다는 것이다. 게다가 술까지 한잔한 손님들과 이런 문제로 옥신각신하는 경우는 큰 고역이었다고.

물론 이런 실랑이가 무조건 손님 탓만은 아닐 것이다. 가게 측 실수도 있었을 수 있다. 하지만 필동면옥이 '노포(老舗: 대대로 물려오는 점포이자 냉면신도들에게는 필수적으로 가보야 할 식당의 한자표현)'인데다 직원들이 꽤 오랫동안 이곳에서 근무해 업무 특화가 많이 되어 상대적으로 실수할 확률은 그리 높지 않다. 냉면집 인기가 좋아 반 접시 대신 한 접시를 판매하는 것이 아닌가 의심해 볼 수도 있다. 그러나 이런 노포가 반 접시를 한 접시로 판매한다고 더 큰 돈을 버는 것은 아니다. 오히려 단골들 기분만 상하지.

그래서 결론은? 아쉽다. 그것도 매우. '반 접시'는 혼자 가서 다양하게 먹고 싶은 욕구를 충족할 수 있게 하는 좋은 배려의 문화인데 말이다.

왜 이런 일이 생겼을까? 가장 단순한 분석은 '악화가 양화를 구축했다'이다. 몇몇 진상 손님이 '반 접시'라는 배려의 문화를 파괴한 것이다.

일상에는 이런 경우들이 많다. 다른 예를 보자. 최근 워터파크들에는 탈수기가 없다. 없앤 이유가 뭔가 하면 진상 손님들의 보상요구 때문이다. 워터파크에 근무하는 분의 이야기는 이렇다. 진상 고객들이 자신의 수영복이 명품인데 탈수기 때문에 손상이 되어 고액의 보상을 요구한다

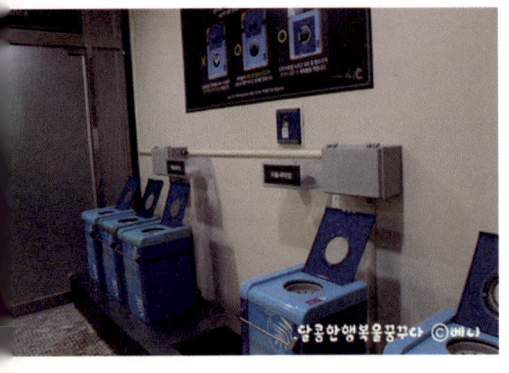

워터파크의 탈수기. 아직 탈수기를 운영하는 워터파크도 있지만 대형 워터파크 중에는 탈수기를 폐기한 경우들이 많다. 탈수기로 인해 고액의 보상을 요구하는 진상 고객들 때문에 선의의 피해자가 생기는 현상의 한 가지 사례이다.
사진출처 : 네이버 블로그, 달콤한행복을 꿈꾸다 베니

는 것이다. 이런 분쟁들이 잦아지자 워터파크 측에서 탈수기 자체를 없앴다는 것이다. 물론 여러 사례 중에는 실제 피해자도 있을 것이다. 그렇지만 수영복 피해 사례가 매해 수십 수백 건이 되지는 않을 것이다.

그럼 이런 문제는 왜 생기는가? 이런 문제를 이해하기 위해 경제학자 맨큐 올슨(M. Olson)의 '집합행동'이란 개념을 잠깐 소환한다.

그가 제시한 '집합행동(collective action)'은 무임승차(free-riding)를 말한다. 여기서 무임승차란 집단적인 재화와 효용인 공공재(public goos)산출에서 비용은 부담하지 않고 편익만을 누리는 현상이다. 국가에 대한 세금납부나 군 복무를 기피하는 것이 대표적이다.

집합행동의 이유는 두 가지다. 첫 번째 유인(incentive)의 문제다. 사람들은 조직의 크기가 커질수록 이 조직에서 얻게 되는 이익(공공재)의 유인이 크지 않다고 생각한다. 혜택을 나만 보는 것이 아니니까. 반면에 조직의 크기가 작아지면 거기서 얻는 이익(사용재 private goods)의 유인은 크다고 생각한다. 이런 이익은 선별적이라 특별하기 때문이다. 특정

맨큐 올슨의 집합행동에 관한 책.
왜 사람들은 공공재를 산출하는데 참여를 기피할까? 이 문제에 대해 올슨은 경제학적 관점에서 유인과 처벌이라는 두 가지 도구를 사용해서 분석했다.
사진출처 : 교보문고

협회에 가입해서 얻는 서비스를 생각해보라. 두 번째 처벌(punishment)의 문제다. 조직이 커질수록 무임승차하는 구성원을 찾아내서 처벌하는 것이 더 어려워진다. 반면에 조직이 작아지면 무임승차자를 발견하고 제명하는 것이 수월해진다.

필동면옥의 '반 접시' 메뉴가 물론 공공재는 아니다. 식당을 찾아 돈을 낸 사람에게만 주어지는 특별한 재화이니 반 접시에 담긴 '음식'은 사용재다. 그러나 '반 접시'를 판매하는 문화 특히 '배려의 문화'는 공공재다. 그러니 이러한 배려의 문화가 사라지고 있다는 것은 공공재 혹은 공익의 증발을 의미한다.

그런데 심각한 문제는 이런 집합행동에 대한 해법이 없다는 것이다. 국가가 공권력을 가지고 개입할 문제라면 진상질을 근절시킬 수도 있다. 그러나 배려라는 문화에 국가가 개입할 수는 없다. 또한 경제학에서 말하듯이 소유권을 이전할 수도 없다. 이처럼 시장의 유인책이나 국가의 처벌책이 마땅치 않다. 즉 진상대처법이 없다. 말 그대로 문화니까.

살기 팍팍한 시대다. 관용과 배려는 팍팍한 세상을 그런대로 버틸 수 있게 하는 사회적 윤활유이다. 그런데 이런 관용과 배려가 점차 사라져가고 있다. 그래서 필동면옥의 '반 접시' 메뉴가 사라지는 것이 안타깝다. 나만 그럴까?

일상이 정치: 미식, 세대, 지정학

05

2017. 3. 2.

'백촌 막국수' 드셔보셨나요?

혹시 강원도 고성군 토성면 백촌리를 아시나요?

강원도 고성은 대한민국 강원도에서도 가장 외진 곳이다. 속초를 지나 7번 국도를 타고 끝까지 올라가면 통일전망대가 나온다. 끊어진 금강산 관광로를 볼 수 있고 통일전망대 아래로 화진포와 송지호가 있다. 조금 더 밑으로 내려오면 관동 8경 중 하나인 '청간정'의 운치도 즐길 수 있다. 이렇게 몇 군데 관광지가 있지만, 고성군은 속초나 강릉보다 유명하지는 않다.

그런데 어떤 사람들에게는 고성군보다 백촌리가 더 유명하다. 특히 국수를 좋아하는 이들에게는. 고성군 백촌리에 있는 막국수 집 때문이다. 바로 백촌 막국수.

막국수의 성지. 백촌 막국수. 이 집도 전국에 신자들을 어마어마하게 두고 있다.
사진출처 : hsong.egloos.com

막국수를 좋아하는 이들에게 '백촌 막국수'는 맛집이 아니다. 이곳은 '성지'이다. 맛이 어느 정도일 때 성지가 되는지는 객관적으로 알 수 없다. 다만 수많은 신자를 보유해야 성지가 될 수 있다는 것은 확실하다. 그런 점에서 백촌 막국수는 단연코 성지라고 할 수 있다. 나도 그 신자 중 한 사람이다. 그리고 내 주변에는 나의 포교로 백촌 막국수 신자가 된 이들이 제법 된다. 당당하게 백촌 막국수의 신자라고 이야기할 수 있는 것은 이 집이 가지고 있는 매력과 사람을 놀라게 하는 비상함 때문이다.

처음 백촌 막국수를 영접했던 때가 기억난다. 막국수 성지로 소개된 것을 듣고 어느 정도면 성지가 될 수 있을지, 막국수가 그래 봐야 막국수지 하는 생각으로 백촌리를 찾았다. 속초에서 10km 이상을 올라가니 내

단촐한 메뉴판. 시간이 조금 늦으면 편육은 없어진다.
사진출처 : seha.online

비게이션이 한적하고 몇 집 되지 않는 방향으로 가라고 안내를 한다. 이런 곳에 음식점이 있어도 될까 싶은 농가들 한 편에 가정집이 있고 막국수간판이 달려있었다. 가정집 옆에 딸린 집을 수리하여 만든 가게는 그리 크지 않지만 여러 개의 방으로 되어있었다. 아무리 봐도 성지라고 불릴만한 그림은 아니었다.

자리에 앉아 막국수를 주문했다. 그 전까지 막국수 맛집이라고 소개받은 여러 곳을 다녀보았다. 하지만 막국수 면이 평양냉면의 면 수준과 차이가 커서 크게 감흥을 받은 적이 없었다. 그래서 항상 막국수는 냉면보다 한 수 아래라는 생각이 컸다. 주문하고 나니, 배추 백김치, 열무 백김치, 명태 식해와 동치미를 내주었다. 그리고 잠시 후에 아무런 양념이 되지 않은 면이 나왔다. 면의 맛을 알기 위해서 양념을 하지 않고 나온 상태 그대로 면을 먹어보았다. 면의 질감이 그전에 먹었던 막국수 집들과 달랐다. 평양냉면이라고 해도 믿을 정도로 질감이 좋았다. 그리고는 백김치와 열무김치와 양념장을 넣고 가볍게 비벼서 막국수를 흡입하였다. 좋은 면의 질감과 배추와 열무의 사각거림이 좋았다. 양념도 자극적이지 않고.

그리고 추천받은 대로 동치미 투입. 양념이 된 막국수 그릇에 동치미를 투입하여 휘휘 저은 뒤 다시 막국수 흡입. 바로 그때, 기적을 체험했다. 청량감으로 개안이 되는 느낌. 동치미의 청량함과 면발 좋은 막국수가 만나서 그간 경험해보지 못한 세상을 열어주었다.

우래옥을 영접했을 때 1주일을 가던 맛의 기억과 비견할 수 있는 청량감. 이것은 냉면이 줄 수 없는 또 다른 세계였다. 백촌 막국수의 동치미 국물로 세례를 받은 그 자리에서 나는 바로 신자등록을 하였다. 그간 막국수를 깔보았던 나를 반성하면서.

동치미 세례를 받기 전 백촌 막국수. 여기까지는 면이 좋은 막국수다. 아주 특별하다고 할 수 없는.

사진출처 : 오마이뉴스

동치미 세례를 받은 백촌 막국수. 이때부터 신세계를 경험할 수 있다. 아 영접하고 싶다.

사진출처 : 네이버 블로그
'청춘블로그 꽃지승'

　요즘도 누군가 속초 쪽으로 여행을 간다고 하면 반드시 백촌 막국수를 가보라고 추천한다. 미셰린 가이드의 별 세 개 음식점처럼 백촌 막국수를 먹기 위해서 고성에 가볼 것을 추천한다.

　백촌 막국수를 추천하는 것에 주저함이 없는 이유가 몇 가지 있다. 첫 번째로 면을 정성스럽게 잘 만든다. 메밀로 면을 잘 만드는 것이 쉬운 일은 아니다. 굉장히 정성이 들어가야 하는데 이 집 면을 먹으면 만든 사람의 정성을 느낄 수 있다. 두 번째로 음식의 조화가 잘 맞는다. 백촌 막국수 신자들에게 가장 행복한 시간은 잘 삶아진 제육과 함께 막국수를 먹는 것이다. 명태 식해와 배추를 곁들여 제육을 먹고 국수로 마무리를 하는 그 시간은 조화로움의 축복 그 자체다. 세 번째로 말할 수 없는 청량감을 준다. 요즘 말로 '사이다'와 같이 눌렸던 체증을 풀어준다. 네 번째로 '비빔파'와 '물파'로 갈리는 막국수에 대한 대립을 해결해준다. 비빔으로 먹다 동치미를 투입하면 양대 문파 모든 이가 행복해진다. 다섯째, 가격이 착하다. 좋은 식사를 하고 계산을 하고 나올 때 우리를 무겁게 만들지 않는다. 그러니 찾아갈 때 행복하고 나올 때 또한 행복하다.

속초로 여행계획을 가지고 있다면 꼭 백촌리에 들러볼 것을 추천하는 것으로 서론을 마치자. 지난 가을에 가 본 백촌 막국수를 다시 떠올리게 만드는 것이 있었다. TV와 뉴스매체로 연일 보도 되는 '대통령탄핵'과 '촛불집회'와 '태극기집회'다. 정치학 원론을 가르칠 때 정치의 핵심은 통합에 있다고 가르치지만, 현재 한국 정치는 분열의 중심에 서 있다. 대통령과 여당은 자기 세를 더 모으기 위해 이 상황을 즐긴다. 야당의 유력 대권 주자들 역시 이 상황에서 통합방안을 제시하기보단 힘겨루기를 한다. 지도자들이 분열을 즐기고 있는 사이에 국민은 더 강렬하게 편을 가르는 고통을 받고 있다. 각각 보수와 진보를 말하지만, 이념과 명분은 없고 상대방에 대한 공격만 남았다. 얼마 남지 않은 헌법재판소의 탄핵결정까지 '촛불집회'와 '태극기집회'는 '담력(chicken)'게임처럼 서로 마주 보며 맹렬하게 달릴 것이다. 도덕성으로 포장한 권력에 대한 강렬한 의지와 적대감으로.

몇일 일본에 가 있었다. 그동안 가장 좋았던 것이 있다. 대통령과 탄핵 뉴스를 보지 않아도 되는 것. 그런데 한국에 오자마자 다시 만나게 된 대통령과 탄핵 뉴스는 바로 한숨과 걱정을 던진다. 지금의 한국 정치는 백촌 막국수와는 비교할 수도 없다. 한심하다. 찾아가는 것에 기쁨도 없

드라마 뿌리 깊은 나무에서 어린 시절의 이도. 나중에 세종이 된다. 세종대왕은 정치인이자 교육자의 표상을 보여준다. 그러나 실제 세종은 독서를 좋아하고 운동을 기피하여 뚱뚱하였다고 한다. 육류가 없으면 밥을 먹지 않았고 이러한 습관으로 건강이 좋지 않았다고도 한다. 그런데 드라마 속 세종은 너무 날씬하고 잘 생겼다.

사진출처 : 네이버블로그 '즐거운 슈의 하우스'

고, 나올 때의 아쉬움이나 다시 찾고 싶은 기대도 없다. 체증을 내려가게 하는 청량감도 없다. 한국의 현재 경제 상황이나 사회상황과의 조화도 없다. 양념파와 물파 처럼 진보와 보수를 이끌어 줄 통합에 대한 의지도 그런 비전도 없다. 게다가 우리가 선거를 통해 치루는 정치지도자선택의 기회비용은 너무나도 비싸다. 백촌 막국수를 찾는 5가지 이유 중 하나도 현재 한국 정치는 가지고 있지 못하다. 더 나쁜 것은 이 수치스러운 상황을 수치스럽다고 인식하지 못하는 데 있다.

정치학원론은 말한다. 정치의 본질에는 리더십이 있다고. 리더십은 미래비전과 기꺼운 자기희생과 시민에 대한 무한한 헌신이 있어야 한다고. 그래야 지도자는 정치인이자 교육자가 된다고. 왜 우리의 민주주의가 훌륭한 것인지를 교육해야 하는 상황에서 우리는 헌법재판소만을 바라보고만 있다. 민주주의가 아닌 법치주의가 유일한 희망이 되어있다. 탄핵결정 이후 다음 판을 짜는 정치인들이 과연 지친 우리를 치유하고 통합할 수 있을까 하는 걱정만 남는다. 답답함.

백촌막국수에 가고 싶다. 지금.

일상이 정치: 미식, 세대, 지정학

06 2018. 10. 18.

라면과 정치의 공통점

라면. 참 대단한 음식이다. 간단히 먹을 수 있고 짧은 시간 안에 면과 국물을 동시에 먹을 수도 있다. 입이 느끼는 면발치기의 감동과 맵고 짠 국물까지. 그래서 라면은 인기가 많다.

세계인스턴트라면협회(WINA)에 따르면 한국인의 라면 소비는 압도적이다. 라면을 어느 나라가 가장 많이 먹는가의 대답은 당연히 세계 인구 1위인 중국(2012년 기준 440억 개)이다. 그러나 인구수라는 기준을 뺀 1인당 라면 소비량으로는 중국도 한국을 따라오지 못한다. 2012년 기준으로 중국인들은 1인당 32.6개를 소비해서 8위에 그친 반면 한국은 71.9개로 거의 두 배 차이를 보인다. 2016년 기준으로 한국의 소비량은 1인당 76개로 2위인 베트남의 52개와 3위인 인도네시아의 50개를 큰 차이로 앞선다. 2012년 조사에서는 인도네시아가 56.9개로 2위였고 베

45

트남이 54.7개로 3위였던 것과 비교가 된다. 이들 국가는 순위도 바뀌었고 라면 소비량도 줄어든 반면 한국의 소비량은 오히려 늘어났다. 2012년 기준으로 전 세계에서 1014억 개의 라면이 팔렸는데 한국에서만 35억 개를 먹었다. 라멘의 본산지로 알려진 일본이 54억 개로 1인당 42.5개를 먹는 것과도 비교가 된다. 물론 이 수치는 인스턴트 라면만을 기준으로 한 것이다.

한국인의 소비량인 1년 76개는 5일에 하나 이상 먹는 것이다. 수치상으로 한국인을 뛰어넘으려면 4일에 한 번꼴로 라면을 먹어야 이길 수 있다. 그것도 전 국민이.

한국의 인스턴트 라면들이다. 한국은 3개의 라면회사가 주로 만든다. 농심과 삼양과 오뚜기다. 농심이 18개 종류, 삼양이 10개 종류, 오뚜기가 15개 종류이다. 이렇게 총 43종의 라면이 나오고 있다. 한국 라면 시장은 2013년을 기점으로 2조 원을 돌파하였다. 인구 수 대비 큰 규모다.

사진 출처 : ezday.co.kr

이처럼 한국인들이 라면을 많이 먹는 이유는 무엇일까? 우선은 역사적 요인을 들 수 있다. 한국은 전통적으로 쌀 생산량이 부족하고 정부의 '혼분식 장려운동'도 일조하였다. 한국에서 처음 인스턴트 라면이 만들어진 것이 1963년이다. 안도 모모후쿠라는 일본인이 1958년 처음 인스턴트 라면을 개발한 5년 뒤 한국에 도입된 것이다. 일본도 전후 식량이 부족하던 차에 라면이 만들어진 것이다. 같은 맥락에서 한국도 식량이 부족하던 차에 라면을 들여온 것이다. 여기에 혼분식 장려가 한몫했다. 쌀 부족 문제로 한국정부는 1956년 미국이 잉여 농산물 원조를 할 때부터 혼분식을 장려했고 심지어 1967년부터 1976년에는 25% 잡곡을 섞어 먹으라는 행정명령까지 내렸다. 1963년 들어온 라면은 이러한 시대적인 분위기 속에서 탄생하고 성장한 것이다.

라면의 원조라고 불리는 생라면은 요코하마 부두의 화교 노동자들이 만들었다고 한다. 가난한 이들이 고향의 면 요리를 간단히 먹기 위해 만들었다는 것이다. 이것을 감안하면 라면이라는 음식은 가난, 부족한 식량, 빨리 먹고 더 많은 시간을 노동해야 하는 절박함이 담겨있는 슬픈 음식이다.

인스턴트 라면의 창시자 안도 모모후쿠는 라면을 발명함으로써 이후 사람들의 삶에 큰 영향을 미쳤다. 그는 1966년 미국을 방문한 차에 한 구매자가 컵에 라면을 부어 먹는 것을 보고 컵라면을 발명하기도 했다. 그는 필요가 발명을 만든다는 교훈의 산증인이다.

사진 출처 : m.blog.naver.com

세계인이 즐기는 인스턴트 라면 발명가 안도모모후쿠 씨(왼쪽) '식량이 넉넉해야 세계가 평화롭다.'라는 그의 기업이념(오른쪽)

일본 최초의 라면이다. 일본 라면회사 '닛신'은 라면의 역사를 전시하고 있다.

사진 출처 : 류토피아 – 이글루스

한국의 초기 라면들. 이중 가장 오른쪽의 삼양라면이 한국 최초의 라면이다. 초반에는 느끼하여 지금처럼 인기가 높지 않았다고 한다. 이후 매운 라면들이 나오면서 인기가 높아진 것이다. 한국인의 매운맛 사랑은 역시.

사진 출처 : 이투데이

지금도 라면은 슬픈 음식일까? 꼭 그렇지는 않다. 아직도 라면이 서민들의 영양공급원이지만, 공부시간이 부족한 중고등학교 학생들의 학원 시간을 메워주는 동반자이며 초등학생들에게 '면 치기'의 기초를 알려주는 입문교사다. 게다가 산삼을 넣고 끓이거나 전복을 넣고 끓이는 '황제라면'이 있는 것을 보더라도 '라면=가난'이 반드시 공식은 아니다.

역사적 요인이 희석된 지금. 즉, 국민 소득 3만 불 시대로 식자재가 풍부해지고 노동 시간도 단축된 현재 시점에도 라면이 인기가 많은 이유가 무엇일까? 역사적 맥락을 빼고 몇 가지를 유추해볼 수 있다. 첫째, 라면은 일관성이 있는 맛을 제공한다. 조리법대로 만들면 대체로 큰 차이가 없는 '먹어본 맛'을 낸다. 정치학적으로 말하면 기대를 안정적으로 반영해준다는 점에서 상당히 "제도적"이다. 둘째, 자신이 조절하고 통제할 수 있다. 시간 조절, 스프 먼저 넣기, 물의 양 등 다양한 변수를 통제해가며 자신의 레시피로 다른 맛의 라면을 만들 수 있다. 그래서 다른 음식에 비해서 자신감을 가지고 도전하기 좋다. 다른 요리는 못 하지만 라면 끓이기만큼은 자신의 필살기라고 자랑하는 이들이 많은 까닭이다. 셋째, 평등성에 부합한다. 라면은 냄비에 끓이는 것이 맛있고 사발면은 플라스틱 사발 자체에 물을 부어서 먹는 것이 맛있다. 노동자나 고용자 모두 그렇다. 드라마에서 나오듯이 대궐 같은 저택을 가진 재벌 회장님도 냄비에 라면을 먹는다. 스테이크나 샐러드처럼 형편에 따라 우아함의 수준이 다르지 않다. 그런 점에서 라면은 계급 평등적이다. 넷째, 시간과 수고를 줄여준다. 가장 빨리 먹을 수 있고 배를 채우는 효과도 즉각적이다. 물론 이외에도 개인적으로 다른 이유가 있을 것이다.

그런데 위의 4가지 요인은 '정치인의 생각'과 공유되는 부분이 많다. 자신들은 일관된 맛을 낸다고 생각하는 것. 자신이 통제하면 무엇인가 새로운 것을 만들 수 있다는 유혹. 자신이 만들어내는 정책이 모든 계급으로부터 지지를 얻을 수 있다는 자신감. 자신들이 다른 이들보다 더 시간을 단축하고 수고를 덜어주고 있다는 확신.

잠시 라면 이야기로 돌아와 보자. 라면은 단순하지만 다양한 맛을 낸다. 하다못해 분식집에서도 때에 따라 맛이 조금씩 다르다. 왜? 물 조절,

제주 켄싱턴 호텔의 황제라면. 전복과 해산물이 들어있는 이 라면은 기존 라면의 이미지인 '라면 =가난'의 공식을 깬다. 그런데 가격도 3만 원이나 해서 라면에 대한 선입견을 깬다.

사진출처 : 올스테이 조사장 브런치

불의 세기, 그날의 기온 등등 수많은 변수들이 있기 때문이다.

  정치는 더 다양한 맛을 낼 것이다. 정치인의 기대와 달리 잘 안 될 수도 있고 준비한 것보다 후한 평가를 받을 수도 있다. 왜? 더 많은 선호를 가진 시민들, 외부환경의 변화, 내부 구성원들의 변화 등등 더 많은 변수가 있기 때문이다. 그럼에도 라면을 끓이는 이와 정치를 하는 이는 계속 유혹을 받는다. 자신이 통제할 수 있다는 강력한 유혹.

  최근 한국의 보수 통합논의. 국제제재위반의 소지가 있는 상황에서 남북 간 도로와 철도의 연결계획. 공화주의를 통한 새로운 정치 시도. 이러한 현상들은 정치인들의 통제할 수 있다는 강력한 유혹과 자신감에서 비롯하는 것이다. 자주 먹는 라면이지만 물 조절이 쉽지 않은 것처럼 이러한 시도들 역시 쉬운 일은 아니다. 이러한 노력들이 잘되기를 바라는 마음이야 시민들의 보편적인 바람이지만 그래도 보고 있는 마음이 편하지 않은 이유이다.

일상이 정치: 미식, 세대, 지정학

07

2011. 10. 19.

용궁반점, 알프레드 아들러, 선거

　어느 식도락가 이야기다. 전국으로 음식을 찾아다니며 맛보기를 즐겨 해 주변에서는 이 사람에 대한 소문이 자자했다. 많은 이들이 이 미식가에게 맛집을 추천받기도 하고 거꾸로 이 양반에게 좋은 명소를 알려주기도 했다. 하루는 어떤 사람이 와서 자기 고향인 경상도 봉화자랑을 했다. 봉화에 가면 전국 최고의 야끼우동을 만드는 집이 있다는 것이다. 어찌나 자랑하고 묘사를 잘하는지 미식가는 다음에 꼭 들러서 먹어봐야겠다고 생각했다. 게다가 야끼우동을 만드는 집이 중국집이라는 것도 식도락을 즐기는 이 양반의 호기심을 불러일으켰다. 내륙지방의 중국집에서 일본식 야끼우동을 한다? 잘 어울리는 조합은 아니었다.

　시간이 얼마 정도 지난 후에 경상도에 갈 일이 생기자 이 식도락가는 지난번에 들은 봉화의 음식점을 떠올렸다. 그래서 중국집이 있는 봉화읍을 찾아갔다. 때마침 찾아간 날이 장날이라 음식점이 있는 시장은 시끌벅적했다. 중국집은 꽤 오래되어 보였고 그 안은 발 디딜 틈 없이 사람들로 북적였다. 구석 한가운데 자리 하나를 잡고 앉아서 주변을 보니 음식점의 역사가 제법 되어 보였다. 그리고 홀 저편으로 주인장으로 보이는 분이 메리야스 바람으로 밀가루 반죽을 하고 반죽 덩어리를 연신 치면서 면을 만들고 있는 것이 보였다. 계속 때려대는 면 반죽으로 온몸은 땀투성이고 이마에 맺힌 땀방울이 이리저리 튀기까지 했다. 그런데 주인장의 면을 때리는 모습이 너무 열정적이어서 땀방울이 떨어지는 것이 전혀 불결하다는 생각조차 들지 않았다.

그는 여러 사람 사이에서 간신히 주문했다. 너무 복잡한 터라 야끼우동은 주문할 엄두도 못 내고 주위 사람들과 함께 자장면을 주문했다. 옆에 앉으신 어르신들은 장에 나와서 물건을 팔기도 하고 물건을 사기도 하는지 보따리 보따리를 끼고 계셨다. 그는 야끼우동을 맛보지 못해 아쉽기는 했지만 주문한 자장면을 먹으면서 다음에 다시 오리라고 마음먹었다. 자장면의 맛이 너무 훌륭했기 때문이다. 면의 탄력은 더할 나위 없이 좋았고 큼직하게 썬 감자와 고기가 예전 짜장에서 나던 장맛에 섞여서 면과 훌륭하게 어울렸다.

음식을 먹으면서 앞을 보니 바로 앞에 경쟁가게가 있었다. 허름한 가게 안에 손님은 없이 배달된 신문만 어지럽게 놓여있었고, 가게 앞에는 오토바이가 두어 대 있었다. 바쁜 장날에 손님은 없고 오토바이만 있는 것으로 봐서는 "이 집은 배달을 주로 하는 집이겠구나"하는 생각이 들었다. 앉을 자리가 없는 앞집과 도저히 비교할 바가 안 되니 경쟁자라고 할 수는 없지만 이런 유명 맛집 앞에 떡 하니 자리를 잡은 것을 보니 건너편 가게의 주인장 기개는 높이 살만하겠다 싶었다.

미식가가 찾아온 집의 이름은 '용궁반점'이었다. 내륙지방에서 중국집 이름으로 참 특이했다. 도대체 이 가게는 용궁과 무슨 관계가 있을까?

용궁리가 주변에 있나? 해산물 전문 중국집인가? 여러 가지 생각이 들었다. 야끼우동을 잘하는 중국집부터 심상치 않았던 집인데 이름도 보통이 아니라는 생각이 들어서 길 건너 경쟁 중국집의 간판을 보았다. '양자강.' 얼마나 평범한 이름인가? 전국 중국집 이름 중에서 흔한 정도로 따지면 1등이나 2등을 할 이름 아닌가? 하지만 이 지방에서 저 유명한 '용궁반점'의 주방장인 용왕님에게 대항하기에는 힘에 부치는 이름이겠구나라는 생각이 들었다.

그후 이 식도락가에게 다시 봉화를 갈 기회가 생겼다. 아니 그런 기회를 만들었다. 이번에는 꼭 야끼우동을 맛보겠다는 결연한 의지로 봉화의 용궁반점으로 향했다. 다행히 이번에는 장날도 피했고 시간도 적당해서 야끼우동을 맛볼 수 있었다. 야끼우동 맛이 참 좋았다. 그런데 음식을 주문하고 기다리는 동안 보니 길 건너 경쟁중국집에 변화가 있었다. 인테리어를 다시 해서 깨끗해진 실내에는 손님 몇 사람이 앉아 식사하고 있었다. 용궁반점을 상대하기 위해서인지 제법 힘을 준 모습이 역력했다. 그런데 이런 변화는 실내장식만이 아니었다. 이 집의 간판에는 새로운 이름이 걸려있었다. 경쟁음식점 주인장의 오랜 시간에 걸친 고민을 그대로 담아내는 상호가 거기에 적혀있었다. '용궁'반점의 용왕님에게 승부수를 띄우기 위해 그 주인은 얼마나 많은 생각을 하였을까 저절로 고개가 숙여지는 이름이 있었던 것이다. 그 이름은 바로 '펭귄반점.'

대한민국의 누가 중국집 이름으로 '펭귄'을 쓴단 말인가? 중국지명도 아니고 중국음식에 들어가는 재료도 아닌 펭귄. 아니 중국집뿐 아니고 도대체 어느 음식점이 이 귀엽고 앙증맞은 펭귄을 상호로 쓰겠는가? 펭귄 횟집. 왠지 죄책감에 시달리면서 회를 먹을 것 같지 않은가? 펭귄 일식. '펭귄머리조림'이라도 나올 것 같은. 하지만 이 집 주인은 '용궁'의 '용왕'

님'에게 너무나 재치 있게 대응하고 있는 것이 아닌가! 용궁반점의 야끼우동을 먹고 나서 한번 쯤은 펭귄반점의 군만두를 먹어보고 싶지 않은가! 자신이 부족한 부분을 위트로 극복하려는 펭귄반점의 주인을 한 번쯤 만나보고 싶다는 생각이 들지 않는가!

인간은 누구나 다 부족하다. 부족하지 않은 사람은 신이거나 부족하다는 생각을 못하거나 안하는 사람뿐이다. 신이 아닌 이상 부족하지 않은 인간은 없다. 그러나 자신이 부족하다는 것을 받아들이는 사람이 있는가 하면 자신의 부족을 인정하지 못하거나 다른 사람의 탓으로 돌리는 사람도 있다. 부모의 재산이 모자라서 또는 부모의 애정이 모자라서 자신이 부족하게 되었다거나 사회가 자신의 재능을 알아주지 않기 때문에 자신의 처지가 이렇게 되었다고 생각하는 사람들이 있다. 그리고 이런 사람들은 자신의 부족함을 감추기 위해 부모와 자기 주변 사람과 사회를 적으로 여기고 적대감을 드러낸다. 이것이 '열등감 콤플렉스'다.

열등감과 열등감 콤플렉스는 구분할 필요가 있다. 개인 심리학을 창시한 알프레드 아들러(A. Adler)는 열등한 조건의 인간이 어떻게 열등감을 극복하는지 혹은 그것을 극복하지 못하는지를 치열하게 연구한 사람이다. 그는 신체 일부에 장애가 있거나 기능 이상이 생길 경우 다른 신체의 기능이 과하게 발전하는 것에서 착안하여 인간의 열등감과 그에 대한 극복을 설명하였다. 베토벤은 청각장애를 이겨냈는데 이것은 신체기관의 열등을 극복하고자 하는 '보상(compensation)'에 의해 가능해진 것이다. 마찬가지로 인간 자체가 타고나기를 열등하게 타고난다. 인간은 동물 중에 유일하게 조산을 한다. 가장 후유아기를 거친다. 부모의 보살핌이 없으면 인간의 아이는 생명을 유지할 수 없다. 인간은 추위를 이겨낼 체모도 없고 다른 동물에 방어할 무기도 없이 태어난다. 하지만 이런 생물

콤플렉스를 이론화한 알프레드 아들러의 책 『인간이해』. 아들러는 열등감을 극복하면서 우월감을 확보하고자 하는 인간의 심리를 통해서 왜 인간이 과도하게 무엇인가에 집착하는지를 설명해주었다.

사진 출처 : 교보문고

적으로 열등한 선천적 조건은 인간에게 이것을 후천적으로 극복하여 더 발전할 기회를 부여한 것이다. 다른 인간과의 공동체 속에서 자신 인생의 목적을 달성하는 것으로, 인간이 열등감을 극복할 수 있다면 인간은 열등한 조건이지만 열등감 콤플렉스를 가지지는 않는다. 하지만 이것을 극복하지 못하면 열등감 콤플렉스에 갇히고 마는 것이다.

봉화읍이라는 작은 사회에서 '용궁'반점이라는 막강한 음식점에 대항하기 위해서 주인이 내세운 '펭귄'이라는 상호는 상대를 헐뜯지 않았다. 동네서 같이 생활하는 지역주민들에게 웃음을 주었을 것이다. 기막힌 유머 감각으로 외지사람도 한 번쯤 '펭귄'반점에도 들러보고 싶고 '용궁'반점에서 들러보고 싶게 만든다. 그래서 두 음식점은 봉화에 갈 일이 없는 사람에게도 한번 들러보라고 손짓을 한다. '상생'의 묘미.

요즘 서울시장 보궐선거를 두고 나경원 후보와 박원순 후보의 경쟁이 치열하다. 제도권 정치에 대한 불신이 팽배해진 가운데 '보수 vs. 진보'

경쟁 구도에 '제도권 정치 vs. 비제도권 정치'의 축까지 가세하였다. 거기다 박원순 후보에 대한 학력-병역 의혹과 나경원 후보에 대한 친일논란으로 인물에 대한 평가전까지 합세하였다. 어쩌면 제도가 뒷받침해주지 못하는 한국정치구조에 인물에 집중하는 것이 가장 합리적인 선택일지 모른다. 그리고 누구 하나 뚜렷한 대안 제시나 비전 제시가 안 되는 상황에서 누구의 도덕성이 더 나은가에 대해 고심하는 것이 합리적일 수도 있다. 하지만 선거경쟁이 치열해지면서 관심은 "누가 더 좋은 후보인가?"보다 "누가 덜 나쁜 후보인가?"로 향해가고 있다. "누가 더 문제가 있는가"의 복마전 속에서 제도정치에 관한 관심뿐만 아니라 인물 정치에 관한 관심도 점차 사그라들고 있다. 한국 정치에 '용궁' 정치를 이야기하면 '펭귄' 정치로 맞받아칠 수 있는 사람들이 나타나는 것은 언제쯤 기대해 볼 수 있을까? 웃으며 서로 열등감을 이야기할 수 있는 정치는 다음 시대를 기다려야만 하는 것일까?

일상이 정치: 미식, 세대, 지정학

08

2019. 10. 31.

남도 미식기행(紀行) :
'육전'과 '떡갈비'의 교훈과 '타다' 논쟁

온전히 하루를 여행에 썼다. '맛집'을 찾아서. 신림동의 동료 선생님들과 함께 아침 KTX를 탔다. 우리의 목적지는 광주 '대광식당.'

대광식당은 '육전'을 전문으로 하는 집이다. 기대는 했지만, 식당에 방문했을 때 몇 가지에 놀랐다. 첫 번째로 외관이다. '육전 식당 = 시장 전집 = 할머니가 부쳐주는 전 집'이란 편견이 강했나 보다. 깨끗한 2층 건물의 식당은 내 편견 속 '전집'보다는 정갈한 '고깃집' 같았다.

두 번째는 맛이다. 개인적으로 육전을 맛있게 먹은 기억이 별로 없다. 고기 특유의 냄새와 퍽퍽한 질감 때문이다. 그런데 이곳에서 먹은 육전은 고기 냄새나 퍽퍽한 질감이 없었다. 그래서 내린 결론. 지금까지 먹은 육전은 육전이 아니었던 거다.

57

광주 대광식당. 깨끗한 외관의 식당이 처음에는 낯설었다. 전집은 조금 허름할 것이라는 편견이 작동하기 때문이다. 깨끗한데 맛도 좋다. 게다가 즉석에서 구워준다는 점에서 소비자 친화적이기도 하다.

사진 출처 : 네이버블로그. (광주 문화공식블로그) 오매 광주

세 번째는 서비스다. 식당 직원분이 얇게 썬 아롱사태와 찹쌀가루와 달걀 물을 가지고 와 그 자리에서 직접 구워준다. 전은 구울 때가 가장 맛있다는 진리를 다시 확인할 수 있었다. 여기서는 구두를 얇게 펴서 구워도 맛있을 듯했다.

대광식당은 육전이 유명하다. 아래쪽 사진처럼 '산낙지전'이라는 조금은 특별한 전도 있다. 사진에 나오는 고기는 소의 아롱사태 부위이다. 너무나 얇은 두께 덕에 육전의 질감이 무척 좋다. 왜 이런 구성이 되었는지를 생각해보면 가장 맛있는 상태에서 손님이 먹도록 하기 위해서일 것이다. 소비자 친화성. 이런 정성이 더해진 데다 그 자리에서 직접 구워주니, 전의 맛이 매우 좋다.

사진 출처 : 매일경제

네 번째는 두께다. 소의 아롱사태를 재료로 쓰는데 어떻게 저리 얇게 썰었을까 싶다. 이 집 전의 고소한 맛을 만든 일등공신은 아롱사태라는 부위와 함께 이토록 얇게 썰어낸 정성인 듯하다.

다음 목적지는 담양. '소쇄원'과 '메타세콰이어 길' 산책은 우리 '맛집 여행'의 또 다른 애피타이저였다.

담양에서 찾아간 곳은 떡갈비 집 '덕인관.' 이 식당은 50년이 넘는 시간 동안 떡갈비에 집중한 곳이다. 한 분야에서 반세기를 넘었을 때는 이유가 있는 법이다.

담양 덕인관의 떡갈비. 떡갈비는 이래야 한다고 알려준다. 예쁜 상차림은 떡갈비의 맛을 한층 더 해준다. 이 음식 역시 소비자 친화적이다.

사진 출처 : 충남도민일보

여기서도 내린 결론. 지금까지 내가 먹은 떡갈비는 떡갈비가 아니었던 것이다. 나는 이전까지 떡갈비를 별로 좋아하지 않았다. 고기 맛이 약하고 질감이 퍽퍽해 그저 씹기만 편한 음식이었기 때문이다. 그러나 여기서 먹은 떡갈비는 고기 맛을 오롯이 즐길 수 있었다. 게다가 갈빗대도 있어서 뜯는 맛도 있었다.

뜻하지 않게 이번 가을 여행에서 두 가지 편견을 깼다. 육전과 떡갈비에 대한. 그래서 이번 여행에서 교훈도 얻었다.

왜 이곳 육전과 떡갈비는 맛있을까? 내린 결론은 단순하다. 소비자를 위한 음식이기 때문이다. 들으니 대광식당은 원래 육전집이 아니었다고 한다. 고기를 파는 식당이었는데 손님들이 기다리는 동안 무엇을 할까 하다 육전을 부쳐주었다는 것이다. 그 자리서 따뜻하게 구워주는 전의 맛이 그리고 그 정성이 손님들을 반하게 했을 것이다. 결국은 손님들 성화에 육전집이 되었단다. 얼마나 아름다운 결론인가! 손님에게 필요한 음식이 손님과 식당 모두에게 더 높은 만족감을 주니.

떡갈비도 그렇다. 떡갈비의 유래는 여럿이다. 궁중음식으로서 왕이 갈비를 손으로 뜯는 것을 피하도록 만들었다는 설. 갈비를 먹기 좋게 치대는 것이 꼭 떡을 치대는 것과 같아서 떡갈비가 되었다는 설. 효심이 깊은 자식이 노부모를 드시게 하려고 만들었다는 설. 다양한 설들이 있지만, 어찌 되었든 떡갈비는 고기 맛을 온전히 느끼면서도 편히 먹을 수 있게 해준 음식이다. 고기만 먹었을 때의 맛을 살리기 위해 고기 배합을 달리하고 크기를 조절한 것 역시 소비자 친화적이다. 맛도 있는데 편하기도 하다.

두 가지 음식에서 내릴 수 있는 교훈은 '본질'에 충실했다는 것이다. 음식의 '맛.' 음식을 제공하는 '서비스.' 그리고 소비자의 필요에 따른 '적

응(adaptation).'

여행을 다녀오니 눈에 띄는 뉴스가 있다. 검찰이 공유운송 서비스인 '타다'의 이재웅 대표를 기소했다는 것이다. 그동안 택시업계와 타다는 여객자동차운수사업법을 두고 충돌해왔다. 그런 갈등 와중에 '타다'의 인기가 높아지자 택시조합 전 이사장과 간부들이 지난 2월에 검찰에 타다를 불법영업으로 고발한 것이다. 새로운 사업인 탓에 검찰은 입장을 정하기 어려웠다. 그래서 국토부에 의견을 문의하였다. 국토부 역시 타다 사업의 불법성을 두고 의견을 정하지 못한 상태이다. 이 어중간한 입장 사이에서 결과는 검찰기소로 귀결된 것이다.

정치적 관점에서 정부가 어려운 입장이란 점은 이해할 수 있다. 사회적 약자이면서 공공운송기능을 수행하는 택시업계를 단호히 버리기 어렵다. 선거를 앞둔 입장에서는 특히. 하지만 공유경제와 혁신경제인 타다를 불법으로 규정하면 향후 이런 새로운 사업구조가 한국에서 자리 잡을 수 없다. 이러한 입장을 방증하는 것이 10월 28일 당일이다. 이날 문재인 대통령은 4차 산업혁명의 핵심인 인공지능사업의 비전을 내놓겠다고 발표했다. 같은 날 검찰은 타다를 기소하였다. 정부가 따로 논다.

이 상황에서 정부는 어떤 입장을 택해야 하는가? 답은 간단하고 명료하다. 소비자들이 왜 '타다'에 열광하는지를 보면 된다. 친절한 서비스. 검증된 기사. 깨끗한 실내. 스마트폰 사용의 편리성. 승차거부의 부재. 직접 계산하지 않아도 되는 편함. 4명 이상도 한 차에 탑승할 수 있음. 이에 더해 편안한 클래식 음악과 택시 내 불필요한 정치논쟁배제는 덤이다.

이 모든 것의 결론은 소비자 친화적이라는 점이다. '타다'는 일반 택시보다 비싸다. 높은 요금을 지불하면서도 타다를 이용하는 것은 기존 서

'타다'의 인기는 택시업계와 갈등을 강화한다. '소비자 친화성'이라는 무기로 타다는 선풍적인 인기를 끌고 있다. 타다는 기존 택시와의 '상생과 이익 공유'라는 숙제를 던져주었다. 하지만 이런 새로운 형태의 서비스는 장기적으로 업계를 변화시킬 기폭제가 될 것이다. 사진에는 타다, 택시, 버스가 나란히 서 있다. 미래도 이 그림대로 일까?

사진 출처 : 디지털타임스

비스보다 나은 점이 있기 때문이다. 이런 장점들이 '타다'가 현재 130만이 넘는 회원을 모은 배경이다.

　서비스는 소비자를 위한 것이어야 한다. 즉 서비스의 본질은 '받는 사람(소비자)' 친화적이라는 것이다. 소비자가 결국 시장을 만들어간다. 그리고 소비자 친화적인 기업과 기업 운영방식이 결국은 세상을 이끌어간다. 육전과 떡갈비를 보라.

　새로운 서비스를 도입하고 활용하는 것이 택시업계를 고사시키는 것은 아니다. 이런 자극은 택시업계에 장기적 변화를 가져올 것이다. 변화 과정에서 택시운전자들의 고통을 줄이는 것은 '사회적 합의'와 함께 '정책'을 통해서 만들 수 있다. 적응(adaptation)과정에서 공유경제나 혁신

경제와 같은 다양한 실험은 사회적 선호를 명확히 해준다. 소비자가 무엇을 필요로 하는지 말이다.

현 상황의 가장 문제는 '정책'부재가 아니라 '정치'부재다. 정치가 갈피를 못 잡은 것이 '타다' 문제의 본질이다. 국토부는 국회에 법안을 제출해둔 상태이다. 하지만 국회는 이 사안이 뒷전이다. 검찰개혁과 선거구 개편으로 국회가 싸우는 동안 한국은 혁신경제나 공유경제에서 점차 멀어지고 있다. 정치가 크게 어려운 것인가!

세상이 변화하고 있다. 우리가 기대하는 정치는 다가올 시대를 미리 진단하는 것이고 이에 대비하는 것이다. 정치가 무엇을 해야 할지 알고 싶다면 '육전 집'과 '떡갈비 집'을 한번 방문해보라! 답은 항상 단순한 곳에 있는 법이니까.

그럼 지금은?

2020년 2월 18일, '타다'의 대표 이재웅 씨는 법원에서 무죄판결을 받았다. 그러나 2020년 3월 6일 국회는 일명 '타다 금지법'을 통과시켰다. 이 법에 따르면 타다는 영업을 하기 위해서는 두 가지를 해야 한다. 첫째, 플랫폼 운송 면허를 받아야 한다. 둘째, 기여금을 내야 한다. 그래서 타다는 택시 중 하나처럼 되었다. 어려워지는 택시업계를 반영하고 제도적으로 관리하기 위한 것이다. 앞으로도 더 많은 사회적 논의를 거치겠지만 이번 '타다 논쟁'에서 무엇을 배울 것인지는 명확하다. 소비자 친화적인 것만이 살아남는다.

일상이 정치: 미식, 세대, 지정학

09   2015. 1. 15.
한 맛집 탐방객의 바람

나는 맛집 탐방을 좋아한다. 사실 탐방인지 사냥인지 모르겠는 경우도 있다. 주변에 정보를 공유할 수 있는 사람들이 제법 있고, 최근 사회 분위기가 맛집 소개에 너무나도 열을 올리고 있으며, 정보를 쉽게 얻기도 하기에 탐방이라는 경험을 공유하기 쉽다.

맛집을 찾다 보면 "역시"를 외치는 좋은 곳도 있다. 반면에 실망스러운 곳도 많다. 사실 후자가 더 많은 듯하다. 그래서 이 분야의 정보는 아는 사람 중에서 맛에 대해 신뢰할 수 있는 사람의 추천을 가장 중요하게 여긴다. 이들과 정보공유에 최고 우선순위는 당연하다.

다녀본 집 중에서 매우 인상적인 곳들이 있다. 가족과 방문했던 서울 중국 주교동에 있는 '우래옥'이 가장 대표적이다. 우래옥의 냉면은 그 면의 향과 육수의 균형이 너무나도 훌륭했다. 그 메밀의 잔향과 고기 육수의 맛이 3일 동안 없어지지 않았다. 참기에 고통스러운 2주일을 보내다 더는 저항할 수 없어 다시 가족과 우래옥을 찾아갔다. 그리고는 바로 우래옥에 중독되고 말았다. 고성에 있는 '백촌막국수'의 감동도 잊을 수 없다. 막국수의 성지로 정평이 난 이 집의 막국수는 처음에 면에 양념만 해서 먹다가 동치미 육수를 부어서 먹는 식이다. 양념만 해서 먹은 막국수는 다른 집과 달리 좀 더 면 향이 강하고 부드러운 정도였다. 그런데 동치미를 부었을 때 막국수의 신세계가 열린다. 동치미로 인해 생긴 청량감은 표현이 어려울 정도였고 가슴이 '뻥!'하고 뚫리는 느낌이었다. 이 집 막국수는 막국수를 냉면의 한참 아래 등급의 음식으로 여겼던 선입견을 깨뜨렸다. 여기도 바로 중독되었다. 행복하게도 전국에는 이런 집들이 제법 된다.

막국수의 성지 백촌 막국수. 이곳의 동치미 막국수는 막국수의 신세계를 보여준다. 그래서 기꺼이 신자가 된다.
사진 출처 : http://blog.daum.net/80150256

나는 맛집 탐방을 좋아한다. 그런데 내가 가는 음식점들에는 항상 동행을 하는 누군가가 있다. 가족이 있거나 친구들이 있기도 하고 지인들이 있기도 하다. 같이 일을 하는 사람들이 있을 때도 있고, 같이 공부하는 사람들이 있을 때도 있고, 내가 가르치는 학생들과 함께 할 때도 있다. 70세가 넘으신 어르신들도 있고, 아직 10살이 채 안 된 아이들과 함께 할 때도 있다. 물론 외국인들과 함께 할 때도 있다. 다양한 사람들과 맛집이란 장소에서 시간을 나눌 수 있는 행복이 있다. 맛집은 이러한 행복을 증폭시켜준다. 맛있는 음식이 있어서 좋고, 이것을 나눌 수 있어서 좋고, 그리고 그 시간을 공유하면서 대화를 나눌 수 있어서 좋다.

그래서 나는 내가 좋아하는 사람들과 맛집 공유를 좋아한다. 새로운 맛집을 찾으면 어떤 사람과 이곳을 다시 방문하면 좋을지를 생각하게 된다. 그래서 한 번 더 그 사람을 떠올리게 된다. 사람마다 취향과 선호가 다르기에 어떤 사람과 그에 맞는 장소에서 어떻게 시간을 보낼 것인지를 생각해보는 것은 즐거운 일이다. 광장시장의 육회집을 찾아가면 다음번에 막걸리를 같이 하고 싶은 사람들을 생각하게 되고 연락을 하게 된다. 공덕시장의 전집 골목에서 같이 소주를 할 사람들을 떠올리기도 한다. 약수시장에 있는 연탄불에 구워 먹는 돼지갈비를 보면 아버지가 떠오르고 그래서 아버지에게 전화를 드리게도 된다. 가을 저녁에 아버지를 모시고 연탄가스 냄새를 약간 맡으면서 구워 먹는 돼지갈비는 나름의 행복함이 있다. 그 앞집에 있는 꽃가게에서 소국 한 다발을 사서 댁에 가실 때 보내드리면 더 좋다. 어쩌다 학동역의 밀실 같은 맥줏집을 방문하여 환상적인 맥주를 즐기면서 맥주애호가들과 시간을 같이 보내는 것도 재미있는 경험이다. 벨기에의 델릴리움 트레멘스(Delirium Tremens) 맥주를 마시면서 그 맥주를 많이 마셔 취하면 보인다는 분홍색 코끼리를 기다리는 것은 호사스러운 일이다.

벨기에 맥주 델리리움 트레멘스. 이 맥주는 맥주 경연대회에서 몇 차례 우승을 한 적이 있는 맥주이다. 병에 그려진 그림들은 이 맥주의 환상적인 맛으로 인해 취하면 보인다는 동물들이다. 취할 때까지 먹기에는 가격이 비싸서 저 동물들을 만나기 쉽지는 않다.

사진 출처 : egloos

　맛집 탐방을 통해 알게 된 것은 맛집 자체가 중요한 것이 아니라 무엇인가를 공유한다는 것이 중요하다는 점이다. 내가 맛집을 탐방하거나 혹은 사냥하는 것은 "맛" 집이 아니라 기억을 "공유"할 수 있는 장소를 찾는 것이다. 그중에서 맛은 공유할 수 있는 여러 가지 중에서 한 가지일 뿐이다. 그 자리와 시간을 함께한 사람들이 기억하게 되는 것은 맛뿐 아니라 그 집의 향기나 같이 있었던 이들의 이야기나 공감을 할 때의 뿌듯함과 같은 다양한 요인들일 것이다. 시각, 후각, 청각, 감정적 자극과 같은 정보들이 모여서 사람들이 공유할 수 있는 한 가지 추억을 이룬다. 그런 점에서 내게 맛집은 공유의 또 다른 표현이다.

　어떤 식도락가의 이야기를 들은 적이 있다. 잔치국수가 기가 막힌 집이 있다는 정보를 듣고 바로 부산으로 비행기를 타고 날아가서 국수를 먹고 왔다는 전설처럼 내려오는 이야기. 음식에 얼마나 꽂혔으면 그럴까 싶기도 하고 또 한편으로 아무리 그래도 비행기 타고 가서 3천 원짜리 국수를 먹고 오는 것은 과하다 싶기도 하다. 한편으론 "그것을 누구랑 먹었을까?" 궁금하기도 하다. 혼자 가는 것보다 같이 하는 사람이 있었다면 더 좋지 않았을까 하는 생각도 든다. 누군가와 같이 즐겼다면 더 좋지 않았을까 생각도 들지만, 또 6천 원짜리 국수를 위해서 한 사람당 왕복 15만 원에 가까운 비용을 지불할 필요가 있을까 생각도 든다.

개인적으로는 혼자보다는 공유할 수 있는 사람이 많은 것이 더 즐거운 일이라고 생각한다. 인간이 사회적 존재기 때문이다. 인간이 수행하는 가장 기초적인 사회적 활동은 같이 무엇을 먹는 것이다. 그런 점에서 사회 구조적이든 개인선택에 의해서든 혼자 식사를 하는 사람들이 점차 늘어난다는 것은 사회화를 개인화가 대체하는 것이다. 이것은 안타깝지만, 공유의 즐거움이 줄어드는 것이다.

사회화의 중심에는 '공유'가 있다. 그런 점에서 공유의 중요성은 개인 차원을 넘어서는 문제이다. 다른 사람과 무엇인가를 같이 한다는 것은 선호와 취향이 다른 이들이 상호 다름을 인정하면서도 같은 시간을 보내는 것이다. '다름의 인정' 즉 '관용(tolerance)'을 만든다. 공유 속의 관용은 한국 사회에서 다문화로 인한 차별과 계급화에 따른 상대적인 박탈문제를 해결할 수 있는 실마리를 준다. 관용은 여기서 한 걸음 더 나가 국제정치의 공간에서도 나타난다.

2015년 1월 7일 프랑스에서 믿기 어려운 일이 발생했다. 프랑스 주간지 '샤를리 앱도'의 사무실에 무장 테러범들이 나타나 무함마드에 대해 풍자를 이유로 12명이 넘는 이들을 무자비하게 살해한 것이다. 테러리스트들은 자신들이 믿고 있는 종교를 조롱한다는 이유로 만화가와 편집자들에게 총격을 가한 것이다. '관용'이 사라진 자리에 분노만 극대화한 것이다.

테러리즘의 원인이 되었다고 보이는 샤를리 앱도의 만평. 이슬람국가(IS)의 지도자 아부 바르크 알바그다디를 풍자한 이 만화가 12명이나 되는 사람을 살상당하게 만들었다.

사진 출처 : 위키트리

전세계적으로 이번 테러 사건에 대해 분노하고 비판하는 이들이 줄을 이었다. 분노는 분노로 이어지는 법이다. 이슬람 테러에 대한 대항테러를 주창하는 이들까지 생겨나고 있다. 프랑스의 극우정당인 '국민전선'을 이끄는 마리 르펜은 무슬림에 대한 대대적인 보복을 주장하여 분노의 정치를 반복하고자 한다. 독일의 신생극우정당인 '독일대안당'도 이 사건을 빌미로 이슬람세력을 적대화하면서 독일인들 내에서 극우적 성향을 부활시키고자 한다. 민간 차원에서는 독일의 반이슬람 단체의 대표주자인 '페기다(PEGIDA)'를 중심으로 무슬림을 반대하는 집회가 대규모로 열리고도 있다. 몇몇 극우적 인사들은 무고한 이슬람인들에 대한 보복공격을 자행하고 나섰다.

이러한 움직임의 반대로 1월 11일 파리에서는 360만 명을 넘는 시민들이 테러에 반대하는 행진을 열었다. 이 행진에는 유럽의 지도자들이 참석하였다. 그들은 이 사건을 통해 이슬람에 대한 분노를 악용하여 극단적인 분노를 극대화하려는 시도를 막고자 했다. 프랑스의 프랑수아 올랑드 대통령, 영국의 데이비드 캐머런 총리, 독일의 앙겔라 메르켈 총리, 이탈리아의 마테오 렌치 총리 그리고 마리아노 라호이 스페인 총리를 비롯해 34개국의 세계 정상급 인사들이 행진에 동참했다. 이스라엘의 네탄야후 총리와 마흐무드 압바스 팔레스타인 자치정부 수반도 같이 참석했다는 점은 모두가 평화를 공유할 수 있음을 상징적으로 보여준다.

테러리즘은 인간의 공포심을 자극한다. 테러리즘은 인간의 사회화를 거부한다. 테러리즘은 개인 차원에서 공포라는 원초적이고 본능적인 심리를 자극하여 자신만을 돌보며 자신의 안위만을 걱정하게 한다. 두려움으로 다른 이들의 문제에는 눈을 감아버리게 하는 것이 바로 테러리즘이 노리는 바이다. 그런 점에서 테러리즘이 목표로 하는 공포심과 개인화에 맞서는 방법은 시민들이 개인화를 거부하고 사회 속에서 같이 행동하는 것이다. 야만적인 테러리즘과 폭력의 공포를 여럿이 함께 이겨낼 수 있다는 희망의 메시지를 공유하는 것이 공포를 떨쳐내는 지름길이다. 개인화에 맞서는 사회적인 공감 형성이 중요한 것이다. 우리가 맛집에서 누군가와 공감을 공유하는 것처럼 세계를 불안하게 만드는 테러리즘에 대한 강력한 거부와 평화에 대한 공감을 공유하는 것이 절실히 요구되는 것이다. 한국의 시민들이 멀리 떨어진 프랑스에서 일어난 일에 분노하고 애통해하는 것은 우리 인간이 공감하는 존재라는 것을 다시 한번 일깨워준다. "우리" 국제시민들이 공감을 더 많이 나누었으면 하는 한 식객의 바람이 있다.

그럼 지금은?

이글이 혼밥이나 혼술을 할 수 밖에 없는 사람들을 비난하기 위한 것은 아니다. 사회구조적인 차원에서 점차 '혼자' 무엇인가를 해야 하는 사람들이 늘고 있다. 다른 사람들과 같이 무엇을 해야 하지만 생각처럼 그것이 잘 안될 수도 있다. 객관적으로 개인화되는 상황이 사회적으로는 위험할 수 있다는 의미로 읽어주기 바란다.

일상이 정치: 미식, 세대, 지정학

10

2018. 11. 8.

'인생술집'과 '얼큰한 여자들'의 의미

술과 담배 중 무엇이 더 끊기 어려울까? 둘 다 끊기 어렵겠지만 개인적으로는 술이 더 어렵다고 생각한다. 왜? 담배는 끊었지만, 술은 아직도 못 끊고 있으니.

담배는 습관이다. 음주도 습관이다. 그런데 담배는 일일 정량이 있다. 이것을 못 채우면 금단증세가 온다. 그러니 비행기내에서 피우다가 적발되는 경우까지 나오는 것이다. 술은 일일 정량이 없다. 알코올 의존증이 아주 강하지 않으면 일일 정량을 못 채운다고 금단현상이 오지는 않는다. 그렇게 보면 술이 훨씬 끊기 쉬워 보인다.

그런데 술은 사회적 행위이다. 반면 담배는 개인적 행위이다. 담배도 한 개비 정도 나누어 줄 수 있어 사회적 재분배기능이 있다. 그러나 담배는 본질적으로 혼자 태우는 것이다. 꼭 누군가가 같이 있어야 담배를 태우지는 않는다.

영화 '영웅본색'의 주윤발. 그 시절 주윤발이 담배를 피워 무는 것을 보며 많은 이들이 따라했다. 주윤발처럼 멋지지 않을 것을 알았지만 그것이 하나의 문화가 되었다. 주윤발처럼 아무리 멋져도 흡연은 개인적이다.

사진출처 : cine 21

'영웅본색'의 주윤발을 떠올려보라. 복수를 마치고 온몸에 피를 묻히고 한 개비 담배를 입에 문다. 그리고 어두운 밤하늘로 고독하게 연기를 내뿜는다. 그때 옆 사람이 "나도 한 개피만 줘"라고 하든지 담배를 돌려 피운다고 생각해보라. 그럼 그것으로 영웅본색은 끝이다. 바로 B급 영화인 '양아치 본색'이 될 것이다.

술을 마시는 것은 사회적 행위이다. 왜냐하면 대부분의 술자리는 누군가와 함께 하기 때문이다. 술을 혼자 먹는 경우는 주변에 같이 술을 할 사람이 없기 때문이거나, 알코올 의존증이 강해 주변 사람들이 떠났거나, 마시는 술이 너무 귀해서 다른 사람과 함께 할 생각이 없어서 일 수 있다. 특별한 경우가 아니면 술은 '같이 하는' 사람들이 있다. 주량과 관계없이.*

같이 하는 이들 사이에 술은 윤활제 역할을 한다. 술은 같이 하는 이들의 경계심을 낮추어주고 속내를 좀 더 편하게 이야기할 수 있게 한다. 알코올이 인류에게 준 혜택이다. 평소에 못하던 이야기를 할 수 있게 해주고 평소 불편하던 이야기를 던질 수 있는 용기를 준다. 그래서 술은 인

---

* 최근 혼술족이 늘고 있다. 자발적으로 혼자 술을 즐기는 사람들도 늘고 있다. 혼술족에 대해 반사회성명제를 뒤집어씌우는 것은 아니다. 다만 술자리를 가지는 것의 사회적 부분을 강조하는 것이다.

류 역사의 정사(正史)보다 야사(野史)를 담당해왔다.

꼭 술에 취할 때만 음주가 사회적 기능을 하는 것은 아니다. 술자리를 만들고 그 자리에 왔다는 것 자체가 사회적이다. 개인적으로 음주를 잘못 하거나 즐기지 않지만 다른 이들과 자리를 같이하는 사람들이 있다. 다른 사람과 같이 자리를 하는 것 자체가 좋아서. 물론 반쯤 강제로 혹은 마지 못해 술자리를 하는 경우도 많다. 음주에 대한 개인들의 선호는 모두 다르니 '술자리를 하는 사람 = 친(親)사회적 인간'은 아니다.

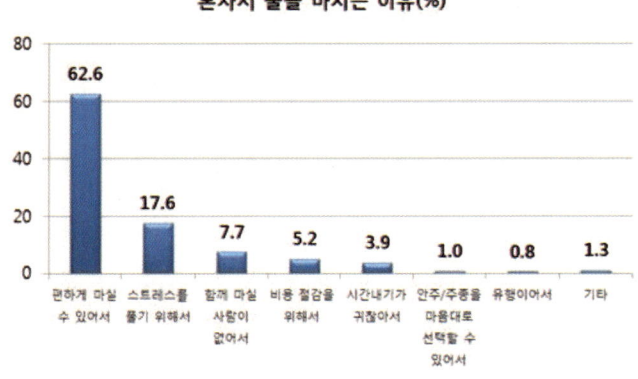

음주가 사회적인 현상이라는 주장의 반대 현상이 나타나고 있다. 혼술족이 늘고 있다. '혼술족= 비사회적 인간'은 아니다. 그런데 위의 통계는 자발적으로 혼술을 하는 사람들이 늘고 있다는 것을 보여준다. 술자리의 사회적 기능이 능동적으로 약화되고 있는 것이다.

자료 출처 : 뉴스인 NEWSin

술자리의 핵심은 함께 한다는 것이다. 음주는 화상채팅으로 하지 않는다. 먼 타지에 있지 않는 한. 물론 오프라인상에서 사람 간의 접촉이 이루어지다 보니 말썽도 생기고 사고도 발생한다. 이것은 술이 과해서 생기는 것으로 술자리가 만드는 사회적 기능의 본질은 아니다.

드라마 미생의 술자리 회식 장면. 한국 직장인들에게 술자리는 직장생활의 일부다. 나쁘게 보면 집단주의 문화이고 군대식 문화의 민간 버전이다. 그러나 좋게 보면 같이 살아가는 이들이 함께 시간을 보내고 공감을 가지는 의미도 있다. 위의 장면처럼 누군가에게는 즐겁고 누군가에게는 괴로운 일이다. 누군가와 함께 한다는 것은 즐겁지만 괴로움을 동반하는 것이다. 물론 술자리뿐 아니라.

사진 출처 : 오마이뉴스

술이 가진 사회적 기능은 국가별 문화에 따라 다르다. 전통적으로 한국은 유독 술을 권한다. 약간 취하는 것을 정을 나눈다고 생각하기 때문이다. 또 먹을 것이 부족한 농경사회에서 술처럼 노동을 권하거나 위로하기 좋은 것이 없기 때문이기도 하다. 현재도 술을 권하거나 방조하는 현상은 두드러진다. 이를 가장 잘 알 수 있는 것이 있다. 방송프로그램 중에 술을 마시면서 하는 프로들이 늘고 있다는 점이다.

'인생술집'이나 '얼큰한 여자들'이 대표적이다. 2018년 11월 첫 방송을 한 '지붕위의 막걸리'도 있다. 이 프로그램들은 누가 누가 술을 더 잘 마시는지를 경연하는 프로그램이 아니다. 실제로는 술을 마시고 본심을 드러내는 인터뷰를 하거나 실제 일상 모습을 여과 없이 공개하는 것이 프로그램 취지이다. 예전에는 공중파에서 술을 직접 마시면서 방송하는 것이 불가능했다. 그런데 지금은 음주 방송이 가능할 뿐 아니라 권해지고 있다.

'인생술집'은 음주를 하면서 출연자의 속내를 들어보는 프로그램이다. 실제로 술을 마시면서 인터뷰를 한다는 것이 이 프로그램의 특별한 점이다. 방송에서까지 술을 먹게 하는 관대한 한국문화의 단면을 보여준다.

사진 출처 : 글로벌 이코노믹

이렇게 음주 프로그램들이 늘어난다는 것은 사회적으로 먹힌다는 것이다. 그럼 이런 프로그램들이 늘어나는 이유는 무엇일까? 왜 사람들을 불러서 굳이 술을 마시게 할까? 커피를 마실 수도 있다. 그런데 왜 술일까? 음주 방송에 거부감을 가지고 보는 사람도 있을 텐데.

한 가지 해석은 한국문화의 맥락이다. 술을 마시는 사람도 편하고 보는 사람도 편하기 때문이다. 방송에 나온 사람은 커피보다는 술에 힘을 빌려서 이야기하는 것이 편할 수 있다. 그런 행위가 좀 더 진정성 있다고 받아들여지는 문화도 있다. 게다가 보는 사람 입장에서 부담스럽지 않다. 감정이입이 쉽기 때문이다. 같은 자리에서 한잔하고 있다는 느낌.

여기에 더해 방송 트렌드도 있다. 지금은 '먹방' 시대다. 음주는 '먹방'의 진화한 버전이다. 복잡한 머릿속을 배로 대신 채워주는 것을 넘어 음주로 머리 자체를 가볍게 한다. 술은 용기와 함께 망각도 가져오니.

방송에서 술을 권하는 것이 문제라는 지적들이 있다. 음주는 사회적 문제가 될 수도 있다. 술의 힘을 빌려서 폭력을 사용하거나 인간의식 세계를 벗어나서 인간 이하의 행동을 하는 경우도 있다. 그래도 술자리를 가지려는 것은 퍽퍽한 삶 속에 "같이 하고픈", 그래서 "위로를 주고받고

고단한 하루. 고단한 하루는 인간에게만 해당하는 것은 아닌가 보다. 수고 했네~~ 좋은 꿈꾸게~~.
사진출처 : greetingsimage.com

싶은" 마음이 있는 것이다. 친구 사이에, 연인 사이에, 부부 사이에, 가족 사이에, 그리고 사람들 사이에. 술자리를 가지는 것. 그것은 일상의 하루하루를 고단하게 지내고 버티는 이들이 그 고단함을 공유하는 것이다. 그런 점에서 술자리는 아직 사회적 기능을 가지고 있다. 방송까지 할 만큼.

그래서 나는 아직 술을 못 끊겠다.

 그럼 지금은?

요즘은 개인적으로 '혼술'하는 경우가 많다. 늦은 시간 귀가를 하면 누군가와 같이 한잔할 시간이 안 되는 때도 있다. 다들 자기 일로 바쁜데 시간을 잡기 어려울 때도 있다. 편하게 한 잔으로 위로하고 싶을 때도 있다. 혼술이 사회화를 거부하는 것이 아니라는 점은 충분히 안다. 하지만 술은 아무래도 같이 할 때 더 즐겁기는 하다. 누군가와 이야기를 나누는 것이 술에는 참 좋은 안주라는 생각이다. 이럴 때 나는 이상주의자같다.

일상이 정치: 미식, 세대, 지정학

11
2015. 7. 2.

'집밥백선생'에게 '냉장고를 부탁'하면 '오늘 뭐 먹지'?

셰프 전성시대. 확실히 셰프가 대세다. TV를 틀면 어디서든 셰프들이 나온다. 어디를 돌려도 음식 관련 프로를 볼 수 있다. 심지어 라디오를 틀면 셰프들이 나와서 음식을 만드는 법에 대해서 알려준다. 음식 강국 코리아.

셰프들이 워낙에 인기이다 보니 과거의 스타 셰프를 능가하는 울트라 스타 셰프들도 생겨나는 듯하다. 백종원 씨나 최현석 씨 같은 셰프들은 TV 광고에도 등장하고 있다. 이런 상황이 되다 보니 셰프들 간에도 시기와 질투가 생겨서 셰프가 셰프를 (속된 말로) 디스하는 일도 생기고 있다.

셰프들이 뜨고 음식 관련 프로들이 주류를 이루면서 여러 가지로 불편한 점도 생겼다. 얼마 전에 찾은 우래옥은 『수요미식회』의 냉면 편에 나온 뒤에는 11시 조금 넘어 입장할 때부터 사람들로 인산인해를 이루고 있었다. 단골로선 이런 집들이 알려져서 뿌듯해지는 점도 있지만, 너무 기다려야 하는 불편함도 생긴다.

어느 정도로 우리가 음식에 열광하고 있는지를 알아보기 위해서 TV 방송 중에서 음식 프로들을 찾아보았다. 찾다 보니 정말 놀라울 만큼 많이 있었다.

우선 장수 프로그램 중에 '찾아라 맛있는 TV'가 있다. 말 그대로 맛있는 집을 찾는 프로그램인데 프로그램 자체적으로 진화를 하며 오랫동안 인기를 끌고 있다. 특히 지역 맛집을 소개하여 관광산업에 상당한 영향을 미친다. 속초나 강릉을 가보면 그 영향력을 알 수 있다. '식신로드'도 이

수요미식회에 등장한 전국의 냉면들. 2015년 요리 프로가 새로운 트렌드로 등장하면서 시청자들은 행복한 고민을 하게 됐다. 하지만 특정 음식점이 TV에 소개되면 사람들이 몰려, 기다림은 필수가 됐다. 하지만 이런 기다림은 냉면에 대한 식욕을 더 크게 만든다.

사진 출처 : 비즈엔터

런 맛집을 찾아가는 프로그램이다. '테이스티로드'는 여자들 특히 젊은 층의 여자들이 가기 좋은 집을 소개하는 지향점을 가진 프로그램이다.

이들 전통적인 프로그램 말고 최근에는 '수요미식회'와 '냉장고를 부탁해'라는 다른 컨셉의 프로그램이 뜨고 있다. 어떤 음식을 만드는가와 음식에 대한 역사를 소개하며, 음식점에 대한 평가를 병행한다는 아이디어로 만들어진 프로그램들로 인기가 높다. 여기에 '한식대첩'은 한식 요리 전문가들이 지역별 음식으로 경쟁을 한다. 최근 '인간의 조건'은 농부를 주된 아이디어로 하고 있지만 잘 들여다보면 농부로서 어떤 음식을 만들어 먹을 수 있는가가 중심을 이룬다. 두 명의 울트라스타 셰프들이 나와서 '먹방'을 한다.

'맛있는 녀석들'은 잘 먹을 몸매의 개그맨들이 나와서 특정 음식을 공략하는 프로그램이다. 맛집 프로그램이라기보다 대식 프로그램의 성격이 강하다. '집밥백선생'은 엄청난 수의 신도를 가진 프로그램이다. "백종원의 백종원에 의한 백종원을 위한" 프로그램인 '집밥백선생'은 "도대체 무엇을 해서 먹는단 말인가?"를 고민하는 주부들에게 종교와 같은 프로그램이다. 마트의 간장을 동내고 된장을 새롭게 사용하게 하는 신자들이 늘어나고 있다. 음식으로 구원을 얻게 해준다는 점에서 종교나 마찬가지다.

'오늘 뭐 먹지'는 두 사람의 진행자가 요리를 배우면서 직접 요리해 먹는 프로그램이다. 집에서 음식을 만들어야 하는 아마추어에게도 충분히 요리가 가능할 수 있게 해준다는 아이디어를 가진 프로그램이다. '올리브쇼'도 셰프들이 나와서 음식을 만드는 프로그램으로 셰프들이 직접 경쟁을 한다.

'해피투게더 야간매점'은 연예인들의 야식을 중심으로 구성되어 있다. 이 프로그램을 보는 이들에게 "지금 뭐하고 있어? 야식 안 만들어 먹을 거야?"라고 외친다. 힘들고 지친 영혼에게 바로 나가 편의점을 털어서라도 무엇인가를 먹으라고 요구한다.

연예프로그램 말고 다큐멘타리 형식으로 구성된 프로그램들도 있다. '한국인의 밥상'과 '생생정보통'과 'VJ 특공대'가 대표적이다. 교육방송에서는 요리방식을 알려주는 '최고의 요리대결'도 있다. 차승원을 더 스타로 만든 '삼시세끼 어촌편'이나, 이서진의 이미지를 좀 더 친숙하게 만들어준 '삼시세끼 정선편'도 있다. 해외에 나가서 극한 상황에서도 무엇인가를 먹을 수 있다는 것을 보여주는 '정글의 법칙'도 있다.

이런 방송 외에도 다양한 형태의 프로그램들이 있다. '셰프의 야식' '한끼의 품격' '백년식당' '대단한 레시피' '신인류식품관' '변정수의 기적의 밥상' '쿠킹코리아' '예스셰프' '마스터셰프코리아' '최강食록' '노오븐 디저트' '마트를 헤매는 당신을 위한 안내서' '잘 먹고 잘 사는 법, 식사를 하셨어요?' '키친 파이터' '마이리틀텔레비전'과 같은 프로그램들이 있다.

그럼 왜 우리는 이렇게 먹방과 쿡방에 열광할까? 여러 가지 이유가 있겠지만 대표적인 이유를 들자면 세상이 복잡하기 때문이다. 한의학박사님의 설명으로는 한의학에서는 위와 뇌가 반대로 작동한다고 한다. 즉 뇌가 작동할 때 위는 쉬고 위가 작동할 때 뇌는 쉰다는 것이다. 이런 점에서 보면 먹는 것에 집중하는 것은 뇌가 쉬고 싶기 때문이다. 뇌가 쉬고 싶다는 것은 처리할 것이 많아서 복잡하다는 것이다. 즉 단순해지고 싶기에 가장 1차원적인 욕구인 식욕에 집중한다는 것이다.

쉬고 싶고 치유 받고 싶은 현대인들. 그런데 유독 한국인들이 먹방에 집중하게 된 것은 무엇 때문일까? 한국이 유독 살기가 더 힘들어져서 그런 것일까? 고통이라는 주관적인 부분을 평가하기는 쉽지 않기에 이것을 가지고 국가 간 평가를 하기는 어렵다.

한국에는 어떤 특성이 있어서 이런 현상이 강해질까? 이 부분을 조금 더 채워주는 것은 SNS로 대표되는 문화적인 현상이다. 정보통신혁명이 더 많은 정보를 획득하게 해준다. 게다가 SNS와 같은 정보 매체들은 인간을 특정 그룹으로 집중시킨다. 이 매체는 사적인 정보를 공적인 정보보다 더 많이 전달하게 하는 매체의 특성이 있다. 즉 먹는다는 사적인 것에 대해 정보를 공유하게 만들 수 있다.

정보 매체가 발전한 것은 한국만의 특성은 아니다. 이러한 매체의 효과만으로, 외국인들 눈에 너무나도 신기한, 먹방에 집착하는 현상을 설명하기는 어렵다. 한국이 특별히 먹는 것에 집중하는 것은 물론 공중파 매체들의 영향이 크기도 하다. 공중파 매체들이 너무나도 많은 프로그램을 만들어 내보내고 그 과정에서 진화해가는 프로그램들이 생겨나면서 시청자들의 호기심을 불러일으키고 있다. 하지만 이런 설명 역시 공중파 매체라고 하는 공급자 측의 요인을 가지고 지나치게 시청자라고 하는 수요자 측 요인을 설명하는 오류를 가진다. 만든다고 사람들이 모두 보는 것은 아니다. 물론 매체에 오래 노출되면 매체에 무비판적이 될 수 있는 여지가 있다. 하지만 최근 먹방과 쿡방의 부상은 단지 무비판적인 성향으로 치부될 것은 아니다. 왜냐하면 지적인 일을 하는 사람들이 오히려 이런 프로그램을 좋아하는 경우가 비일비재하기 때문이다. 앞서 한의학적 설명처럼 뇌를 많이 사용할 경우 뇌를 쉬라고 위를 많이 이용한다. 직접 먹거나 먹는 것에 대리만족할 수 있기 때문이다.

그럼 한국의 어떤 측면이 있는 것일까? 이 부분에서 볼 수 있는 것은 한국사회의 비관과 절망이다. 인간은 미래에 대한 확신이 있으면 현재를 희생하더라도 미래에 투자할 수 있다. 나중에 집을 사기 위해 저축을 하거나 미래 직업을 위해 지금 시간과 돈을 쓸 수 있다. 그런데 미래가 비관적이면 현재에 투자한다. 왜냐하면 미래가 없으니까. 이 동어반복적인 논리는 이성보다 먼저 작동할 수 있다. 확실하게 미래가 있다는 생각이 들기 이전부터 주변을 보면서 느끼는 선험적인 감정들이 있다. 주변에 직업을 찾기 위해 노력하는 사람들, 아르바이트의 고단함을 겪고 있는 친구들, 얼마 뒤면 은퇴할지 모르는 직장생활, 어느 정도까지 오를 것으로 예상하기 어려운 전세값과 월세값. 그런데 이러한 고통의 파도 뒤에 더 큰 고통의 쓰나미가 몰려올 수도 있다는 불안감.

한국 사회는 그동안 너무나 빨리 변화해왔다. 우리는 그 속도를 그저 경이롭게 바라보아왔다. 그런데 그 변화의 중심부는 사회계층의 변화가 있다. 계층 변화 혹은 계층이동 속에는 외부위기가 맞물려 언제 사회계층의 나락으로 떨어질지 모르는 두려움이 있다. 이러한 위기의식 속에서 많은 한국 사람들이 인간 개인으로 몸을 숨기고 있다. 한나 아렌트가 이야

시청자들이 먹방과 쿡방에 열광하는 이유가 단지 1인 가구의 증가 때문만은 아니다. 높아져만 가는 취업 문턱, 내 집 마련, 무한 경쟁 시대 등. 우리는 매일 스트레스를 받는다. 뇌가 피곤하니 우리 몸은 식욕을 통해 안정을 꾀하는 것이 아닐까?

사진 출처 : JTBC - 조인스

기한 '사사화(privatization)'를 직접 몸으로 경험하고 있다. 공적인 것을 포기하고 인간 개인으로 돌아가 모든 것을 사적인 것으로 여기는 경향.

사적인 공간인 냉장고를 부탁하고 집밥선생을 불러서 오늘 뭐 먹을지를 고민하면서 다른 한편으로 우리가 너무 개인에게 탐닉하는 것은 아닌지? 사회 즉 사람들이 같이 무엇을 할 수 있는 시대는 어떻게 하면 오게 될 것인지를 걱정하면서 나는 오늘도 '수요미식회'를 보고 있다.

그럼 지금은?

공화주의이론가인 한나 아렌트는 '사사화'라는 개념을 통해서 전체주의의 가능성을 제시했다. 사사화는 개인을 전적으로 개인화 한다는 의미이다. 히틀러와 같은 전체주의자들이 공포심을 이용하여 개인들을 모래알처럼 만든다. 그러면 인간은 단합하여 무엇인가 잘못된 것을 고칠 수 있다는 생각 자체를 못하게 된다. 그저 나만 이 위기를 벗어나면 된다고 생각하는 것이다. 그런 점에서 '사사화'는 공동체를 유지하는 데도 중요하지만, 개인들이 자유를 얻고 유지하는 데 중요하다.

제 **2** 장

세대(generation)정치 :

제도정치와 권력투쟁

일상이 정치: 미식, 세대, 지정학

일상이 정치: 미식, 세대, 지정학

01   _{2018. 6. 28.}
인구 절벽시대의 한국

명동의 한 음식점. 주문을 하니 종업원이 못 알아들었다. 다시 천천히 주문했는데 종업원은 알아들었는지가 확실하지 않은 채 돌아갔다. 잠시 후 지배인으로 보이는 사람이 왔다. 그리고는 주문 내역을 확인하고 갔다. 한국 식당에서 한국말이 안 먹히는 익숙하지 않은 상황. 좀 어리둥절했다.

요즘 이런 경험을 하는 사람들이 많을 것이다. 서울 한복판에서 한국어로 물건을 사고 주문을 하는데 한국어가 작동하지 않는다. 낯선 상황이다. 한국어 의사소통이 안 되는 중국인이나 동남아시아인들이 근무하기 때문이다. 한국말이 잘되는 조선족 동포들은 임금이 좀 더 높은 곳에서 일한다. 그러니 조건이 열악한 식당에서는 의사소통이 어려워도 일만 할 수 있는 사람들을 고용하는 것이다.

다른 장면 하나. 기말고사를 끝낸 대학가의 종강 모임들. 골목 전체에 한국 학생보다 외국인 학생들이 더 많다. 외국인 학생들 없이 대학 운영이 어려운 상황.

이러한 상황들의 내면을 보면 상황은 매우 심각하다. 이 상황은 근본적으로 인구감소에 기인한다. 한국은 인구 절벽시대로 진입하고 있다. 통계청이 발표한 2018년 4월 출생아 수는 2만 7700명이다. 통계청이 월별 출생아 수를 정리하기 시작한 1981년 이후 최저치이다. 2017년 5월부터 매달 최저치 기록을 스스로 경신하고 있다. 2018년 1월부터 4월까지 4개월간 출생아 수가 11만 7,300명이다. 2015년 15만 6,024명, 2016년 14만 7,513명, 2017년 12만 9,000명과 비교해 보아도 인구 감

 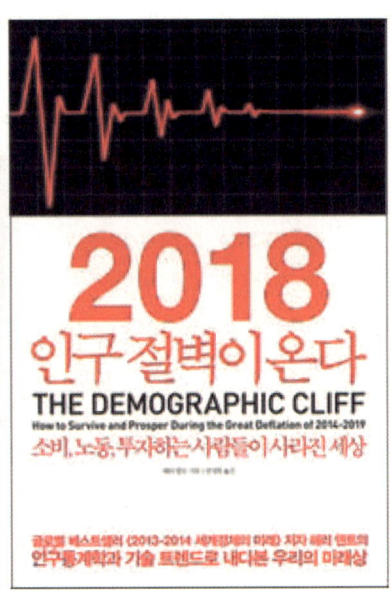

인구감소를 분석한 대표적인 책들. 인구 절벽이 하나의 시대적인 흐름이 되면서 한국사회의 존립 자체가 문제시되고 있다.

사진 출처 : 국민일보

소는 뚜렷하다. 평균연령 33세가 출산율이 가장 높은데 이 나이가 현재 한국의 인구 구조에서 적기 때문이라는 분석을 통계처에서 내놓기도 했다. 현재 20대 후반 연령대의 인구가 좀 더 많기에 몇 년 뒤에는 역전을 기대할 수도 있다는 해석이다.

반짝 역전이 될 수는 있을 것이다. 그러나 인구가 줄어드는 추세를 되돌리긴 어렵다. 통계청이 발표한 2017년도 한국 출산율은 1.05명이었다. 한국은 세계에서 가장 아이를 적게 낳는 국가이다. CIA가 발간하는 WORLD FACT BOOK의 2017년 판에는 한국이 224개의 국가와 정치단위 중에서 219위에 올라있다. 그런데 219위는 출산율이 1.26명으로 기록된 상황일 때다. 올해 통계청의 지표대로 출산율이 1.05명이면 한국보다 아이를 덜 낳는 곳은 중국에 속한 마카오(0.95명)와 싱가포르(0.83명)뿐이다. 대만도 1.13명으로 한국보다 출산율이 높다. 그러니 민주주의국가로는 한국이 세계 최저이다.

출산율이 낮으니 출생하는 전체 출생아 수도 급감하고 있다. 한국의 인구 그래프에서 가장 출생자가 많았던 때와 인구수는 1960년의 108만 명이었다. 그리고 1971년 102만 명까지가 정점이었다. 이후 90만, 80만, 70만으로 점진적으로 출생아 수가 줄어들다가 55만 명을 기록한 2001년을 기점으로 50만 명 이하로 떨어졌다. 2002년 이후 계속 40만 명대에 머물던 출생아 수가 2017년 357,700명으로 하락한 것이다. 한국의 4년제 대학입학정원이 352,350명이다. 그러니 2017년 태어난 아이들은 대부분 4년제 대학교에 입학 할 수 있다.

출산 아동의 수가 줄고 기대수명이 늘면 고령화 사회 혹은 초고령화 사회가 된다. 한국은 초고령화가 가장 빠른 국가이다. 2015년 기준으로 경제활동 인구 중 65세 이상이 20%였다. 그러나 32년 뒤인 2050년에는 그 비중이 70%를 초과할 것으로 예측된다. 전체적인 인구는 점차 감소하면서 노인 인구만 늘어나는 사회가 되는 것이다. 더 극단적으로 인구감소 상황이 지속하면 2100년경이 되어서는 조선 후기 수준의 인구수로 돌아갈 수도 있다. 참고로 한 조선인구 연구는 1910년의 인구를 1700만 명 정도로 추정하였다.

현재 한국은 인구 절벽으로 가고 있다. 현재 진행형이다. 주변 정황들은 더욱 나쁘다. 물가는 오르고 집값은 폭등하였다. 최저임금을 올린다고 하지만 대기업정규직과 비정규직 그리고 자영업자의 소득 격차는 늘어나고 있다. 안정된 직장을 위해 더 많은 돈을 들여 교육을 받지만 투자한 교육비를 자식의 소득으로 보전하기가 쉽지 않다. 그러니 20대들은 연애와 결혼이 점점 짐이 된다. 결혼 적령기가 뒤로 밀리면서 아이를 낳는 시기도 늦어진다. 늦은 나이에 출산할 걱정에 더해 육아와 교육 생각을 하면 앞이 깜깜하다. 결혼이 늦춰지고 출산이 늦춰지니 사람에 따라서는 자식 교육을 위해 직장을 70세까지 다녀야 하는 상황이 되기도 한다. 그래서 아이를 더 못 낳게 된다.

아이를 낳아도 걱정은 마찬가지이다. 부모는 맞벌이로 어렵게 아이를 교육시킨다. 그 아이가 대학을 졸업할 무렵 취업난으로 대기업이 아닌 중소기업에 취직해야 하는 상황이 된다. 이런 상황을 부모가 못 참는다. 부모의 보호 아래 있던 자식 본인도 스펙 만든 것이 아까워 웬만한 기업에는 구직 생각이 없다. 고시, 공무원 시험, 공사, 대기업으로 몰린 1990년대 생 청년들의 경쟁이 부모세대의 경쟁구조와 유사한 이유이다. 2020년이 되면 최초로 50만 명 시대인 2001년생들이 대학과 사회로 나온다. 이들의 '좋은 일자리에 대한 경쟁'은 그 부모들인 100만 명 시대의 1960년대 생이나 1970년대 생들의 경쟁구조와 크게 다르지 않을 것이다.

우리는 지금 국가라는 공동체가 쇠락해가고 있는 것을 보고 있다. 인구가 5100만이 넘고 1인당 국민 소득 3만 불이 넘는 세계 경제 12위의 대한민국은 서서히 무너져 가고 있다. 정치학이 선진국과 강대국이 되는 법을 가르칠 것이 아니라 국가를 유지하는 법을 가르쳐야 하는 상황이 되고 있다. 이런 상황에서 통일이 되면 어떻게 될까? 비용이 많이 드는 남한 쪽 인구는 지속해서 감소할 것이다. 반면에 소득이 높아질 북한 쪽 인구는 몇십 년간 늘어날 것이다. 어쩌면 현재 2:1의 남북 인구 격차가 장기적으로는 바뀔 수도 있다.

일본은 고향세를 받고 있다. 고향세는 자신의 고향이나 지방자치단체에 기부할 경우 이 기부금에서 세액을 공제하는 제도이다. 한국의 경우 인구 축소와 함께 지방자치 단체의 재정자립도가 더 낮아질 것을 우려하기 때문에 고향세를 배워볼 필요가 있다.

사진 출처 : 비즈니스 워치

대표적인 다문화거리인 안산의 다문화거리. 안산시 단원구 원곡동 다문화마을특구는 외국인 노동자유입의 또 다른 측면을 볼 수 있다. 이곳에서는 13개 국가 280개의 음식점이 본토맛을 보여준다. 한국 속에서 세계를 경험할 수 있다. 사진은 야시장의 활기찬 모습을 보여준다.

사진출처: 인천일보

이보다도 더 큰 문제는 현재 부족한 노동력을 채우기 위해 남한은 외국 노동자들을 더 많이 받아들일 수밖에 없다는 것이다. 한국의 높은 임금을 위해 들어오고 싶은 노동 대기자들이 동남아시아에는 수두룩하다. 또한 통일이 되면 북한 노동자들이 대거 유입될 가능성이 크다.

한국은 지방과 수도권의 인구 격차와 일자리 격차가 커지고 있다. 인구감소는 일정한 수의 노동력유지를 위해 외국인 노동자들의 유입을 유도한다. 더 많은 외국인 학생들이 대학을 채워주지 않으면 대학들은 폐교하게 될 것이다. 서울의 특정 지역이 중국 동포들의 집중 거주 지역이 된 것처럼 서울에서 집값이 낮은 지역들은 외국인 노동자들의 주거지역으로 변할 것이다. 이런 유입을 막기 위해 강남과 몇몇 지역은 더 높은 집값으로 자신들의 지역을 방어할 것이다. 서울과 수도권은 부촌과 빈촌의 양극화가 더 심해질 것이다. 교육, 범죄, 위생 등등. 사회갈등은 폭발적일 것이다.

그렇다. 우리는 지금 한 공동체가 서서히 몰락하는 것을 목도하고 있다. 그렇다면 지금 우리는 그저 조종(弔鐘)을 울리기만 해야 할까?

일상이 정치: 미식, 세대, 지정학

02

2018. 9. 26.

밀레니얼 세대, 꼰대 세대,
보릿고개 세대의 불편한 동거

어릴 때 가장 많이 들었던 말. "남이 밥 먹고 있을 때 그쪽은 쳐다보지 마라."

어려서 할머니가 키워주셨던 탓에 가장 많이 들은 소리이다. 가난했던 시절. 'ㄷ자' 형태의 집 중간에는 주인집이 있었고 한 칸짜리 셋방들이 양 측면을 둘러싸고 있었다. 여러 가구가 한 집에 모여 살아서 상호의존성이 높은 이 집 구조는 밥때가 되면 누가 무엇을 해서 먹는지를 냄새만으로도 알 수 있었다.

어린 시절 나의 할머니는 가난하지만 다른 사람들에게 의지하거나 비굴하지 않도록 교육하셨다. 특히 어린 시절에 가장 유혹적인 먹을 것 앞에서. 의례 누군가 무엇을 먹으면 쳐다보게 되는 본능과 그 본능의 억제.

한번은 주인집 가족들이 밥을 먹고 있는 것을 멀뚱히 본 적이 있었다. 그 집 할머니는 와서 밥 한 그릇 하라고 권하셨다. 그때 내 할머니가 집에 들어오셨다. 곧 내 손을 끌고 방으로 들어가셨다. 그리곤 정말 불같이 화를 내셨다. 할머니는 나를 장손이라 평소 귀하게 여기셨지만, 그때는 정말로 화를 많이 내셨다. 그래서 그 뒤에 누가 무엇을 먹을 때 그쪽은 쳐다도 안 보게 되었다.

'응답하라 1988'의 배경으로 사용된 1970년대와 1980년대를 떠올리게 하는 마을. 이곳은 순천의 드라마 세트장이다. 실제 그 시기엔 다닥다닥 붙은 집들에도 불구하고 몇 가구가 한 주택에서 같이 살았다. 그러니 어느 집에서 무엇을 먹는지 금방 들통이 난다.

사진출처 : 네이버 블로그 "빈 들녘"

이것은 예전 이야기다. 40년 정도 전쯤. 가난한 어린 시절을 경험한 많은 이들이 이와 비슷한 기억들이 있을 것이다. 경제적으로 어렵지만, 자존감을 가지기 위해 노력했던 기억들. 요즘 용어로 말하자면 "꼰대 감수성."

그런데 현시대는 다르다. 요즘은 TV를 틀어 남이 먹는 것을 찾아서 즐긴다. 아니 열광한다. 이런 흐름은 몇 년째 '먹방 TV'시대를 만들었다. 그리고 먹방은 더 진화하고 있다. 유튜브까지 동원되어 오로지 먹는 것에만 집중한다. 한 번에 라면 5개 먹기 같은. 이 분야에서 가장 유명한 이 중의 한 사람이 '밴쯔'다. 250만 명의 관객이 유튜브를 통해 그가 빨리 그리고 많이 먹는 모습을 보고 열광한다. 그리고 먹방 관람은 그에게 10억 이상의 수입을 가져다준다. 자본주의의 엄청난 힘. 먹기⇨관람⇨부의 창출.

"남이 먹는 것을 쳐다보지 마라"의 정체성을 공유하는 꼰대세대는 도저히 이해할 수 없는 현상이다.

이것의 사회적 의미해석은 가장 단순하게 보면 세대 차이가 될 것이다. 최근 유행하고 있는 '꼰대 세대'와 '밀레니얼 세대(Millennial Generation)'의 문화 차이. 1960년대에서 1970년대 태어난 세대를 지칭하는 '꼰대 세대'는 오프라인의 이성과 집단의 정서를 강조하는 세대이다. 반면 1980년대에서 2000년 초반 출생자들을 지칭하는 '밀레니얼 세대'는 온라인세계를 중시하고, 자기중심성이 강한 이들이다. 나르시즘. 이 세대의 자기중심성을 정의할 수 있는 용어다. 따라서 자신을 세상의 중심에 두는 밀레니얼 세대들은 군사주의와 민족주의와 같은 집단주의로 무장한 꼰대 세대를 이해하기 어렵다.

요즘 유행하는 용어 중 "젊꼰". 즉 젊은 꼰대. 예전 X세대로 불렸던 신세대가 지금은 꼰대 세대로 불리기도 한다. 시대가 그렇게 흘러가는 것이다.

사진출처 : 한국경제

또 다른 한 가지 해석이 있다. 세대 차이보다는 산업화에 따른 설명이다. 논리는 이렇다. 꼰대 세대가 후진국 국민이었다면, 밀레니얼 세대는 선진국 국민이라는 것이다. 같은 공간에 다른 국가 사람들이 공존하고 있다. 같은 국가의 세대 간의 문화 차이가 아니라 다른 국민이 같은 공간에 살고 있다는 것이다.

이 해석은 대단히 재미있을 뿐 아니라 분석적이다. 만약 후진국 국민과 선진국 국민으로 나눌 수 있다면 같은 공간 안에는 다른 시간과 다른 사회가 병행하는 것이다. 이것은 중국의 사회현상 중 하나인 소황제를 설명하는 것과 유사하다. 중국은 1990년대 이후 태어난 세대인 주링허우 세대(九零後 世代)와 개혁개방 이후 태어난 1980년대 세대인 바링허우 세대(八零後 世代)가 갈릴 정도로 각 세대가 새로운 방식으로 살고 있다.

여기서 한국과 중국이 공유하는 것이 있다. 한국이나 중국 모두 개발도상국이라는 과정을 거쳤거나 거치고 있다는 점이다. 한국은 29년 만에 농업사회를 탈출한 세계적 기록을 가지고 있다. 빠르게 개발도상국의 시기를 보내면서 한국은 가난을 공유한 이들과 부유해진 세대들이 전혀 다른 관점에서 세상을 살고 있다.

산업화에 따른 사회변동이 한 세대와 이전세대를 전혀 다른 부류로 만든 것이다. 그러니 선진국민인 밀레니얼 세대가 볼 때 이전 세대의 문화는 꼰대 문화, 후진국 문화가 되는 것이다. 같은 국가 내에 다른 두 개의 국민은 갈등하게 되어있다.

요즘 두 국민 간의 차이를 극적으로 보여주는 것이 '랜선 라이프'다. '랜선 라이프'란 오프라인이 아닌 랜선 즉 온라인 속에서 삶을 살아가는 것이다. 꼰대 세대가 볼 때 밀레니얼 세대의 랜선 라이프가 잘 이해될 리 없다. 나가서 친구를 만들면 될 것을 인터넷 랜선에서만 친구를 만드는 행위가 꼰대들에게 납득이 될 리 없다. 또한 실제 동물을 키우면서 교감을 나누면 될 것을 인터넷에서 누군가 애완동물을 키우는 것을 보면서 대리만족을 하는 것이 이해될 리 없다. 반면에 자신이 중요한 밀레니얼 세대 입장에서 오프라인상의 친구 관계나 실제 애완동물사육은 자칫 부담이나 구속이 될 수 있다. 그러니 '쿨'하게 만나거나 대리만족을 즐기다 맘에 안 드는 어느 순간에는 그 사이트에서 나가면 된다.

랜선라이프는 랜선 속에서 사는 젊은 세대의 모습을 보여준다. 크리에이터로 불리는 이들의 삶은 간접 경험을 갈구하는 밀레니얼 세대의 요구를 잘 반영한다.

사진출처 : 글로벌 이코노믹

보릿고개 시절. 먹을 것이 없었던 시대. 한국은 후진국이었다. 이들의 노력이 한국을 개발도상국으로 만들었다. 그리고 개도국의 꼰대 세대를 낳았다. 그리고 꼰대 세대가 한국은 선진국의 반열에 올라갈 수 있는 토대를 만들었다. 그리고 밀레니얼 세대를 낳았다.

사진출처 : 대한민국역사박물관 블로그

이 분석을 확장해 보면 한국 사회가 좀 더 명확히 이해된다. 빠른 산업화를 경험한 한국에는 단지 두 세대만 있는 것은 아니다. 꼰대 세대 위에는 그 세대의 부모세대인 일명 '보릿고개 세대'가 있다. 보릿고개라는 시기를 보내면서 먹을 것이 없어 아사할 수 있다는 절박함을 느낀 후진국 세대가 있는 것이다. 후진국 국민인 '보릿고개 세대'가 한국을 개도국으로 만들면서 '꼰대 세대'도 낳았다. 그리고 개도국 세대인 '꼰대세대'가 산업화를 심화시켜 선진국 국민인 '밀레니얼 세대'를 탄생시킨 것이다. 한 공간 내 3개국 국민의 공존.

그래서 한국은 불편하다. 후진국 국민과 개도국 국민과 선진국 국민이 문화와 관습에서 모든 분야에서 충돌하고 있기 때문이다. 부모-자녀 간에, 조부모-부모 간에, 조부모와 손자 간에 갈등이 상존한다. 태극기와 촛불의 갈등은 이를 상징적으로 보여준다. 빠른 산업화의 후폭풍은 오늘도 한국을 불편하게 만들고 있다.

일상이 정치: 미식, 세대, 지정학

03   2018. 10. 11.
변화, 문화, 진화?

일본인들은 특별한 문화를 가지고 있다. 예를 들면 배웅문화. 일본인들의 배웅을 받아본 사람들은 그들이 배웅하는 사람들이 눈에 보이지 않을 때까지 계속을 손을 흔들어대는 과한 친절함을 알 것이다. 한국 사람들도 배웅을 친절하게 그리고 오래 하지만 일본인들에 비할 바는 아니다. 부담스러울 정도의 친절함이랄까.

일본인들의 친절한 배웅. 미용실에서 손님이 안 보일 때까지 손을 흔들어 배웅하는 모습의 일본인들. 이러한 문화의 배경은 그리 아름답지만은 않다.
사진 출처 : Tanpopo.dubaljayu.com에서 재인용

일본인들의 배웅문화에는 특별한 역사적 배경이 있다. 과거 일본은 사무라이들이 사회의 중심에 있었다. 이들은 군주를 지키는 것을 인생의 최고 덕목으로 여겼다. 만약 자신의 군주가 모욕을 당하거나 누군가에게 공격을 받는다면 이들은 모욕을 준 사람이나 공격을 한 무리를 공격하거나 때에 따라서는 암살하였다. 이후 여러 시대를 거치면서 암살은 하나의 관습처럼 되었다. 따라서 상대에게 암살당하지 않으려면 그가 눈에 보이지 않을 때까지 손을 흔들며 친절하게 배웅을 해야 했다. 손을 흔들어 친절함을 드러내는 것은 내가 공격의 의도가 없음을 보이는 것이기도 하다. 그렇다. 친절한 배웅의 문화적 맥락은 그리 아름답지 않다.

21세기 지금 일본인들이 친절하게 배웅하는 것은 암살을 피하기 위한 것이 아니다. 과거의 문화는 다른 의미들을 가지고 변화하는 것이다. 일본의 젊은 세대는 또 다른 문화를 만들며 변화한다. 전통적인 일본인들의 문화, 즉 소규모 조직 내에 어떻게든 속해야 하는 문화를 거부하는 것이다. 또 개인의 자유를 강조하거나 사회와 외면하는 이들도 있다. 문화의 변화.

문화가 변화하기는 한국 사회도 마찬가지이다. 1980년 신군부의 쿠테타는 한국 사회에 변절과 배신이 아무렇지 않은 문화를 만들었다. 1997년 외환위기는 취업을 준비하는 이들에게 '직업 안정성(job security)'의 선호라는 변화를 이끌었다. 2002년 월드컵과 광장의 응원문화는 'Be the Reds'를 외치며, '빨갱이 신드롬'을 없애는데 일조했을 뿐 아니라 시위 문화의 새로운 모델을 제시하기도 하였다.

문화의 변화는 특정인이나 특정조직에 의해 의도된 대로만 진행되지는 않는다. 일본에서 암살이 웃으며 끝까지 손을 흔드는 방식의 문화를 만들게 될 것이라고 누가 생각했겠는가! 시간이 지나고 많은 이들이 대응

2002년 6월 월드컵은 한국의 문화를 바꾸었다. 전체주의 국가 히틀러도 하기 어려웠던 400만이 넘는 동원을 '붉은 악마'를 통해서 '빨갱이 신드롬'을 깨도록 해주었다. 그리고 광장의 문화를 만들었다. 한국의 문화지형에 큰 변화와 진화가 만들어진 것이다.

사진 출처 : Our Korea Experiences

한 다양한 방식 중 특정 방안이 다른 이들의 더 많은 지지를 받으면서 문화는 변화하는 것이다. 또 문화는 진화해간다. '암살'에서 '친절함'으로의 진화처럼.

 2018년 현재 밀레니얼 세대 혹은 에코 세대에는 새로운 문화들이 많이 있다. 이 세대는 취직이 어렵기에 '스펙 쌓기'에 많은 투자를 한다. 물론 과거 세대들도 노력했지만 밀레니얼 세대가 투자하는 시간에 비할 바 아니다. 또 이들 세대에게 인터넷과 모바일은 생활 일부이자 생활 그 자체이다. 뉴스도 유튜브로 시청할 정도로. 인터넷과 모바일에서 얻어진 정보 덕에 쏠림 현상도 강하다. 특정 지역이 핫 플레이스라고 소문이 나면 그 지역엔 밀물처럼 사람들이 몰린다. 과거 세대들의 놀이터였던 종로와 신촌 대학로가 한물간 것을 보라. 이제 젊은이의 놀이터는 홍대와 건대와 연남동이다. 그러나 몇 해 뒤에는 이곳들도 어찌 될지 모른다.

최근 방송을 보다 눈여겨보게 된 것이 있다. 방송의 한 쪽에서는 취업의 고통, 청년실업의 문제, 비싼 물가와 직장인 소득으로 어림도 없어지게 치솟는 집값을 이야기한다. 그런데 또 한쪽에서는 가까운 외국에 얼마나 저렴하게 갈 수 있는지를 경쟁적으로 소개하고 있다. 물론 여행이 반드시 에코 세대만을 위해 권해지는 것은 아니다. 그러나 방송이 타겟으로 삼은 주된 층은 겹친다.

고통과 여행. 두 중심축은 서로 다른 문화를 만들고자 한다. 한 축은 치열한 경쟁과 각자도생의 문화를 만든다. 다른 한 축은 복잡하고 고단한 경쟁에서 잠시 나와 쉬라고 한다. 일명 휴식을 권하는 사회.

가성비를 강조하는 여행프로그램 '짠내투어.' 젊은 청춘들에게 여행을 권하는 대표적인 프로그램이라고 할 수 있다. 다양한 형태의 여행 예능들이 쏟아져 나와 다양한 정보를 제공한다는 장점도 있지만, 젊은 세대에게 해외여행이 힐링의 전부인 것처럼 생각하게 하는 부작용에 대한 우려도 있다.

사진 출처 : brunch

누군가가 의도적으로 고통을 만들지도 않았다. 한국 사회가 고도 성장기를 지나 중년기에 있기에 생기는 구조적인 차원의 고통과 세계경제 구조로 만들어진 고통이 있는 것이다. 더는 몇몇 제조업을 중심으로 어마어마한 고용창출을 해내기 어려운 상황이다. 기존 세대들이 좋은 일자리를 차지한 상황이다. 또 기업들도 신규채용보다는 경력직을 채용함으로써 비용을 줄이고 불확실성을 줄이는 상황이다. 이런 상황들이 만들어낸 고통이다. 모두 구조적인 문제들이다. 그러니 어느 누가 나서서 쉽게 해결책을 내놓을 상황도 못 된다. 쉽게 말해 단기적인 해법이 없다. 그저 경쟁구조에서 자신이 살아남는 것에서 한 시름 놓는 수밖에.

다른 문화는 구조적인 문제에서 한 걸음 비켜서라는 것이다. 일상에서 소소한 행복을 찾거나 이 경쟁구조의 치열함에서 한발 물러서라는 것이다. 여행은 이렇게 하기에 가장 좋은 방법이다. 그것도 비행기의 엔진소리를 듣고 외국 공항에 내릴 때 특유의 공기를 맡으면서.

"고통스럽지 그럼 즐겨"라고 방송은 부추긴다. 한편으로 사는 것이 얼마나 고통스러운지를 매우 자세히 알려주면서 또 한편으로는 얼마나 저렴하게 다녀올 수 있는지 알려준다. 그리고 여행에서 실패할 확률을 줄이는 방식까지 소개해준다. 구조적 문제들로 많은 부분을 포기해야 하는 젊은 세대들에게 현재에 집중할 것을 권한다. 잘 짜인 기계처럼 고통을 상기시키고 약을 발라준다. 그런데 그 약을 사기 위해서는 또 고통이 따른다. 돈을 모아야 하고 실패할 확률이 적은 계획을 짜야 하기 때문이다.

그런데 이 기계처럼 작동하는 사회문화는 '에코 세대'에만 해당하는 것은 아니다. 에코 세대의 부모들인 '꼰대 세대'에도 해당한다. 그들은 마치 시지프스가 돌을 밀어올리고 다시 굴러 떨어진 그 돌을 밀어 올리듯이 치열한 경쟁구조에서 고통을 받으면서 치유책을 찾는다. 게다가 자식 세대인 에코 세대까지를 데리고 여행이란 피난처를 찾아야 한다. 꼰대 세대의 부모인 '보릿고개 세대'들도 마찬가지이다. 은퇴하고 수입이 별로 없는 이 세대도 삶이 팍팍하기는 마찬가지이다. 이런 상황에서 자식 세대와 여행을 가는 것도 눈치 보이는 일이다. 다른 방식의 치유책을 찾아 일상에서 한 걸음 여유를 가져야 하지만 이것도 녹록한 일이 아니다.

오늘도 TV를 틀고 신문을 펴면 그리고 인터넷을 열면 무수한 고통의 흔적과 치유의 처방들을 본다. 이렇게 변화를 만들어가는 우리 시대의 문화는 과연 미래엔 어떤 모습으로 진화하게 될까?

일상이 정치: 미식, 세대, 지정학

04
2016. 1. 20.

『응답하라 1988』과 쌍문동 비망록

맥이 풀렸다. 이제 무엇으로 한 주 한 주를 버틸까?

드라마 『응답하라 1988』이 막을 내렸다. 나는 드라마 속과 같이 1988년 바로 그때 고등학교 2학년이었고 쌍문동에서 그 시절을 보냈다. 이 인연 탓에 마지막 방송에서는 많이 울었다. 방송이 종영할 때는 꼭 오랜 친구를 떠나보내는 것 같았다. 아쉬움과 서운함과 함께 아직 살아있는 1988년의 기억들이 나를 놓아주지 않았다. 드라마에 빠진 두 달 동안 감정의 잔상들이 깊었다.

지난번 아버지를 뵈었을 때 여쭤보니 아버지는 이 드라마를 보고 싶지 않다고 하셨다. 그 장면들을 보면 그 시절 어려웠던 기억이 살아난다는 것이다. 아버지는 사업실패 이후 어렵게 버텼다. 그때 고통스러운 기억들이 거의 30년 뒤 회상 속에서도 여전히 아름답지 않은 것이다. 사실

그때는 하루하루 버티기가 어려워서 미래가 있을지도 잘 몰랐다.

모든 세상일이 그렇듯이 어떤 것이든 좋아하는 사람들과 좋아하지 않는 사람들이 있다. 이번 『응답하라 1988』은 그 시절을 기억하기 좋아하는 사람들이 더 많았던 듯하다. 마지막 회 평균 시청률이 19.6%였고 최고 시청률은 21.6%를 기록했다는 것을 보면. 케이블 채널에서 만든 드라마라고 할 때 이것은 기적적인 기록이라고 할 수 있다. 과거 시절로 치면 거의 50%대의 시청률에 육박할 기록을 메이저방송사가 아닌 케이블 채널이 기록한 것이다.

사람들이 '응답하라' 시리즈에 열광한 이유는 어릴 적에 대한 향수와 공감 때문일 것이다. 동시에 젊은 층은 과거 부모님의 생활상을 간접적으로 경험함으로써 윗세대와 소통할 수 있다. 어릴 적 추억은 강렬했기 때문에 과거를 회상하면서 현재에 충실해야겠다는 동기부여도 된다.

사진출처 : 허핑턴포스트코리아

개인적 차원을 넘어 사회적인 공명(共鳴: response)이 있는 것이다. 공명의 차원에서 우린 이런 질문을 던질 수 있다. 왜 이렇게 많은 사람들이 응답을 했을까? 무엇이 이 드라마를 통해서 공감하고 공명하게 했을까? 좀 더 정확히 하면 드라마에 열광한 이들은 무엇을 회고하고 싶었던 것일까?

편하게 볼 수 있는 드라마의 사회적 의미를 생각해보기 위해 '비망록'이라는 거창한 표현을 썼다. 거창한 제목을 사용한 것은 1988년과 2016년 사이 28년간 잊고 있었던 것들을 기록으로 남기고 싶어서다. 진부할 수 있겠지만 이런 상상을 할 수 있다. 오늘부터 바쁘게 살다가 다시 28년이 지난 2044년에 『응답하라 2016』를 만든다면 2016년은 무엇으로 기억될 것이고 무엇으로 화두를 잡을까? 청년실업, 헬조선, 양극화, 국민소득 30,000불, 리니지게임, 해외여행, 중국 요우커….

『응답하라 2016』을 만든다면 2044년의 시점에서 좋은 쪽으로 공감하는 사람도 있을 것이고 나쁜 기억으로 공감하는 사람도 있을 것이다. 『응답하라 1988』이 불러온 기억들도 똑같다. 이 드라마는 보통 드라마가 갖추어야 할 요소들인 '대립'도 없고 '악당'도 없으며 극단적 어려움을 극복하는 '영웅'도 없다. 등장인물들 모두는 잘 화합하고 모두 착할 뿐 아니라 첫사랑을 고백 못 해 속앓이하는 찌질한 순박함이 있다.

그런데 과거로 돌아가 보면 그때 현실이 그랬을까? 1988년에는 드라마처럼 정말 좋은 사람들이 모여 소소한 일상을 큰 걱정 없이 살았을까? 절대 그렇지 않다. 내가 살았던 쌍문동은 찢어지게 가난한 사람들이 너무 많았다. 평범하게 가난한 사람들도 많았다. 늘 그렇듯이 가난은 부족을 가져오고 부족은 고통을 가져왔다. 낮이고 밤이고 술에 찌들어있는 아저씨들, 밤에 들려오는 "차라리 죽여라"는 아줌마들의 비명 소리, 많이 낳

앉지만 보호받지 못하는 자식들의 악다구니. 넝마쟁이가 아직 있었고 지금은 어디서 무엇을 하는지 모를 수많은 동네 깡패들도 있었다.

반면에 좋은 것들도 많았다. 소득이 전반적으로 올라가면서 나이키 신발은 좀 더 신어볼 가능성이 커졌고, 자동차도 많아졌고 아파트들도 늘었다. 게다가 지금 보면 재미있게도 학교는 일종의 사회적 재분배 역할을 했다. 부유한 친구들이 매점에서건 밖에서건 집안 형편이 어려운 친구들에게 많이 샀다. 빈약한 국가를 대체한 사회의 훈훈한 재분배기능. 골목에는 저녁밥 때를 알리는 냄새와 엄마들의 호출이 있었다. 착한 가게주인 아저씨 덕에 삼립빵을 외상으로 먹었던 기억도 있다. 물론 몰래 하다 엄마에게 걸려 혼이 난 나쁜 기억도 같이 있지만.

이런 개인적 기억을 넘어서 당시를 경험하지 않았던 사람들까지 드라마에 응답하게 한 사회적인 요인도 있다. 특히 3가지 요인이 사람들의 공감을 끌어냈다고 본다. 첫 번째, 가족과 가족으로 엮여있는 일상의 소소함이다. 그 시기는 가난하고 부족하지만, 가족이 같이 지낼 수 있었고 가족들 간에 나눌 수 있는 정(情)이 있었다. 또 그 정이 소소한 일상을 잘 버티면서 살아가게 했다. 그런 점에서 현재와의 대비가 있다. 바쁜 일상생활, 부족한 대화, 높은 소득대비 퍽퍽한 삶. 이런 것들이 1988년의 소박한 과거를 불러내고 싶은 것이다.

두 번째는 골목이라는 '공동체'에 대한 향수가 사람들을 자극한 것이다. 지금은 보기 어려워진 골목의 삶은 그 시절을 살았던 부모들이 만들고 자식들이 같이 가꾼 공간이다. 아파트 단지가 아닌 주택가에서 가질 수 있었던 나눔의 공간. 이 공간에는 공동체적인 요소들이 많이 있었다. 음식을 나누고, 사람들끼리 지지고 볶고 싸우지만, 또 이내 화해하는 나름 '공존의 원칙'이 있었다. 그런 점에서 현재의 '차가운 아파트공동체'가 과거의 '골목공동체'를 불러낸 것이다.

세 번째는 '이야기를 가진 삶'이다. 너무 뻔한 이야기지만 우리는 모두 우리 인생이라는 드라마의 주인공이다. 단지 역할이 다를 뿐이다. 그런데 살다 보니 우리 인생의 주인공이 일반 사람들인 우리가 아니고 특별한 사람들과 뛰어난 사람들이라는 생각을 확인받으면서 살아왔다. 그런데 이 드라마는 등장인물들 모두를 주인공으로 보이게 하고 모두가 주인공 역할을 한다는 것을 보여주었다. 드라마 속 등장인물들은 역할이 작든 크든 자신의 독특한 캐릭터로 자기 삶을 열심히 산다. 그런데 그게 너무 좋다.

그 많은 캐릭터 사이에서 나와 같은 캐릭터도 발견하게 된다. 그 순간 이 드라마는 나의 드라마가 된다. 그리고 여러 등장인물이 중심을 이루면서 만들어지는 무대에서 나를 닮은 캐릭터를 통해 나의 과거가 인생 드라마의 한 귀퉁이를 만드는 것이다. 그것은 내가 발을 디디고 사는 이 현실에서도 그렇다.

이 드라마가 공감대에 성공한 3가지 요소에는 공통점이 있다. 그것은 대화를 나눈다는 것이다. 드라마지만 왜 이들은 소소한 일상에서 대화를 그리 많이 나눌까? 답은 명확하다. 하고 싶은 말이 많으니까. 그런데 한편으로 다른 사람 이야기도 잘 듣는다. 왜? 서로 속을 뻔히 아니까. 그래서 어우렁 더우렁 살아가는 것이다.

모순적이지만 응답하라고 했던 드라마 속의 1988년은 지금 현재가 구현하고 싶은 과거이다. 어쩌면 동화일 수도 있다. 이런 동화들은 어려운 현실을 보여주는 자화상이다. 돌아가고 싶은 것은 명확하다. 모두 비슷하다는 심리적인 안정감, 더 발전된 사회로 갈 것이라는 기대감, 힘들지만 같이 하고 있다는 동질감. 28년 뒤 『응답하라 2016』에서 지금 시대는 어떤 동화로 그려질까? 그때는 무엇으로 응답하게 될까?

일상이 정치: 미식, 세대, 지정학

05　　2019. 10. 17.

돼지갈비의 추억과 공정성(fairness)

한 가지 정도의 음식이 있을 것이다. 추억을 떠올리는. 내게도 그런 음식이 있다. 돼지갈비다. 여러 가지 기억들을 소환하는 음식.

처음 돼지갈비를 먹었을 때 기억이 아직도 생생하다. 연탄 불에 그슬린 향과 간장 맛과 돼지갈비 살의 부드러움과 지방 맛이 막 섞여서 입안으로 들어왔다. '팡'하고 맛의 신세계가 열렸다. 게다가 연탄가스와 고기 기름으로 타오르는 연기로 가득한 뿌연 실내는 그때의 맛을 더 또렷하게 기억하게 한다. 마치 '신선계'에 있었던 것처럼.

너무 꼰대스러운 이야기일지 모른다. '돼지갈비의 추억'이란. 그래도 내겐 너무나 기억이 선명하다. 졸업식이나 있어야 한 번 갈 수 있었던 갈빗집. 그것은 언제나 동경의 대상이었다. 그래서 당시 나의 꿈은 '커서 원 없이 돼지갈비를 먹는 것'이었다.

인생 음식 중 하나인 돼지갈비. 둥근 드럼통 안에 연탄이 타고 그 위에 고기를 구워 먹는 맛은 고기와 연기가 섞여서 환상적이다. 예전 돼지갈비 스타일을 잘 유지하고 있는 약수동의 '우성갈비.' 사진에 있던 자리는 이제 건물이 철거되어 그 앞으로 이전했다. 예전에 밖에서 다소 연탄가스를 마시며 먹던 갈비 맛이 개인적으로는 좀 더 좋았는데 아쉽다.

사진출처: http://hsong.egloos.com/2731966

요즘도 돼지 갈비를 먹다 보면 예전이 떠오른다. 무슨 격발장치처럼. 가난했고 많은 것들이 부족했고 그리고 이 과정이 언제 끝날지 모르겠다는 갑갑함이 있었던 시절. 어쩌다 한번 먹는 돼지갈비는 가족들을 행복하게 만들어주었다. 뿌연 연기 속에서 약간 부자가 된 듯한 착각과 함께.

돼지갈비를 굽다 기름이 떨어져서 탄 냄새를 맡으면 그때 기억들이 스멀스멀 올라온다. 아마 지금이 그때보다는 조금 나아졌기 때문일 것이다. 어렵지만 그 시절을 잘 버텨냈다는 뿌듯함 때문일 수도 있다.

내 아이들에게 돼지갈비의 기억은 나와는 다를 것이다. 아이들 세대에게 돼지 갈비는 여러 먹을거리 중 하나일 뿐일 수도 있다. 대체로 이 세대들에게 돼지 갈비가 과거의 어려웠던 시절을 기억하게 하는 음식이지는 않을 것이다.

세대마다 공유하는 추억들이 있다. 추억 격발장치가 무엇이 되었든지. 이렇게 비슷한 기억을 공유하는 이들이 한 세대를 이룬다. '동년배 효과(cohort effect)'로 같은 연령대는 유사한 경험을 하기 마련이다. 이 경험을 통해서 한 세대의 정체감을 가진다. 그때 졸업식에는 돼지갈비냐 탕수육이냐를 두고 "치열한" 논쟁도 불사하는 정체성.

시간은 새로운 세대를 탄생시킨다. 그러면서 과거 세대도 만든다. 한국처럼 빠른 변화를 경험한 국가에서 세대는 더 세분화될 수도 있다. 직면한 환경이 다르고 그에 따른 경험이 다르기 때문이다. 세대를 구분하고 세대간 차이를 명확히 하면 얻는 것이 많다. 새로운 소비 트렌드, 문화적 경향, 정치 지지도.

돼지갈비를 떠올린 이유가 있다. 최근 1990년대 생들이 이전세대와 다른 정의감을 가지고 있다는 주장을 들었다. 그래서 한 번 생각해보았다. 과연 세대별 정의감이 다를까? 세대별 추억처럼.

답은 단순했다. 세대별로 '정의'는 다를 수 있다. '정의'란 것은 자신이 어떤 처지에 서 있는지에 따라 다르다. 이때 '어떤 처지'라는 것은 자신의 지위를 말할 수도 있고 자신의 이념이 될 수도 있다. 자신이 가지고 있는 가치관에 비추어 볼 때 정의는 주관적이다.

그렇다고 보편적인 정의의 기준이 없는 것은 아니다. 예를 들어 공정함에 대해 다소 기준은 달라질 수 있겠지만 불공정한 행동에 대해 우리는 유사하게 불쾌감을 느끼는 것처럼. 최근 새로운 세대에 주목하는 이들이 1990년대 생들이나 밀레니얼 세대가 '공정성(fairness)'을 강조하는 세대의 특징은 이런 점에서 고려해 볼 수 있다.

1990년대 생이나 밀레니얼 세대가 '공정성'에 대해 더 많이 가치를 두는 것은 시대 환경의 영향이 큰 듯하다. 이들은 같은 한국에서도 이전 세대보다 좀 더 부유한 나라와 좀 더 민주화가 된 국가에서 태어났다. 모든 사람이 같지 않겠지만 좀 더 유복한 환경과 제도화가 된 국가에서 자란 이들은 앞세대보다는 투명한 경쟁구조에서 성장했다. 게다가 앞세대처럼 산업화나 민주화라는 미래를 끌고 나갈 거대담론이 없는 정치사회 구조는 이들에게 좀 더 미시적인 조건에 관심을 끌게 만든다. 이런 사회적 조건들에 의해 '공정성'이라는 기준이 중요한 가치로 자리 잡은 것으로 보인다. 그런 와중에 한국 사회를 크게 흔드는 입시 비리 문제들은 기폭제 역할을 했고.

1990년대 생들이나 밀레니얼 세대가 더 '공정성'이라는 정의에 관심을 가진다는 명제가 앞세대가 공정성과 정의에 관해 관심이 없다는 명제로 연결되는 것은 아니다. 앞세대들도 공정성과 정의의 문제에 관심을 가져왔다. 사례들을 보자. 1910년 이후 국가를 구하겠다고 한 많은 독립 운동가들이 있었다. 1960년 4.19 민주혁명을 이끈 세대도 있었다. 1979년과 1980년 민주주의를 요구한 세대가 있었으며 이 세대는 1987년 민주화를 이룩하게 하였다. 1960-70년대 산업화라는 가치를 이루기 위해 노력한 세대도 있었다. "더 나은 삶"을 공유하려는 노력이 있었다. 이들 세대를 이끈 정의감과 도덕성은 1990년대 세대가 요구하는 정의감과 도덕성과는 좀 다르다.

그렇다. 어떤 세대나 그 세대가 가진 정의감과 도덕성이 있다. 누구나 한 가지쯤 추억 하는 음식이 있듯이 말이다. 다만 추억하는 음식의 종류가 세대별로 다르듯이 세대별 정의감과 도덕성도 다르다. 시대 환경의 변화에 따라 시대가 요구하는 정의감과 도덕성이 달랐기 때문이다. 오늘도 한국은 다른 추억을 가진 각기 다른 세대들이 각자의 정의감과 도덕성을 가지고 복작거리며 살아간다.

그럼 지금은?

정치철학자 롤즈(John Rawls)는 자유주의 입장에서 분배문제를 고민했다. 그는 어떻게 자유주의의 가치를 저버리지 않으면서도 사회적인 분배 정의를 실현할 수 있을까에 대한 해결책을 '공정성'에서 찾았다.

만약 모든 이들이 스스로 무엇을 좋아하는지를 정확히 모른 상황이 있다고 해보자. 이런 상황에서 두 가지 선택지가 있다. 첫째, 극단적으로 가난할 수 있지만 한편 극단적으로 부유해질 수 있다. 둘째, 적당히 평등하여 운에 의해 자신의 삶이 극단적으로 나빠지는 것을 막을 수 있다. 이런 불확실한 상황에서 인간은 둘째 방안을 선택할 것이다.

이렇게 적당한 정도에서 분배적 정의를 실현하기 위해 '공정성(fairness)'이 필요하다. 두 사람이 있을 때 한 사람이 케이크를 나누기 위해 먼저 자른다. 그리고 다음 사람이 그 두 개 중에서 선택한다. 그러면 누구도 한 편이 더 가질 수 없는 중간 지점에서 케이크를 자를 것이다. 이처럼 사회적 재화를 나누는 기준도 만든다면 개인들은 자유를 유지하면서도 '분배 정의'를 달성할 수 있다.

돼지갈비에서 롤즈로? 너무 많이 나간 듯하지만 돼지갈비를 먹을 때도 '공정성'은 중요하다. 내가 공들여 굽고 있던 갈비를 누군가 채간 경험이 있다면 말이다.

일상이 정치: 미식, 세대, 지정학

06

2018. 10. 31.

'할로윈데이'와 '10월의 마지막 밤'

2018년 10월 31일 밤이다. 10월 31일 즉 10월 마지막 날, 마지막 밤이다. 무엇이 떠오르는가?

'10월의 마지막 밤'과 '가수 이용'? 아니면 '할로윈데이'? 만약 '10월의 마지막 밤'이 떠오른다면 나이가 좀 있는 세대다. 반면에 '할로윈데이'가 떠오른다면 젊은 세대일 것이다. 여기에도 세대차이가 있다.

10월의 마지막 밤인 10월 31일 밤에 운 좋게도 학생들과 수업을 할 수 있어서 물어보았다. 주로 20대인 학생들에게 이용의 '잊혀진 계절'이라는 노래를 아는지. 아는 학생이 몇 명 없었다. 1960년대생들과 1970년대생들에게 스타였던 '이용'이라는 존재는 노랫말처럼 이제 이후 세대에게는 "잊혀져"가고 있다.

2016년 할로윈데이 분장의 레전드가 된 대만의 2살 난 어린이. '센과 치히로의 행방불명'에 등장하는 귀신 캐릭터인 가오나시로 변신하여 주변 친구들을 두려움에 떨게 하였다. 이처럼 아시아권에서도 할로윈데이가 하나의 문화가 되고 있다.

사진 출처 : visualdive

이용 씨의 1집에는 '잊혀진 계절'이 있다. 1982년에 나온 이 노래는 수십 년간 10월의 마지막 밤을 장식했다. 그런데 할로윈데이가 그 아성을 위협하고 있는 것이다.

사진 출처 : 문화뉴스

연령이 낮아질수록 10월 31일을 '할로윈데이'로 떠올리는 이들이 많다. 이태원. 클럽. 축제.

실제 요즘 유치원과 초등학교 아이들은 학교나 학원에서부터 친구들과 할로윈데이용 초콜릿이나 과자를 나눠 먹으며 할로윈데이를 보낸다. 중학교 학생들 사이에는 할로윈데이용 복면도 유행한다. 이제는 한국에서도 하나의 문화 현상이 되고 있다.

켈트족의 귀신과 악령을 쫓아내는 문화가 한국에서 유행하게 된 시점은 그리 오래되지는 않았다. 2000년대 초반부터 할로윈데이가 사회적으로 이야기되기 시작했다. 이유가 무엇인지 자세히 조사는 안 해봤지만 몇 가지로 추정할 수 있다. 외국 유학생과 외국 경험자들이 늘어난 상황에 더해 클럽들에서 할로윈 파티를 한 것이 유행에 불을 붙인 것으로 보인다. 또한 '10월 = 가을'이라는 놀기 좋은 시간 요인도 있다. 상대적으로 크리스마스가 추운 겨울인데 비해 할로윈데이는 딱 놀기 좋은 가을에 있다. 이색적인 문화 경험도 한몫한다. 게다가 가면과 분장 뒤에서 자신을 지우고 놀 수도 있다. 옥토버 페스타는 맥주를 좋아하는 이들에게만 맥주를 팔 수 있다. 그러나 호박 등을 사겠다는 어린아이나 클럽을 가고자 하는 청년층 등 더 많은 세대를 끌어들일 수 있는 할로윈데이는 마케팅 차원에서 최고다. 마치 '빼빼로데이'처럼.

'꼰대 세대'로서 할로윈데이를 비판할 생각은 눈곱만큼도 없다. 밋밋한 일상에 새로운 활력을 주는데 왜 비판하겠는가! 그보다 주목할 것은 이 현상이 한국에서 문화적으로 받아들여지고 있다는 것이다. 마치 미국에서 1930년대 이후 아이들이 과자를 얻으러 다니면서 유행이 된 것처럼. 이렇게 발전하다 보면 나중에는 크리스마스보다 더 중요한 이벤트가 될 수도 있을 것이다. '크리스마스 캐롤'처럼 할로윈 노래가 울려 퍼지고 백화점에 귀신이 달리고 악령 케이크를 자르면서 뭔지 모를 축하를 할 수도 있다.

문화는 변한다. 그런데 세대별로 좀 다르게 변화한다. '보리고개 세대'인 노년 세대에게 할로윈은 큰 의미가 없다. '꼰대 세대'인 중년들에게는 할로윈은 자식들 때문에 지갑을 열게 되는 행사다. '밀레니얼 세대'들에게 할로윈은 축제다. 1년을 기다리는.

그렇다. 세대별로 사람은 문화에 달리 반응한다. 우리만 그럴까? 인간이 사는 세상인 북한이라고 다를까? 그렇지 않을 것이다.

우리는 북한의 최근 변화를 많이 알고 있다. 자유연예, 핸드폰, 장마당 등등. 북한도 문화적으로 변화하고 있고 서서히 진화하고 있다. 그리고 세대마다 문화변동에 대한 반응은 다를 것이다. 똑같이 인간이 지지고 볶고 사는 세상이라는 전제하에.

이 관점에서 한 가지 생각해볼 수 있는 것이 있다. 2018년 9월 평양 정상회담에서의 이선권 조국평화통일위원회 위원장이 한 막말이다. 지난 국정감사에 따르면 북한 이선권 위원장은 9월 정상회담자리에서 동석하고 있던 재계총수들에게 "지금 평양냉면이 목구멍으로 넘어가느냐"고 발언을 했다. 정색하고. 국감장에서 이런 발언 사실에 대해 통일부 장관이

2018년 평양 정상회담 자리에서 재계 총수들과 이선권 위원장이 냉면으로 식사를 하고 있다. 여기서 이선권 위원장이 재계 총수들에게 "목구멍으로 평양냉면이 넘어가냐"고 질타했다고 전해진다. 향후 발언의 진위와 취지를 두고 논쟁이 이어질 것이다.

사진 출처 : 오마이뉴스

'대략 그렇다'는 식으로 시인했다. 손님 불러놓고 훈계하는 무례함과 뻔뻔함에 대해 국민은 분노하고 있다.

체제 존속을 위한 실질적인 생명줄인 대한민국에 대해 북한은 왜 이런 몰지각한 행동을 했을까? 여러 가지 해석이 가능하다. 북한이라는 체제 특성상 중요 정책에 있어서 관료의 독자적인 행동은 어렵다. 그래서 최고지도부의 '전략적 선택'이라는 해석이 가능하다. 특히 북한이 외교를 '전쟁의 다른 수단'으로 여기는 점을 감안하면 꽤 설득력 있는 해석이다. 제아무리 총애를 받는 이선권이라고 해도 정권의 사활을 건 상황에서 판을 뒤집을 수도 있는 발언을 독단적으로 하기는 어렵다. 이런 점을 고려하면 이 설명은 더 무게를 가진다.

하지만 또 다른 해석도 가능하다. 북한의 문화로 보는 것이다. 북한이 그간 해온 외교정책은 '강온병행' 정책이다. 온탕냉탕을 오가는 외교로 상대 혼을 빼놓는다. 게다가 자신들이 불리한 상황에서도 위협을 조장하여 판을 뒤집어엎었다. 그럴수록 한국이 애가 탈 것이라고 보고. 이선권이란 인물은 그런 전통적인 북한 협상 문화 속에서 산 사람이다.

시대가 바뀐다고 사람이 쉽게 바뀌지 않는다. 습관이 무의식을 지배하기 때문이다. 그래서 습관이 무섭다. 여기서 한 가지 해석은 이선권의 '과잉 충성심'과 함께 윽박지르는 '습관'이 주제넘은 발언을 하게 만들었을 가능성이다. 정작 누구 때문에 고생고생해서 평양까지 가게 되었는지는 모르고.

한반도가 변화하고 있다. 김정은 위원장은 이 변화의 한 축이다. 그러나 그가 외국 유학경험이 있고 젊은 세대를 반영한다고 해도 북한 전세대의 문화가 쉽게 바뀌는 것은 아니다. 북한에도 문화적 세대 차이가 있기 마련이다. 그러니 북한의 신세대 지도자와 기성세대 관료를 상대해야 하는 대한민국 외교는 참 어렵다.

 그럼 지금은?

2018년과 2019년 초까지 한반도는 분주했다. 2019년 하노이회담의 결렬 이후 북한 문제는 답보상태를 보내고 있다. 만약 현상타파가 일반적인 북한 정권의 성향이라면 다시 조금씩 도발하고 있는 2020년 3월 현재 북한은 정상상태로 복귀한 것이다. 대한민국의 많은 시민들은 북한 문제가 잘 풀리기를 바란다. 하지만 우리의 바람과 북한의 성향이나 북한의 전략은 다르다. 자신이 '소원하는 것'을 '결과'라고 착각하면 일을 망치기 쉽다.

이 분야는 전략문화론이 발전하고 있다. 전략문화론에 따르면 한 국가의 전략문화는 쉽게 바뀌지 않으면서 다음 세대와 다음 세대로 계승된다. 우리는 멀리서 사례를 찾을 필요가 없다. 김일성 시대의 전략문화나 김정일 시대의 전략문화가 김정은 시대의 전략문화로 계승되어 있으니.

일상이 정치: 미식, 세대, 지정학

07   2019. 9. 26.

세대 불화와 분화가능성 :
전통적 진보와 새로운 진보간 갈등?

몇 해 전 어느 식당. 식당 한 테이블에 할아버지 내외, 아들 내외, 손자들로 보이는 한 가족이 식사하고 있었다. 주말을 맞이하여 3대가 외식을 하는 듯했다. '다복'해 보이는 3대의 식사 풍경. 식사를 다 마쳐갈 때쯤 아들로 보이는 남자가 계산하려는지 계산서를 들었다. 그러자 할아버지가 한마디 하신다. "어허. 계산서 이리 내" 그 뒤에 할아버지의 논리가 이어졌다. "의사가 무슨 돈이 있다고..."

그때 처음 알았다. 의사는 돈이 없는 직업이라는 것을.

그날의 그림은 내게 인상적이었다. 그것은 의사가 누군가에게는 '상대적'으로 가난한 직업이라는 점 때문만은 아니었다. 더 인상적인 점은 이 3대의 모습이 현 한국 사회를 그대로 반영하기 때문이었다. 산업화세대, 민주화세대, 정보통신혁명세대.

은퇴한 할아버지가 저녁을 사는 '유복한' 집안들에는 대체로 공통점이 있다. 할아버지가 부를 축적하고 그중 일부를 자식세대에 이전해 준다. 할아버지가 사는 근처에 집을 사주고 거기서 결혼 생활을 시작할 수 있게 해주는 것이다. 자식 세대는 대체로 80년대 학번인 '386세대'나 90년대 학번인 'X세대'로 칭해지는 이들이다. 이들은 높은 교육수준 덕에 전문직에 종사하는 경우가 많다. 그리고 손자 세대는 대체로 1990년대와 2000년대 이후 태어난 밀레니얼 세대들이다. 이들 손주 세대는 저녁

대한민국 세대 구분

세대	출생연도	경험한 역사적 사건
산업화 세대	1940~1954년	한국전쟁, 베트남 전쟁
베이비부머세대	1955~1963년	5·16군사정변, 새마을 운동
386 세대	1960~1969년	6·10항쟁, 민주화 운동
X 세대	1970~1980년	성수대교, 삼풍백화점 붕괴
밀레니얼 세대	1981~1996년	월드컵, 외환위기, 금융위기
Z 세대	1997년~	금융위기, 정보기술(IT)붐

위의 표에서 보는 것처럼 한국에서 세대 구분은 복잡하다. 보통 세대를 20년 정도의 주기로 구분하는 데 비해 한국의 세대는 한국의 빠른 발전 역사처럼 촘촘하게 세분화되어 있다. 이외에도 'Y세대'로 구분하는 방식도 있다. 프루덴셜 보험사가 처음으로 분류했다고 하는 이 세대구분법은 '베이비부머세대'의 자식들로 10대 초기부터 컴퓨터 등을 잘 사용하는 세대를 의미한다. 이처럼 세대를 구분하는 데는 사회학적 특징을 포착하여 이전세대와 구분하는 것이 중요하다. 그런 점에서 거대한 사회변동을 중심으로 '산업화세대', '민주화세대', '정보통신혁명세대'로 구분하는 것은 세대들을 다소 자의적으로 분류하겠지만 한국 사회의 가치 지향점을 명확하게 보여줄 수 있는 장점이 있다.

사진 출처 : 한국경제

먹는데 사실 관심이 없다. 조부모와 부모가 열심히 대화하는 동안 이들은 스마트폰에 열중한다. 어차피 저녁값은 조부모나 부모가 낼 것이다. 게다가 이 양반들 대화는 지루해서 끼어들 생각이 추호도 없다.

한국은 산업화와 민주화가 순차적으로 진행되었다. 그래서 대표하는 세대가 다르며 세대별 가치관도 다르다. 여기서 핵심은 세대의 지향점이 다르기에 도덕관도 다르다는 점이다. 그런 이유로 '유복한' 집안일지라도 조부모와 부모는 가끔 싸운다. '보수-진보' 기준으로 서로를 설득하려 들기 때문이다. 그런 광경을 보는 손자 세대는 이 싸움에 별 관심이 없다. 다 옛날이야기일 뿐이다. 게다가 이들의 말과 행동이 자주 불일치하는 것을 보았기 때문에 이 논쟁이 공허하다는 것도 잘 안다.

산업화세대는 빠른 산업화(성장)를 위해 자유와 평등 같은 보편적인 가치관을 포기하였다. '박정희의 향수'라고 불리는 성장주의 가치관에서 볼 때 자식 세대가 주장하는 자유와 평등이라는 민주주의의 가치관은 '잉여'로 보일 수 있다. '산업화=가난 탈출'이라는 절대 지상 명제 아래서 노동자와 여성의 인권과 같은 가치는 부차적이거나 거추장스러웠다. 반면에 정보통신혁명의 주역인 손주 세대들은 '불확실성'과 '이동성'이라는 가치관에 기초해서 움직인다. '이동성'은 자크 아탈리가 개념화한 '유목'에 가깝다. 과거처럼 시간과 장소의 제약을 적게 받는 이들 세대는 '속도'와 '연계'를 중시한다. 이들 세대에게 '산업화와 부' 그리고 '민주주의'는 이미 물려받은 것이다. 또 이 세대를 이끄는 거대담론이 없기에 산업화와 민주화를 이루는 과정에서 자행된 '부정의'나 작은 '부패'는 쉽게 이해하기 어렵다. 거창한 담론을 제시하면서도 말과 행동이 다른 앞세대들이 불편하다. 워라밸, 여행, 취업과 같은 미시적인 이슈들을 중심으로 움직이는 이들에게 도덕성의 기준과 잣대는 다양하다. 앞세대의 관점에서 보면

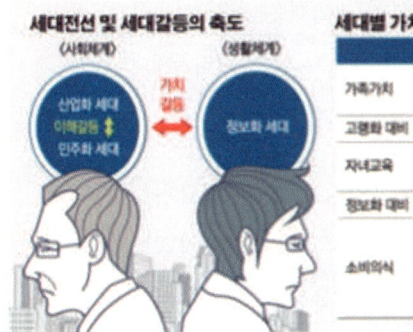

한국의 산업화세대, 민주화세대, 정보통신혁명세대의 3세대가 보여주는 가치관은 뚜렷하게 다르다. 교육에 대한 애착은 공통되지만 어떤 방식으로 살아갈 것인지와 현재 삶과 미래의 삶 중 어느 부분에 초점을 둘 것인지 등에서 차이가 크다. 이러한 세대별 가치관 차이는 개인의 정치'의식'과 세대별 정치'문화'의 차이로 나타난다. 세대문제가 향후 한국 정치의 핵심 뇌관이 될 가능성이 큰 이유는 정보통신혁명 세대가 주도적으로 자신들의 가치관을 이야기할 때 이전세대와의 불협화음이 예상되기 때문이다.

사진출처 : 이투데이

도처에 지뢰밭이 있는 것이다.

'유복'해 보이는 3대의 식사 풍경은 이러한 한국 사회의 세대 간의 조화와 부조화를 모두 담고 있다. 은퇴한 이후에도 자식에게 무엇인가를 더 주고 싶은 산업화 세대, 천정부지로 치솟은 아파트값과 높아진 물가에도 불구하고 부모세대의 도움으로 폼나는 직업을 가진 채 존중받는 삶을 살고자 하는 민주화세대, 스마트폰에 몰두하는 정보통식혁명 세대.

3대가 동거하고 있는 한국 사회에서 최근 조국 법무부장관을 둘러싼 사태는 거시적인 관점에서 정치변화를 만들 여지가 있다. 정치지형의 변화라는. 10대와 20대의 정보통신혁명세대가 40대와 50대의 민주화 세대와 분리될 수 있는 변화.

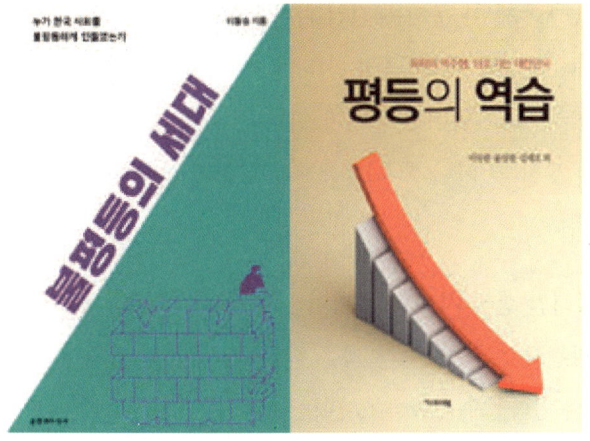

한국 사회의 부상하고 있는 세대갈등을 보여주고 이에 대한 경고를 보내는 책들이 쏟아져 나오고 있다. 이런 상황에서 장기화되고 있는 2019년의 조국 법무부장관사태는 '세대 불화'를 넘어 '세대 분화'와 '세대 대립'을 만들어 낼 수 있는 기폭제가 될 수 있다. 이런 대립은 세대별 경험 차이만이 아니라 다른 방식의 '정의'에 대한 요구를 반영하는 것이기도 하다.

사진 출처 : 매일 경제

    2016년과 2017년으로 이어진 대통령탄핵과 이를 이끌어 온 촛불집회는 과거의 구태로부터 민주주의를 다시 지켜보자는 시민운동이자 시민혁명이었다. 이때 중심 세력은 민주화세대와 정보통신혁명세대였다. 중고등학생까지 광장에 나와 민주주의를 외쳤다.

    그런데 최근 조국 장관을 둘러싼 일련의 정치 갈등은 세대별로 달리 읽힌다. 민주화 세대는 이 문제를 '법치주의'와 '민주주의'의 대립 관점에서 이해하고자 한다. 사법개혁이라는 거대한 목표 아래서 이 정도 개인적 부패는 걸림돌이 되지 못한다. 현재 사태가 사법개혁의 당위성을 말해주고 있기에 빨리 속도를 내야 '더 건전한' 민주주의를 만들 수 있다. 그러나 진보진영에서도 이번 사태와 도덕성에 대한 이견들이 있다.

반면 10대와 20대에게 이 문제는 전혀 다른 렌즈로 읽힌다. 불확실성의 시대를 사는 이들 세대에게 자신들이 지나온 '헬조선의 교육과정'에서 작은 특혜는 그저 무시하고 넘어갈 문제가 아니다. 어차피 거대담론으로 세상을 변화시키지 못할 것 아닌가! 이들에게는 도처에 편재한 작은 도덕 기준들이 더 중요하다.

조국 장관을 둘러싼 한국 사회의 논쟁이 길어지는 것은 '양가적(ambivalent)'이다. 한편으로는 "어차피 썩은 한국 정치"라며 정치에 대한 무관심을 조장할 수 있다. 최근 여론조사에서 늘어난 무당파층이 대표적이다. 다른 한편으로는 '진보(progressive)'라는 거대한 틀 속에서 세대 간의 불화를 만들고 있다. 이러한 '세대 불화'는 이후 좀 더 구체적인 '세대 분화'로 이어질 수 있다. '앞을 향해서 나간다!'는 진보(progressive)에 대한 도덕적 차이는 새로운 가치관에 기초한 새로운 행동을 요구할 가능성을 높인다.

진보 측에서 세대 분화는 정치적으로 강력한 압박이 될 것이다. 진보진영은 산업화세대를 어우르기 어렵다. 집권연장을 위해서는 정보통신혁명세대의 지지가 필수적이다. 그런데 세대 간의 정치지향점의 차이가 벌어지면 진보정치는 이들 세대를 포함하는 방식으로 전략을 수정하거나 이들 세대와 분리된 상황에서 민주화세대의 지지만을 고수해야 하는 양자택일 상황에 놓일 수 있다.

조국 장관사태가 장기화할수록 세대 간의 갈등은 증폭될 것이다. 그럴수록 진보진영의 전략적 고민은 깊어질 것이다. 좀 거시적 낙관주의에서 보면 이런 상황은 한국 사회가 고통스럽지만 스스로 좀 더 명확한 가치 지향점을 찾아가도록 만들 수 있다. 더 나가 기존 제도권 정당이 아닌 새로운 정당과 정체세력의 탄생을 잉태할 수도 있다. 유럽처럼.

고단한 일상을 더 고단하게 하지만 한국 정치는 변화를 만들 수 있는 태풍의 중심을 향해 나가고 있다. 그래서 우리는 한국 정치에 더 집중해야 한다.

그럼 지금은?

일명 '조국 사태'는 꽤 오랫동안 지속하다 끝났다. 이 와중에 새로운 현상으로 '서초동 집회'가 생겼다. 조국 장관을 지지하면서 검찰개혁을 요구하는 이들이 법원과 검찰청이 있는 서초동에서 모인 것이다. 그 사이 한국 정치는 '개혁도구로서 법치주의' 프레임에서 '개혁대상으로서 법치주의' 프레임으로 바뀌었다. 이후 2020년 코로나 사태로 21대 총선과 정치개혁 어젠다가 힘을 얻지 못하게 되었다. 조국 사태는 정치적으로 상처는 남았지만, 교훈은 그리 크지 않게 된 것이다.

08 2016. 12. 8.

한국의 갈림길 : 비동시성의 동시성

얼마 전 택시를 탔더니 운전사분이 한마디 했다. "더러워서 운전 못 하겠어요" 왜 그러시냐 물었더니 "밤새워 12시간 운전대 잡고 운전해서 5만 원 벌면 많이 법니다. 그런데 최순실이 한 끼에 50만 원을 쓴다니 내가 왜 운전을 하나 싶어요."

그렇다. 허망함과 허무함이 우리는 무기력하게 만들고 있다. 또 이 허망함과 허무함이 평범한 일상을 비루하게 만든다. 평범해야 하는 일상이 비루해지며 "내가 이러려고 사나"를 되새기게 만든다. 속절없음. 속절없음은 분노로 바뀐다. 분노는 날카롭게 날을 세운다. 왜? 인간이니까!

하지만 한국 시민들은 이 분노를 잘 다루는 방법을 알고 있다. 이번 '박근혜-최순실 사태'가 한국인들에게 던져준 숙제는 이 분노를 정확히 누구에게 그리고 어떻게 쏟아낼 것인가에 있다. 그리고 이 과제를 우리는 충실히 이행하고 있다.

지난 주말 촛불 집회에 다녀왔다. 대한민국을 변화하게 만드는 그 자리에 가지 않고 정치학을 연구하고 한국 정치에 대해 논할 수 없을 것이라는 생각에 역사적 현장에 나갔다. 현장에서 목격한 촛불 집회는 2008년 미국산 소고기 수입 반대의 촛불 집회 때와 달랐다. 거리는 축제 분위기였고 사람들은 그 축제를 즐기고 있었다. 박근혜-최순실 두 사람이 한국 시민들에게 "의도하지 않게" 던져준 선물과 같았다. 과거 시위의 장중함은 없었다. 날카로운 투쟁가의 자리는 공연으로 채워졌고 구호는 꽃 스

2016년 촛불 집회에서는 청소년들이 토론하는 장을 만들었다. 그저 학교 공부에 매달릴 줄만 알았던 중고등학교 학생들이 자신들의 정치적 입장을 드러내는 것은 민주주의에 희망을 보여주는 것이다. 과도한 '정치 사회화'에 대한 걱정도 있지만, 청소년들이 공동체를 고민하는 것은 미래의 주역으로서 첫걸음이다.

사진 출처 : 서울경제

티커가 대신하고 있었다. 광장의 한 편에서는 자유토론이 열리고 있었고 중학생들도 나와서 자신의 주장을 펴고 있었다. 아테네의 '아고라 민주주의'가 한국 광화문에서도 있었다.

촛불 집회현장에서 나는 한국이 마주한 현재의 모순을 적나라하게 보았다. 지금 상황은 '비동시성의 동시성'이라고 할 수 있다. 블로흐의 개념인 '비동시성의 동시성'은 한 공간에서 다른 시간이 겹쳐져 흐르고 있다는 것이다. 전근대, 근대, 탈근대가 같은 시간대에 공존하는 것이다.

지금 우리를 허망하게 만드는 것은 전근대적 망령들이다. 대통령의 국가관이나 지도자관 그리고 대통령을 떠받들고 있는 사고는 전근대적이다. 전제주의 시절의 군주관에 가깝다. 좀 더 정확히 표현하면 일본의 천황관에 가깝다. 존재하되 존재한다고 언급하지 않는 신화화된 권력. 국가를 하나의 가족으로 본다면 모든 이의 부모인 군주와 그 군주에게 절대 충성을 해야 하는 국민. 신민(subject)들. 이 관계에서 군주는 권위에 대해 질문받지 않는다. 군주는 그 자체로서 질문을 뛰어넘는 공적 존재이기 때문이다. 2012년 선거에서 친박연대라고 하는 지도자를 중심으로 한 정당이 만들어졌지만, 그 중심에 선 지도자는 '친박'이라는 용어를 거부하지 않고 즐겼다. 2016년 총선에서 친박, 진박이라고 하는 근대정당에서 보기 어려운 기준을 세울 때도 지도자는 기꺼이 자신을 중심으로 한 이 대열을 받아들였다. 더 나가 공적인 정당의 사적인 줄서기와 권력 행사를 만끽했다. 근대를 넘어가고 있는 시대에 부끄러움 따위 없는 전근대적인 줄세우기.

2016년 12월 6일 국회 국정조사장에는 9명의 한국 재벌이 자리를 채웠다. 이 자리에서 재벌들은 미르재단이나 K재단에 대한 모금이 대가를 바라고 한 것이 아니라고 했다. 한국에만 있는 '대가성 없는 뇌물.' 재벌들은 국가에 돈을 냈지만, 기부는 아니나 대가를 바라지는 않았다고 한다. 합리적으로 이익을 추구하는 기업가를 상대로 몇 백억에서 몇 십억을 국가가 '삥'을 뜯는데 대가를 바라지 않고 냈다고 한다. 참 착한 사람들이다.

박정희시대 국가가 발전주의 모델을 기반으로 산업화를 추구하면서 기업들에게 지대(rent)를 제공했던 근대 자본주의 퇴행이 반복되고 있다. 아버지 역사의 재현.

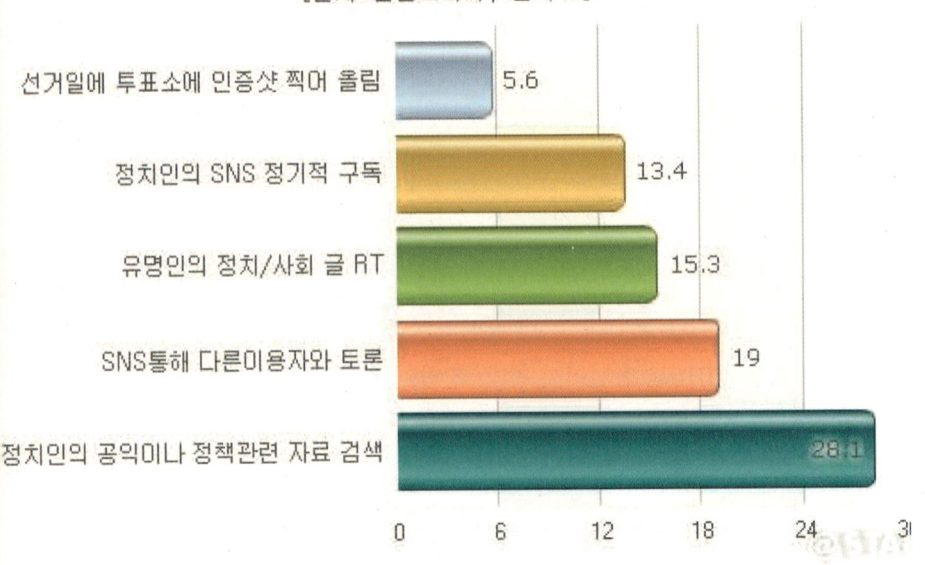

SNS가 정치에 미치는 효과에 대해서 긍정적인 조사가 나온 2012년 조사. 그러나 이후 SNS의 정치적 효과에 대해서는 좀 더 다양한 논의가 진행되었다. 폐쇄적인 결속을 강화하는 것이 아닌지에 대한 우려도 낳고 있다. 가짜 뉴스가 확산하는 것도 한 가지 문제점으로 지적되고 있다. 그런데도 SNS는 한국 정치문화를 변화시키고 있다.

사진 출처 : 데이터뉴스

민주주의를 다시 살리기 위한 시민들의 노력은 근대의 전형이다. 민주주의구축이란 근대 프로젝트. 민주주의에서 주인들은 대리인의 배신을 못 참고 저력이 무엇인지를 보여주고 있다. 한국은 그동안 경제발전의 '속도'가 '정의'나 '원칙'과 같은 중요한 가치를 잡아먹으면서 성장해왔다. 중요한 가치를 무시하더라도 빨리 성장하고 많이 성장하면 된다는 의식과 문화가 지금과 같은 사태를 초래한 것이다. 그래서 오로지 '이미지'만 가지고 있던 박근혜라는 인물을 대표로 선택한 것이기도 하다.

탈근대적인 현상도 동시에 나타나고 있다. 시위를 놀이로 바꾸는 집단적인 이성, SNS와 인터넷을 통해서 정보를 교환하고 집합적인 의지 축적. 풍자와 해학을 통해 무거움을 유머로 전환하는 힘. 10대 청소년들이 가족과 함께 하는 정치사회화. 물질적인 이익보다 가치를 중요하게 생각하는 현상.

한국의 시간은 도도하게 흐르고 있다. 시간의 기저에는 전근대, 근대를 뛰어넘으려는 노력이 있지만 다른 한편 시대에 역행하는 노력도 있다. 북한 김정은이 촛불 시위자들에게 일당을 준다거나 버스로 촛불시위대를 불러 모은다거나 하는 주장들은 거대한 시류 변화를 거부하는 것이다. 240만에 달하는 사람들에게 김정은이 통치자금을 쓴다면 북한은 금방 망할 것이고 통일은 당겨질 것이다. 그러니 매우 환영할 일 아닌가!

과거 통진당 세력들이 촛불시위에 주도적인 역할을 할 수도 있다. 그렇다고 한국 시민들이 물불을 못 가리고 이들의 정치 동원을 그대로 따를 리는 없다. 왜냐하면, 한국에는 건강한 시민들이 많이 있기 때문이다. 마르크스주의나 주체사상으로 무장한 급진주의자들이 한국을 지배할 만큼 한국 사회가 진보적이지 않다.

우리는 거대한 시류 앞에서 전근대와 근대의 퇴행을 치유하는 한국 사회의 역동성을 보아야 한다. 한국은 지금 '비동시성의 극복'이라는 거대한 시대적 숙제를 풀고 있는 10대 청소년에 가깝다. 우왕좌왕하지만 성장을 멈추지 않는 10대처럼 한국은 지금 그렇게 성장하고 있다. 여기에 한국의 희망이 있다.

일상이 정치: 미식, 세대, 지정학

09 2016. 11. 10.
대통령제도가 문제일까?

미국에서 도날드 트럼프후보가 대통령에 당선되었다. 과거 발언이나 행동들은 트럼프 당선자가 극단적인 성향의 정치인임을 여실히 보여준다. 한국 주식시장이 대폭락한 것은 앞으로 트럼프의 미국이 어떻게 운영될 것인지에 대한 걱정을 반영한 것이다.

심각한 인종차별주의자. 마초주의자. 화려한 여성편력. 성추문. 이것들로 대선 레이스초반에 "이건 장난일거야!"라고 했던 예상을 장난 아니게 만들었다. 미국인들은 '도덕'적으로 트럼프가 문제가 있다는 점을 잘 알고 있다. 하지만 투표장의 최종 결정에서 도덕은 그리 중요한 요인은 아니었다.

유권자들은 거짓말을 많이 한다. 여론조사에서 트럼프를 지지한다고 말하지 못하던 유권자들이 투표장에 가서는 트럼프에게 표를 던진 것이다. 트럼프를 지지한다고 말 못 하던 일명 '샤이 트럼프(Shy Trump)'들이 여론조사를 배신한 것이다. 백인 남성들의 표심이 예상 밖의 결과를 가져온 것이다. 이 중 힐러리 후보가 지나치게 똑똑하여 남성을 쥐고 흔든다는 점을 들어 트럼프를 지지한 남성들도 많다.

브라질과 한국의 여성 대통령들이 미국 선거에도 영향을 미쳤을 수 있다. "여성 대통령이 나라를 망하게 한다."는 간단한 구호가 먹혔을 가능성이 크다. 2016년 8월 31일 브라질에서는 지우마 호세프 대통령이 탄핵을 당했다. 한국의 박근혜 대통령은 '라스푸틴' 정치로 비유되며 여성 후보인 힐러리의 표를 깎아 먹었다. 과연 이 사례들이 여성이라서 문

2016년 9월 브라질 지우마 호세프 대통령이 탄핵당했다. 그리고 2017년 박근혜 대통령도 탄핵당했다. 두 여성 대통령은 탄핵당한 것 뿐 아니라 여성 대통령이지만 여성주의(feminism)와 거리가 먼 대통령이었다는 공통점이 있다.

사진 출처 : 오마이 뉴스

제가 된 것인지, 남성 지도자가 정치를 말아먹은 사례들이 얼마나 더 많은지에 대한 검증은 네거티브 프레임 앞에서 큰 의미가 없다.

민주주의에서 선거는 필요한 장치지만 꼭 좋은 결과를 가져오는 것은 아니다. 선거가 항상 더 도덕적이고 더 능력 있는 사람을 선출하는 것도 아니다. 민주주의는 열정으로 작동하는 정치체제이다. 이성뿐 아니라 감성에 지배를 많이 받는다. 게다가 민주주의와 결합한 자본주의는 민주주의의 열정에 질투심을 더한다. 내가 누군가보다 더 가질 수 없다면 누군가 나보다 더 가지지는 못하게 만들려는 평등주의가 작동한다. 최근 필리핀 듀테르테 대통령 당선을 보라. 이 사례는 선거가 어떻게 민주주의를 민중주의로 전환할 수 있는지를 입증해준다.

민중주의의 위험 때문에 민주주의에서 선거를 포기할 수 있는가? 아니면 선거결과가 마음에 안 드니 민주주의 자체를 포기하자고 주장할 수 있는가?

민주주의의 장점은 그럼에도 불구하고, 다음 선거가 있다는 점이다. 더 나가 그 선거에서 결과를 바꿀 수도 있다. 그러니 빈대 잡겠다고 초가삼간을 태울 필요는 없다.

민주주의를 운영하는 나라들은 대통령을 선출하거나 의회선거를 통해 수상을 뽑는다. 지도자를 무작위로 '추첨'할 수는 없기 때문이다. 그래도 추첨보다 선거를 통해 지도자를 걸러내는 것이 운에 의해 지배받을 가능성을 줄인다.

최근 한국에서 개헌논의가 한창이다. 박근혜 대통령의 지지율이 5%대로 떨어져 대통령으로서 실제 권한을 행사할 수 없는 지경이다. 이런 상황에서 국정 운영에 있어서 과연 대통령 한 사람에게 맡기는 것이 타당하겠는가 하는 문제 제기가 있다. 트럼프의 당선은 대통령제도를 거부하는 이들에게 더없이 좋은 논리적 근거가 된다. 게다가 한국의 현 상황에서 뚜렷한 대통령감도 없어 보인다. 정당들도 대통령으로 밀 수 있는 인물과 전략을 가지지 못한 상황에서 의원내각제는 임시적인 안식처로 보일 수 있다.

이론적으로도 근거가 있다. 비교정치 분야의 최고 권위자 중 한 사람인 후안 린쯔는 1994년에 낸 책에서 신생민주주의 국가에서 대통령제가 의원내각제보다 좋은 제도가 아니라고 했다. '승자독식구조(winner-take-all system)'나 '이원적 정통성(dual legitimacy: 유권자들이 각각의 선거를 통해서 대통령과 의회를 구성하는 것)'으로 인해 대통령과 국회가 대립하는 점과 아웃사이더인 정치권 외부인사가 당선될 가능성이 크다는 점이 그 근거이다. 이런 논리들은 현재 (정부와 국회의 극단적 대립이 있는)한국 상황과 (아웃사이더인 트럼프가 당선된)미국 상황에 딱 들어맞는다. 그래서 대통령제를 거부하는 강력한 논거로 사용될 수 있다.

그러나 한국은 대통령제를 거부하기 어렵다. 아무리 현재 대통령의 리더십이 부족하다고 해도 제도를 바꾸는 것은 답이 아니다. 한국은 내각제의 경험을 1년 정도 했다. 4.19 혁명을 통해 이승만 정부를 퇴진시켰을 때 내각제도로 급히 제도교체를 했다. 하지만 그 생명은 짧았다. 다음 해 5.16 군사 쿠테타로 무너진 것이다. 물론 내각제가 군사반란을 불러온 것은 아니지만 내각제를 가지고 있던 2공화국의 통치력은 약했고 수많은 시위를 해결할 수 있는 지도력 조차 없었다. 56년이 지난 지금 상황은 그럼 내각제를 운영할 수 있는 조건이 구축되어 있는가? 그렇지 않다.

아버지가 무너뜨린 내각제도가 딸에 의해 다시 논의되고 있다는 것은 한국적 아이러니다. 이런 아이러니를 넘어 내각제 도입에 대한 현실적인 분석이 필요하다. 우선 한국은 내각제를 운용할 수 있는 수준의 정당을 가지고 있지 않다. 오랜 시간 타협과 협의를 거쳐 정책을 만들어 낼 수 있는 기다림과 설득의 문화도 없다. 북한 도발과 같은 위기에 누군가는 책임져야 하는데 그 누군가를 집단적으로 운영할 정도의 정치력을 가진 지도자 '그룹'도 잘 보이지 않는다. 조선의 왕조정치 이후 도입된 대통령제도를 1948년부터 운영해왔던 역사도 의원내각제로의 개편을 어렵게 한다. 여기에 더해 한국유권자들은 누가 대통령이고 누구에게 비판의 화살을 돌릴지 그리고 누구를 중심으로 난국을 헤쳐갈 것인지의 '인지성'을 중요하게 여긴다.

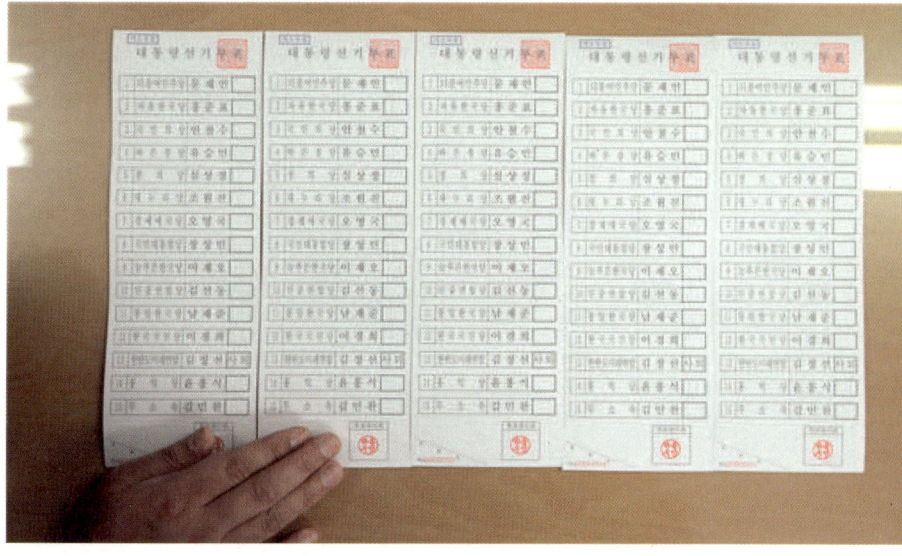

대통령제도는 내가 지도자 누구를 찍는지가 명확한 제도이다. 이런 속성을 '인지성'이라고 한다. 의원내각제에서 다수당의 당수가 수상이 되는 것과 다르다. 인지성이라는 장점에도 불구하고 한국에서 대통령제도는 권력 집중을 관리 못 하는 문제가 있다. 원래 견제와 균형이 대통령제도의 본질인데도 말이다.

사진 출처 : 뉴스1/허핑턴포스트코리아

뜨거운 난로 위에 앉아본 고양이는 뜨거운 난로 위에 다시는 앉지 않는다. 하지만 차가운 난로 위에도 앉지 않는다. 최근 국정농단사태로 참담함과 분노를 경험한 한국 유권자도 마찬가지다. 유권자들은 난로 자체를 거부하려고 할 수 있다. 이번에 많이 데었으니 이제는 난로가 필요 없다고 주장할 수 있다. 그러나 난로는 필요할 때 따뜻함을 준다. 위에만 앉지 않으면 그 온기를 "안전하게" 즐길 수 있다. 지도자 한 명에게 실망했다고 민주주의를 포기할 수 없듯이 대통령제 자체를 포기할 필요는 없다.

대통령제도는 불신을 기반으로 한다. 그래서 의회로 하여금 대통령을 견제하게 하고 대통령이 의회를 견제하게 만든 것이다. 왕을 가지고 있지 않은 국가에서 국가 지도자로서 왕 역할을 수행하면서도 내치에 전념할 수 있게 하되, 언제든지 의회가 견제할 수 있는 제도이다. 지금 우리에게 필요한 것은 해보지 않은 공동 리더십이 아니라 "올바른" 대통령의 리더십이다. 또한 "견제되는" 리더십이다. 한국의 이번 사태는 아주 비싼 민주주의 학습이자 리더십에 대한 학습이다. 좋은 지도자 선출이 얼마나 중요한지를 우리 유권자들은 비싼 수업료를 내면서 배우고 있는 것이다.

일상이 정치: 미식, 세대, 지정학

10

2019. 9. 5.

제도와 제도운영을 둘러싼 논쟁과 투쟁

개강했다. 방학을 보내고 한 학기를 시작하기 위해 찾아간 학교. 그런데 가는 길에 변화가 있었다. 캠퍼스 근처 사거리들에 신호등이 생긴 것이다. 점멸등이 있던 자리에.

양쪽에서 오는 차들 눈치를 보고 최대한 공격적으로 차를 집어넣어야 건널 수 있었던 사거리 교차로가 바뀌어있었다. 신호등 덕분에 1분가량 기다렸다 길을 건넜다. 자주 다니던 도로가 낯설었지만, 한편으로는 이해가 됐다. 이 도로를 다니는 차량이 많아진 것이고 그만큼 사고 위험성이 높아진 것이다. 기다리는 시간과 사고 위험성 간 맞교환.

우리 주변에는 이런 사소한 변화들이 많다. 규정들이 달라지고 그에 따라 적응을 해야 하는. 사회 내 사람들의 행동 양식을 변화시켜서 원하는 결과를 얻어 내는 이러한 것들을 '제도(institution)'라고 한다. 사회

과학적으로 제도란 '기대의 안정화(stabilization of expectation)'로 정의된다. 추상적인 정의라 간단히 정리하자면 우리가 무엇을 하고 무엇을 얻을 수 있는지에 대한 기대가 작동하는 것을 의미한다. 가족 제도, 법 규칙, 선거결과를 만드는 선거제도, 조직을 운영하는 절차 등이 모두 제도에 속한다.

이런 제도들은 인간관계를 규칙화해준다. 보행자 방향을 우측통행으로 바꾼 것을 예로 들 수 있다. 버스번호에 따라 줄을 서서 기다리는 광역버스들이나 마을버스도 좋은 사례다. 지하철에서 먼저 내리고 다음에 타는 것처럼 이런 제도들은 상호 편의를 위해 만들어진 것이다. 문화, 관습, 관행, 절차, 규칙, 규범, 원칙, 법. 이들은 이름도 다르고 추상성에서 차이가 있다. 하지만 이 모든 제도는 구성원의 편의를 위해 만들어진 것이고 그래서 변화한다.

수도권 광역버스를 타기 위해 기다리는 사람들. 수도권 광역버스를 타는 곳에는 버스 노선별로 줄을 서서 기다리는 것이 하나의 관례가 되어 있다. 제도라는 '기대의 안정화'를 잘 보여주는 사례이다.

사진 출처 : 한국일보

그런 점에서 정치는 제도를 둘러싼 투쟁과 협력의 과정이다. 국내정치의 선거제도가 대표적이다. 국제정치도 마찬가지다. 무정부상태(anarchy)에서 국가 간의 관계를 조율하고 이익을 구체화하기 위해 수많은 제도들이 만들어져 왔다. 동맹과 집단안보. 통상과 환율문제를 다루기 위한 브레튼우즈 체제. 국내 사법부에는 미치지는 못하지만, 국제사법재판소(ICJ)도 있다.

네덜란드 헤이그에 있는 국제사법재판소(ICJ)의 전경. 국내정치에서 가장 중요한 것이 법의 공정성이고 이를 실현하는 것이 사법부이다. 그런데 국제정치는 다르다. 국가들 위에 상위권위체가 없기 때문이다. 그런 점에서 국제정치에서 사법부를 만들어 국가들을 규제할 수 있다는 것은 국제정치가 제도화가 진행되고 있다는 것을 상징적으로 보여준다. 물론 국제사법재판소가 국내정치에서처럼 포괄적인 사법적 관할권을 가지거나 최종심급으로 기능하지는 못하지만, 국가들을 규율하는 노력의 관점에서는 중요한 제도 장치이다.

사진 출처 : News 1

정치적으로 볼 때 제도를 만들고 변경하는 것은 중요하다. 이때 제도 구성에서는 두 가지가 핵심이다. 첫째, 누가 제도를 구성하는지. 둘째, 제도와 규칙을 결정하는 방식.

'권력투쟁이 발전한다'의 다른 말이 '제도화'다. 더 체계적인 제도들을 구성하여 개인간, 집단간, 국가간의 투쟁을 다룰 수 있다면 이것은 제도화가 된 것이다. 이는 과거의 적나라한 권력 투쟁방식에서 벗어나는 것이기도 하다.

그러니 정치가 제도화될수록 사람들의 관심은 '누가 제도를 디자인하는 데 참여'하며 '어떤 방식으로 결정되었는지'로 전환된다. 그렇지만 대부분 사람은 이 제도구성에 직접적으로 참여하지 못하는 것이 사실이다. 단지 자신들의 정치적 대표에게 표를 던져줌으로써 간접적으로만 제도구성에 참여한다.

제도가 구성되거나 변경되면 많은 이들은 이 제도가 규칙적으로 작동하면서도 '상대적으로' 공정하기를 바란다. 모든 이들이 제도의 혜택을 동등하게 보는 것은 아니지만, 그럼에도 불구하고 예측가능성이 심각하게 깨지는 것을 바라지는 않기 때문이다. 이 과정에서 사회적 정의감이 만들어지고 공동체에 대한 정당성의 최소한 합의가 구성된다. 정의감은 구성원들에게 완벽하지는 않아도 적당히 만족하고 살 수 있는 심리적인 위안을 주는 것이다.

그런데 제도의 공정성에 대한 기대감이 깨지면 사람들은 허망해진다. 누군가 제도를 무시하고 사회적 경쟁에서 우위에 서거나, 누군가 제도를 악용하여 사회적으로 특별한 가치나 지위를 선취할 때 그렇다. 이것은 사회적 제도 디자인과 구성에 직접 참여하지 못하는 대다수 시민을 불편하게 하고, 분노하게 하며, 때에 따라 공동체 정당성 자체를 부정하게 만든다.

최근(2019년) 법무장관후보자를 둘러싼 논쟁은 한국의 제도운영에 대해 다시 생각하게 만든다. 전임 정권이 제도를 무시한 것에 대한 시민들의 거부로 이번 정부가 탄생했다. 따라서 이번 정부는 제도운영의 투명성과 운영자의 도덕성을 더욱 강하게 요구받았다. 그런데 법을 다루어야 하는 법무부 장관이 되려는 후보자와 그 가족들이 법을 이용한 방식이 묵묵히 법을 지키며 살아온 일반 시민들의 삶의 방식과는 매우 달랐다. 그러자 후보자의 자진 사퇴를 요구하는 목소리들이 여러 방향에서 터져 나왔다. 도덕성 문제, 공정성 문제, 향후 대선후보 가능성과 자격 문제 등등.

실제 후보자가 어느 상황까지 인지하였는지 그리고 주도적으로 법을 악용하고자 했는지는 더 밝혀져야 한다. 또한, 후보자 개인의 도덕성과 이번 정부에 요구하는 도덕성 기준이 어느 정도 일치하는지는 보는 시민마다 조금씩 편차가 있을 것이다. 그러니 도덕성이라는 주관적인 기준은 잠깐 옆으로 미루어두자. 이보다는 한국이라는 공동체가 사용하는 제도에 초점을 맞추는 것이 현 사태를 객관적으로 보는 데 유용하다.

제도를 직접 만들진 못하지만, 그런대로 만족하면서 사는 시민들에게 사회수혜 계층 누군가가 제도의 허점을 악용하는 것은 중요한 문제다. 자신이 권력을 실제로 가지지 못했다는 것을 확인시켜 주기 때문이다. 또 현존하는 정치 '권력'과 국가의 주권과 정당성을 만들어내는 시민 '권력'이 불일치한다는 인식을 확증하는 것이다. 더 나가 주권자인 시민들에게 실망을 안겨주는 것은 공동체 운영의 정당성을 약화한다. 이번 '정부' 차원에서만 아니라 '정치체제' 차원 전체에서 말이다.

'진보-보수'의 이념 기준에 따라 현 정부에 대한 지지 수준이 다른 상황이다. 이번 사안을 바라보는 관점들에도 각기 차이가 있을 수 있다. 장관후보자가 의도하지 않았고 그리 심각한 문제가 아니라는 시각도 있고, 너무 여러 가지 사안들이 유사하게 얽혀있어 의도가 의심되는 후보자가 법무부 장관이 되는 것은 너무 심하다는 시각도 있다. 정부에 대한 지지도나 장관후보자에 대한 개인적 호오(好惡)가 아닌 제도구성과 운영이라는 차원에서 볼 때 이번 사안은 한국 정치에 근본적인 문제를 제기하고 있다. 과연 진보를 표방하는 세력은 한국 정치 제도와 그 운영을 어떻게 이해하고 있는지 말이다. 이 질문은 다시 보수 세력에게도 똑같은 부메랑이 되어 돌아올 것이다.

그런 점에서 우리는 한 개인의 도덕성이 아니라 제도와 제도적인 정당성을 둘러싼 논쟁과 투쟁을 하는 중이다.

일상이 정치: 미식, 세대, 지정학

11

2019. 12. 26.

권력의 어느 부분이 문제일까? : 국회와 정부 형태의 관계

    2019년 12월 25일. 크리스마스. 성탄절 저녁은 따뜻하고 조용했다. 그러나 국회는 달랐다. 자정까지 필리버스터로 시끄러웠다. 다수파를 견제하기 위한 무제한 토론을 말하는 필리버스터는 다소 생소할 수 있다. 게다가 국회에 곱지 않은 시선을 가진 사람으로서 필리버스터는 또 하나의 쓸모없는 권력 투쟁일 뿐이다.

    20대 국회가 임기 말을 향해 달려가고 있다. 국회의원 선거제도를 '준연동형' 변경합의로 이번 국회는 그 역할을 마감할 것으로 보인다. 비례대표제도만 더 복잡하게 만드는 선거법 개혁으로 몇몇 정당들은 '비례 OO 정당'이라는 '위성정당'을 창당하겠다고 한다. 이런 한심한 작태는 국회 무능론자들의 손을 들어줄 것이다.

2019년 12월 23일 국회는 패스트트랙처리를 위해 필리버스터를 시작했다. 2019년 12월 23일 밤 9시 49분에 시작한 필리버스터는 12월 25일 자정을 기해 종료되었다. 많은 시민이 조용한 크리스마스를 보낸 것과 달리 국회는 꽤 시끄러웠다. 필리버스터를 지켜보면서 국회의 다수당을 견제하는 기능으로 보는 입장과 쓸모없는 국회의 또 다른 정쟁으로 보는 입장이 나뉜다.

사진 출처 : 연합뉴스

국회에 실망을 많이 한 시민들은 이번에도 국회를 바꿔보려고 한다. 시민운동을 조직하기도 하고 청와대에 청원을 넣기도 한다. 과거에도 '총선시민연대'나 '매니페스토 운동'과 같은 노력이 있었다. 그러나 국회는 크게 바뀌지 않았다. 마치 시시포스와 같다. 힘들게 돌을 굴리지만, 다시 제자리다.

여기서 한 가지 질문이 생긴다. 과연 국회 자체가 문제일까?

국회와 국회의원과 같은 개별적인 제도나 정치인이 문제의 핵심이 아닐 수도 있다. 국회에 들어가기 전 예비 국회의원들은 그 분야에서 인정을 받는 유능한 사람들이다. 그런데 국회에 들어가면 유권자들의 기대에 못 미치는 경우가 많다. 대체로 이런 현상이 반복된다면 이것은 개인의 문제가 아니라 구조적인 문제일 수 있다.

한국 정치에서는 국회보다 정당이 더 눈에 들어온다. 지역과 이념에 기초한 채 기율(discipline)이 강한 정당들이 정치의 중심에 서 있다. 국회가 식물국회와 동물국회를 오갈 때 의원 개개인들은 국회의사당 안에서 자신들의 모습에 회의감이나 좌절감을 느낄 수도 있다. 그러나 정당이 밀어붙이면 어찌해 볼 도리가 없는 경우들이 있다. 그렇다면 정당이 한국 정치에서 가장 문제일까?

정당 역시 한국 정치가 보여주는 실망스러운 행태의 원인보다는 결과일 가능성이 있다. 더 구조적인 문제가 있을 수 있다. 물론 구조 차원에서 문제 원인을 찾아가는 것이 국회의원과 정당에 면죄부를 주자는 것은 아니다. 정치인 개인 차원의 문제를 덮어버리자는 것은 더더욱 아니다. 단지 행위자들을 압박하는 더 구조적인 힘이 있을 수 있다는 것이다.

한국 정치 문제의 핵심은 '권력 구조'다. 과거에도 여당과 야당이 있었다. 국회와 국회의원들도 있었다. 그런데 요즘과는 다르다. 지금의 정치는 사활을 건 투쟁만이 남았다. 세 번의 정권교체를 통해서 학습한 것은 정치는 '모든 것을 가지거나 아무것도 없는 것(all-or-nothing)'이다. 대통령이 권력 대부분을 가지기 때문에 모든 권력 투쟁은 대통령을 향한다. 총선, 지방선거도 오직 중앙정부의 대통령직만을 바라본다. "죽느냐 사느냐 그것이 문제다."

만약 한국 정치의 후진성이 권력 구조 때문이라면 우리는 권력 구조의 새로운 대안이 필요하다. 현실적으로 생각해볼 수 있는 가능한 대안은 영국으로 대표되는 의원내각제일 것이다. 하지만 이 방안에 대해서는 반대가 많다.

내각제를 반대하는 몇 가지 논리가 있다. 다른 말로 하면 현재의 대통령제를 고수해야 하는 근거들이 될 것이다. 첫째, 제도에 대한 '국민의 지

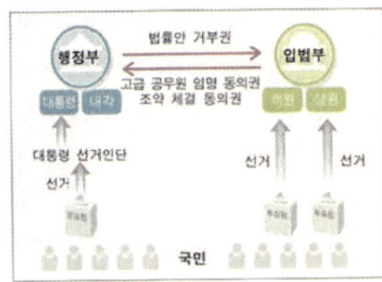
○ 미국 정부(대통령제)의 구성

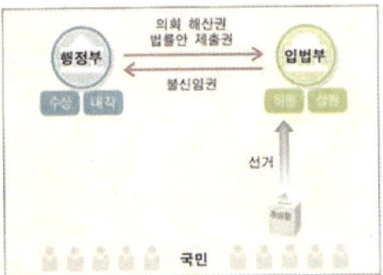
○ 영국 정부(의원 내각제)의 구성

권력 구조는 정부 형태로 나타난다. 정부 형태는 크게 대통령제와 의원내각제도로 구분된다. 두 가지 제도는 탄생의 역사와 이론적 배경이 다르다. 하지만 가장 단순하게 구분하자면 주인인 국민이 두 번의 선택을 하는지, 한 번의 선택만 하는지에 있다. 대통령제는 두 번의 선거를 통해서 행정부와 의회가 서로 명분을 가지고 견제하게 만든 것이다. 그러나 견제와 균형을 핵심으로 하는 대통령제도에 대중정당이 들어오면서 견제와 균형이 행정부와 의회 간에 이루어지는 것이 아니라 여당과 야당으로 변화했다. 게다가 권한이 막강해진 행정부의 권력을 가진 대통령이 대부분의 국가 권력을 장악함으로써 정치게임이 'all-or-nothing'이란 죽기 살기식 극단으로 간다. 현재 한국의 정부 형태가 그렇다.

사진 출처 : tao4907.tistory.com. 티스토리 바르게 살자

지'가 크지 않다. 국민이 내각제를 별로 좋아하지 않는다는 것이다. 둘째, '인지성(identification)' 차원에서 대통령제는 누구를 뽑는지 알고 투표하지만, 내각제는 그렇지 않다는 것이다. 정치를 인적인 차원에서 이해하는 한국인들에게 최고 권력자를 자신이 뽑는다는 심리는 매우 중요하다. 셋째, 정당 수준에서 한국정당들은 '제도화'가 약하다. 대통령제가 상대적으로 '인적'인 통치라면 내각제 운용의 핵심은 정당이라는 '제도'이다. 그러나 한국정당들은 이런 제도운영의 준비가 되지 않았다는 것이다. 넷째, '정치문화'가 내각제를 운용하는데 필수적인 토론과 합의를 이룰 수준이 안되어있다. 다섯째, '위기극복'을 위해 대통령이 필요하다. 분단국가 한국은 책임을 지고 위기를 해결할 대통령이 필요하다는 것이다.

내각제도를 거부하거나 대통령제를 고수해야 한다는 논리들이 아주 강력하지는 않다. 크게 두 가지 점에서 약점이 있다. 첫째, 원인과 결과가 바뀌어있다. 내각제도를 도입하면 '의원내각제도'가 정당을 제도화하거나 정치문화를 바꿀 수 있다. 제도변경에 따른 '제도효과'가 있기 때문이다. 위기극복을 위해 지도자가 필요하다는 점은 정부 형태와 직접 관련되기보다 대통령이나 수상의 개인적 스타일과 관련될 확률이 높다. 2차대전을 승리로 이끈 처칠은 내각제의 수상이었다. 둘째, 대통령제와 의원내각제에 대한 호불호가 정확하지 않기 때문에 제도변경을 보수적으로 보자는 것이다. 국민의 지지가 적다는 논리나 인지성의 논리가 그렇다. 이는 제도의 효과보다는 미래에 대한 막연한 불확실성을 지적하는 것이다.

지금 당장 의원내각제로 바꾸자는 것이 아니다. 어떤 제도가 더 중요한지는 아직도 비교 정치학에서 논쟁 중인 주제이다. 다만 이제는 권력 구조를 진지하게 고려해보아야 한다는 것이다. 권력 구조변경은 제반 상황들을 고려해야 한다. 핵심은 정당 체계와의 관계이다. 한국은 2016년 선거 이후 다당제가 자리 잡았다. 또한, 정당 간 이념적 거리가 멀어지고 있다. 이런 조건은 대통령제 운용에 부정적이다. 여기에 더해 정권교체 경험은 각 정당들에게 정치를 점차 생사 문제 즉 영합적(zero-sum) 상황으로 이해하게 한다.

만약 이념적으로 분극화된 다당제 아래서 정치경쟁의 영합적 성격이 더욱 강해진다면 한국의 권력 구조는 '권력 공유'를 향해가야 한다. 기존 제도가 통합을 거부하는 성격이 있다면 통합 지향적 제도로 바꾸어야 한다. 게다가 제도변경은 운영 주체들의 행동을 변화시킬 수도 있다. 독일의 경우가 대표적이다. 독일에는 보수적인 '기독민주연합-기독사회연합(CDU-CSU)'과 진보적인 '사회민주당(SPD)'의 사이에서 제3당인 자유민주당이 있다. 자유민주당은 1949년 최초로 정부를 구성한 선거 이후 집권 여당의 지위를 줄곧 유지해왔다. 이 과정에서 자유민주당은 '기민-기사연합'과 '사민당'을 번갈아 가면서 연립정부를 구성했다. '기민-기사연합'과 '사민당'은 연립정부를 유지하기 위해 극단적인 보수주의나 극단적인 진보주의로 갈 수 없었다. 다당제와 내각제의 조합이 거대 정당 간의 권력 경쟁을 중화시킨 것이다.

그렇다. 제도는 행위자들을 규정한다. 그런 점에서 권력 구조는 실망스러운 국회와 정당을 고쳐볼 수 있는 한 가지 실마리를 제공한다. 물론 우리는 의원내각제를 1960년 4·19 혁명 이후 2공화국에서 잠깐 사용해본 경험밖에 없어서 제도변경의 결과에 대해 불안할 수 있다. 하지만 안 해봐서 걱정도 되지만, 역으로 기대해볼 수도 있다.

이번 20대 국회도 실망스럽게 끝이 날 것이다. 신년에 구성되는 21대 국회에서는 권력 구조논의를 기대해본다. 2023년에도 국회를 개혁하자는 시민들의 노력이 시지포스처럼 되지 않으려면 말이다.

그럼 지금은?

앞의 글은 한국이 대통령제를 유지할 가능성이 크다고 했다. 그런데 이번 글은 의원내각제를 고려해보자고 했다. 양립하기 어려운 주장이다. 현실적으로 한국은 대통령제를 폐기하기 어렵다. 이것이 대통령제가 만족스럽다는 주장은 아니다.

정치학자 사르토리는 미국에서만 대통령제가 성공했다고 주장했다. 그는 '약한 이념', '규율이 약한 정당'과 '선심성 정치구조(pork-barrel)'라는 3가지 원인을 제시하였다. 주목할 것은 정당이 강하지 않다는 것이다. 반면 한국은 유럽식 정당구조이다. 정당의 기율이 강하다. 게다가 지역주의 선거 행태와 함께 '진보-보수'의 이념이 사회적 균열로 작동하고 있다. 대통령이 선심성 정책으로 야당 의원을 자기편으로 끌어들이기 어렵다. 게다가 보수와 진보 간의 정권교체는 권력 투쟁을 극단화하고 있다. 그래서 한국 정치는 점점 더 갈등적이 되고 있다.

이런 상황에서 가장 단순한 해법은 두 가지 중 하나다. 정부 형태를 바꾸거나 정당을 변화시키는 것이다. 무엇이 더 어려운지를 두고 여전히 정치학자들은 논쟁 중이다.

일상이 정치: 미식, 세대, 지정학

12 2019. 11. 21.
국회의원 '무노동 무임금' 원칙

특별히 일하지 않아도 매일 40만 원을 받는다면 얼마나 좋을까! 진정 '신의 직장' 아닌가! 소설 속 이야기가 아닌 우리 '국회' 이야기이다. 내년 총선을 앞둔 시점에서 일하지 않는 국회의원에게 '고액 수당' 지급이 마

시민사회가 '국회의원 무노동 무임금'을 강력하게 요구하고 있다. 오죽하면 '놀고먹는 국회의원 따라잡기'라는 비아냥이 나왔을까. 존경받는 정치인은 아니더라도 조롱받는 정치인은 되지 말았으면 한다. 우리가 스스로 뽑은 우리 대표라 이런 조롱은 우리 시민들 자신에게도 날카로운 칼이 되어 돌아오기 때문이다.

사진 출처 : YTN

땅한 일인지 열띠게 논의 중이다.

2019년 6월 7일 한 가지 재미있는 여론조사가 나왔다. YTN이 의뢰한 리얼미터의 조사에 따르면 "국회의원에 대한 '무노동 무임금' 원칙을 적용하자"에 찬성하는 유권자가 80.8%나 된다. 이 조사에 따르면 매

국회의사당 앞의 '정지' 교통표지판이 우리 국회를 상징적으로 보여준다. 식물국회, 동물국회로 악명 높은 한국 국회는 '일하는 국회'로 제 기능을 하지 못하는 것이다. 무노동 무임금의 원칙에 따르면 국회의원의 대부분은 수당을 대폭 반납해야 한다. 법안 처리율 역대 최저였던 19대 국회에서는 9,800개의 계류 법률안이 2016년 5월 29일 자로 자동 폐기되었다. 현 20대 국회에 계류 중인 법안은 2019년 11월 현재 15,000건에 달한다. 2020년 5월 29일. 이 법안 대부분은 자동폐기를 앞두고 있다. '일하는 국회법'을 상정했다고 하지만 이런 상황에서 국회가 일을 잘 할 것이라고 어떤 시민이 기대하나!

사진 출처 : 뉴스 원. 동아일보 재인용.

우 찬성자가 57%, 찬성하는 편이 23.8%에 해당했다. 모름이나 무응답인 8.3%를 제외하면 반대 측은 10.9%에 불과했다.

유권자들 다수는 일하지 않는 국회의원이 고액의 수당(과거 세비로 표현)을 받아가는 것이 불만이다. 아니 화가 난다. 현행 국회법을 보자. 국회의원이 국회의장의 허가나 결석신고서를 제출하지 않고 결석하는 경우 '수당'과 '입법활동비'는 그대로 받는다. 다만 '특별활동비'를 감액할 수 있다. 만약 회사로 치면 특별한 이유 없이 결근하지만, 특근비만 제외하고 월급과 판공비는 그대로 받는 격이다. 그러니 열 받을 수밖에.

"일하지 않는" 국회의원에 대한 시민들의 불만이 높은 것을 잘 알고 있는 국회의원들 몇몇이 세비를 반납한 적이 있다. 2008년 한나라당 초선의원들 33명의 1인당 평균 770만 원 반납. 2012년 새누리당의 6월 수당 13억 6천만 원 반납. 2016년 국민의 당 국회의원 38명들의 이틀 치 수당 2872만 원 반납. 2018년 정세균 국회의장의 4월 세비 1040만 원 반납. 가장 최근으로 2019년 7월에는 민병두 의원이 세비반납 릴레이 버스킹을 시작하기도 했다.

이런 몇몇 노력에도 불구하고 유권자들은 냉담하다. 두 가지 이유가 있다. 첫째, 수당반납이 기부처럼 보이기 때문이다. 일하지 않았다면 수당은 당연히 지급되지 말았어야 한다. 그런데 이 부당하게 수취 된 수당을 의원이 호기롭게 기부한다. 이렇게 생색내는 것이 꼴 보기 싫다. 둘째, 무노동 무임금의 원칙이 의원'개인'에게 맡겨져 있지 제도화되지 않았기 때문이다. 무노동 무임금 원칙이 적용되는 노동자 관점에서 이 원칙을 만든 국회는 스스로 지키지 않으니 얼마나 부조리하겠는가!

눈을 돌려 다른 국가들의 사례를 보면 화가 더 치밀어 오른다. 의회정치가 발전한 유럽 국가들의 경우 일하지 않는 국회의원에 대한 압박과 처벌수준은 굉장하다. 프랑스가 대표적이다. '민주연구원' 보고서에 따르면 프랑스 의원은 월 3회 이상 불출석 시 의정 활동비의 25%가 삭감된다.

한 회기에서 공개투표에 1/3을 불출석하는 경우엔 수당의 1/3이 감액된다. 만약 1/2을 불출석할 경우 수당의 2/3를 못 받는다. 프랑스는 수당 처벌만 있는 것이 아니다. 의원이 상임위원회에 결석할 경우 상임위원 자격을 박탈한다. 더 나가 허가 없이 2달 이상 본회의에 결석할 경우 아예 의원직을 박탈해버린다. 역시 화끈한 프랑스답다.

프랑스처럼 수당으로 처벌하는 국가들이 있다. 벨기에는 상습 불출석 시 월급의 40%를 삭감한다. 스웨덴은 결근 시 급여지급을 금지한다. 프랑스처럼 의원직 제명이라는 강수를 두는 국가들도 제법 된다. 포르투갈, 인도, 터키, 호주, 스리랑카가 일정 기간 결석 시 의원직을 제명한다. 영국은 국민소환제까지 있다. 국민투표를 통해 의원을 해임할 수 있다. 정치인에게 얼마나 큰 불명예인가!

물론 무노동 무임금 원칙에 대한 반대주장도 있다. 크게 두 가지 논리가 있다. 첫째, 국회의원은 국민의 대표이지 노동자가 아니라는 것이다. 국가를 대표하는 헌법기관인 국회를 노동자와 같은 잣대로 보면 안 된다는 것이다. 둘째, 국회에서 '당 대 당'으로 대립하는 정쟁의 상황은 무노동으로 볼 수 없다는 것이다. 유권자가 야당에 기대하는 것이 견제와 균형이라면 국회의 공전은 정치적 행위이지 노는 것이 아니라는 논리이다.

이에 대한 반론을 펴보겠다. 첫째 주장에 대해 우선 국회의원과 유권자 사이에의 관계인 '소세계(Microcosm)이론'으로 반박하겠다. 국회의원은 유권자를 담아내는 작은 우주와 같다. 대표기관인 국회는 사회 내 유권자들의 계층, 직업, 성별, 세대 등을 있는 그대로 반영해야 한다는 것이다. 그런 관점에서 볼 때 국회의원은 유권자와 유리된 별개의 특권층이 아니다. 의원의 존재 이유는 권력확보와 특권향유가 아니다. 유권자를 대표하고 대변하는 것이다. 그런데 국민의 '대표'가 일해서 생계를 유지하는 유권자와 다를 수 있겠는가!

    첫째 주장에 대해 유권자와 국회의원 사이의 '권한 위임'에 대한 논리를 통해 반박해 보겠다. 유권자가 국민의 대표에게 권력을 넘겨줄 때 유권자는 지역 이익이 아니라 국가 전체를 위해 활동하라고 대표에게 권한을 맡긴다. 이 입장이 '신탁(trustee)설'이다. 반면에 유권자는 정확히 자신들의 이익을 반영해 달라고 대표에게 권력을 위임한다. 이 입장이 '위임(delegate)설'이다. 한편 정당정치가 강화되면서 유권자는 대표 '개인'이 아니라 '정당'에 권력을 위임한다는 '유사대리설'이 있다. 한국에서 유권자들은 소선거구제에서 작은 지역구 단위로 투표한다. 이것은 국회의원에게 자신 지역구의 이익을 보호할 뿐 아니라 국가 기관으로서 국가이익을 지켜달라는 유권자의 권한 위임이다. 국가 전체 이익이나 지역 이익

누군가를 믿고 신탁을 한다는 것이 얼마나 어려운 일인가! 그리고 신탁의 결과도 좋다면 얼마나 아름다운 일인가! 유권자들이 국민의 대표에게 권력을 맡길 테니 국가이익을 위해서 그 권력을 잘 써달라는 것이 대의민주주의의 기본논리다. 사진에서 보는 것처럼 한국유권자는 신뢰에 기초하여 국회의원에게 권력을 맡길 수 있을까!

사진 출처 : 홀트아동복지회

을 위해 행동하라는 것이지, 믿고 맡길 테니 맘대로 하라는 것이 아니다. 게다가 비례대표제도는 정당투표를 하니 비례 국회의원 역시 정당에 주어진 자율성을 자신을 위해서 사용할 수 없다.

둘째 주장의 반박은 훨씬 쉽다. 국회는 왕과 국가 권력에 대항해 국민의 입장을 관철하라고 만들어진 투쟁의 장이다. 제도적인 차원에서 투쟁이 보장된 공간이다. 그러니 제도적인 투쟁이 아닌 장외투쟁을 해야 할 논리적 근거는 빈약하다. 국회의 장외투쟁은 노사합의 시 이것이 맘에 안 든다며 노동조합이 하는 장외투쟁 전략과 같다. 스스로 노동조합의 전략을 따랐다면 노동조합에 요구하는 무노동 무임금을 국회는 스스로 지켜야 한다.

내년 총선을 앞두고 이번 국회에서도 무노동 무임금을 촉구하는 안들이 속속 제안되고 있다. 그런데 이런 안들 역시 과거 국회처럼 흐지부지 될 것이 뻔하다. 모든 권력이 그렇듯이 자승자박은 불가능하다. 스스로 하지 못하니 누군가가 이를 강제해야 한다. 그래서 서슬 퍼런 시민 권력이 중요한 것이다. 혼돈의 한국 정치 상황에도 어둠을 꿰뚫어 보는 우리 시민들의 '비판의식'과 우리의 '지속적인 요구'가 그래서 절실하다.

일상이 정치: 미식, 세대, 지정학

13   2019. 11. 28. / 500회의 칼럼을 마치며

국회의원 특권 폐지와 기대하는 리더십

　20대 국회도 이제 얼마 남지 않았다. 2020년 4월 15일. 21대 국회의원을 선거가 있다. 20대 국회가 과연 무엇을 했는지. 무엇을 어떻게 변화시켜야 할지. 평가와 논의가 필요한 시점이다.

　국회의원들도 스스로 자정 노력을 보이는 모습을 보이고는 있다. 하지만 선거 직전에 이런 움직임이 얼마나 진정성이 있을까? 지난 역사를 아는 시민들은 이런 움직임에 회의적인 시각일 수밖에 없다. '국회무용론'이나 '국회의원을 100명으로 줄이자'는 주장은 현재 대한민국국회에 대한 신뢰도를 보았을 때 무시할 수만은 없는 주장이다. 국회는 2003년부터 실시한 국내 여론조사 기관들의 신뢰도 조사에서 늘 꼴찌였다. 2018년에 실시한 OECD조사에서도 대한국민 국회는 꼴찌의 불명예를 차지했다. 지금 국회는 아니지만, 2009년도『포린 폴리시』는 전 세계에서 가장 위험한 국회의 5곳을 선정했고 그중 한국 국회가 첫 번째로 소개되기도 했다.

그런 국회가 2020년에 다시 구성된다. 그래서 20대 국회에 실망한 유권자들은 21대 국회가 바뀌기를 원한다. 여러 가지 요구들이 있지만 가장 중요한 것이 국회의원들이 가진 특권을 폐지하는 것이다. 국회의원의 수당, 9명이나 되는 보좌진. 이외에도 국회의원에 지급되는 100여 개에 이른다는 특혜들.

이런 특혜 중에 가장 빨리 폐지할 수 있는 것이 '불체포특권'이다. 이 특권은 국회의원의 '면책특권'과 함께 국회에 제공된 대표적인 특권이다. 불체포특권은 현행범이 아닌 경우 국회의원은 '회기 중' 체포와 구금되지 않는다는 것이다. 이는 과거 민주주의가 자리 잡지 못한 시절 국민의 대표인 국회의원을 행정부나 사법부로부터 보호하기 위해 만들어진 권리였다.

이 불체포특권에 대해서 폐지 혹은 제한을 하자는 주장이 꽤 오래전부터 제기되어 왔다. 여기에는 3가지 논리가 있다. 첫째, 과거와 달리 민주주의가 자리 잡은 상황에서 불체포특권은 그저 국회의원을 보호하는 '방탄'막으로 사용될 뿐이라는 것이다. 둘째, 외국에도 제한 사례들이 많다, 영국, 미국, 독일, 일본의 경우 국회의원 불체포특권을 제한해왔다. 이것은 불체포특권이 만들어지던 1600년대 영국이나 1800년대 미국의 시대 상황과 현재가 많이 달라졌기 때문이다. 우리보다 민주주의가 빨리 발전한 국가들에서 제도의 악용을 우려해 수정하고 있다는 점은 귀 기울일만하다. 셋째, 공정성이 시대의 중요한 가치관이 된 시점에서 국회의원에게만 이런 특권을 부여할 공익적 가치가 특별히 높지 않다.

물론 오래 사용된 제도인 만큼 반론도 있다. 첫째, 제도 취지가 아직도 유효하다. 여전히 제왕적 대통령이라 칭해지는 '행정 권력'으로부터 국회를 보호할 필요가 있다. 둘째, 체포만을 피하게 함으로써 국회의원의 의사 진행을 방지하는 제도기 때문에 그냥 두어도 된다는 논리다. 다른 사법 절차나 형사 절차는 진행되는 것이기 때문에 국회의원이 반드시 체포 구속된 상태에서 죄의 유무를 따질 필요가 없다는 것이다. 셋째, '무죄 추정의 원칙'에 반한다. '무죄 추정의 원칙'이라는 대원칙에 따르면 국회의원도 응당 무죄로 추정될 수 있다. 게다가 국회의원은 도주 우려가 크지 않기 때문에 체포하여 구속된 상태에서 재판을 받을 필요도 없다.

오래된 제도라는 점과 제도의 취지가 강압적인 행정부에 대해 국회의원을 보호하기 위한 제도라는 점에서는 유지하자는 주장을 그냥 내치기는 어렵다. 하지만 시대가 달라지고 있고 제도가 원취지보다 악용되고 있다면 오래된 제도라도 손을 볼 필요가 있다.

국회의원들이 스스로 불체포특권을 비롯한 특권을 내려놓는다면 이러한 이론적 문제는 해결될 수 있다. 국회법에서 불체포특권을 제한하거나 폐지한다면 얼마나 좋겠는가! 국회의원들이 스스로 몸을 낮추고 지배자(master)나 통치자(ruler)가 아니라 지도자(leader)가 되려 한다면 어떤 시민이 국회의원들을 조롱하고 비아냥대겠는가!

하지만 더 안타까운 것은 우리가 국회를 향해 무엇을 해달라고 하는 것이 아니라는 점이다. 당신들은 이것을 하지 말라고 요구하는 이 상황이다.

이 상황은 우리에게 묻는다. 우리는 지도자에게 무엇을 기대하는가? 지성, 용기, 도덕성, 공감력 등등. 이들 가치는 시대 상황에 따라, 그 국가가 처한 상황에 따라 중요도가 달리 평가된다. 그러니 사회적으로 합의점을 찾기 어렵다. 게다가 요구조건이 많아지면 이를 실현해낼 사람을 찾는 것은 '인간계'에서는 불가능하다.

그런 점에서 지도자가 최소한의 조건만이라도 지키기를 바라는 시민들이 많다. 이번 국회에 기대할 것이 없다면 앞으로의 국회는 최소한 이것만이라도 해주면 좋겠다는 최소한의 기준. 이런 관점에서 지도자에게 바라는 이 시대의 최소한의 기준은 "사리사욕을 채우는 행동만 하지 말라는 것"일지 모른다. 사리사욕을 추구하지 않으면 세상과 사람들이 보이기 때문이다.

로마의 킨키나투스(Lucius Quinctus Cincinnatus)는 이런 관점에서 특별한 모범이 될 수 있다. B.C. 458년 로마가 이민족의 침입을 받아 위기상황이 되었을 때 이 위기를 극복해달라고 원로원과 집정관은 그를 '독재관(Dictator)'으로 선출하였다. 이 직책은 비상상황 시 위기극복을 위해 1명의 최고 지도자에게 6개월간 '절대 권력'을 사용할 수 있게 한 특별한 것이다. 국가의 위기극복을 위해 흔쾌히 독재관이 된 킨키나투스는 리더십을 발휘해 15일도 안 되어 이민족의 항복을 받고 위기를 극복하였다. 5개월도 더 남은 상황에서 그는 '독재관' 자리를 벗어버렸다. 그리고 자신이 일하던 밭으로 돌아갔다. 20년 뒤 다시 반란이 일어났을 때도 그는 독재관직을 맡아 반란을 극복했다. 이때도 위기가 끝나자 바로 자신의 밭으로 돌아갔다. 유혹적인 절대 권력을 버리고 농부의 삶으로 간 것이다.

국가가 풍전등화의 위기에 있을 때 홀연히 나타나 자신의 최선을 다하는 자. 그리고 사리사욕 없이 농부의 자리로 돌아가는 자. 그런 사람이 우리가 원하는 지도자가 아닐까! 국가위기 상황에서 먼저 뒤도 안 돌아보

킨키나투스(Lucius Quinctus Cincinnatus)의 상. 로마를 두 번이나 위기에서 구한 그는 독재자의 절대 권력을 버리고 농민의 삶으로 돌아갔다. 권력을 추구하는 권력자들에게 얼마나 어려운 모범을 제공하는가! 우리의 지도자들에게 이 정도를 기대하는 것은 너무 큰 욕심일까!

사진 출처 : 부산 일보

고 도망가는 자. 권력이 있는 자리에 연연하는 자. 이들은 우리가 국가 지도자의 자리에서 보고 싶은 군상들은 아닐 것이다.

머지않아 겨울이 지나고 봄이 올 것이다. 새로운 계절이 오듯이 새로운 지도자들도 나타날까!

일상이 정치: 미식, 세대, 지정학

14

2019. 5. 30.

유럽의회선거 : '부유'한 '민주주의' 국가들의 '제도'는 어디로?

유럽연합(EU)은 인류의 미래를 짐작해 볼 수 있는 위대한 실험이다. 전 세계 모든 지역(region)들이 유럽을 본보기로 추종해가지는 않을 것이다. 그렇게 갈 수 있는 조건도 아니다. 하지만 유럽인들의 지적인 실험은 인류 전체를 자극한다. 또 인류가 다른 정치공동체, 경제공동체, 문화공동체로 나갈 수도 있다는 희망을 준다. 6개 국가가 1951년 유럽석탄철강공동체로 시작한 유럽의 통합 역사는 현재 28개 국가로 구성된 5억 1200만(2017년 유럽통계청 기준)의 거대한 유럽연합(EU)을 만들었다.

중세시대 카알(샤를마뉴)대제까지 거슬러 올라가는 유럽 통합에 최근 문제가 생겼다. 5월 23일에서 26일까지 치러진 유럽의회선거 때문이다. 751명으로 구성된 유럽의회는 유럽 국가들 각각의 의회와 달리 유럽연

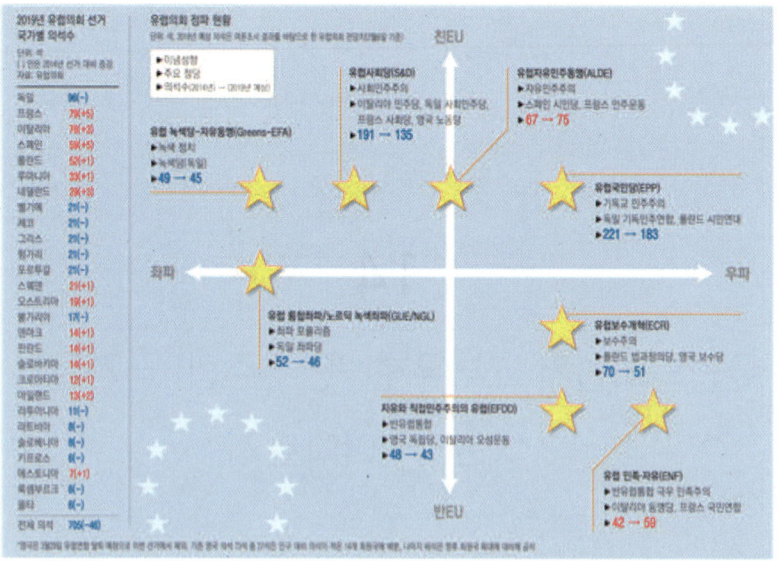

2019년 5월 23일에서 26일까지 진행된 유럽의회 선거의 결과는 중도 진영의 몰락과 극우와 좌파의 부상이다. 중도 성향의 유권자들이 줄어들고 좌와 우 극단에서 선택하는 유권자들이 늘었다는 것은 '자유민주주의'에 커다란 위기이다. 위의 그래프는 유럽의회에서 정당들의 성향과 국가별 의석수를 보여준다.

사진출처 : 경향신문

합을 대표하는 의회이다. 소속 국가가 아닌 유럽을 대표하는 유럽의회는 다른 지역의 (근대)국가들에서 찾아볼 수 없는 제도적인 실험이자 지적인 시험이다.

선거의 중요도 때문에 유럽의회 선거가 국내의회 선거와 같을 수는 없다. 그러나 유럽 국가들의 국내정치 상황과 유럽연합의 미래를 점쳐볼 수 있는 리트머스시험지는 된다.

이번 선거는 한마디로 유럽정치지형의 변화로 요약할 수 있다. 중도지형의 기성 정당들이 몰락했다. 반면 극우 정당과 녹색당이 약진했다. 영국 집권당인 보수당은 9%만의 지지를 받았다. 유서 깊은 노동당도

14.6%에 머물렀다. 프랑스를 대표하던 공화당과 사회당은 합쳐야 15%라는 초라한 성적을 보여주었다. 독일은 그나마 체면치레를 했다. 하지만 독일 메르켈 총리의 보수연합과 독일 사민당의 '대연정'도 45% 득표를 했을 뿐이다.

이에 비해 극우 정당들의 강세가 눈에 띈다. 프랑스에서는 아버지의 국민전선을 '국민연합'으로 바꾸어 이끄는 마리 르펜이 23.5%의 지지를 받았다. 영국에서는 극우, 반난민을 강조하는 '브렉시트당'이 31.5%로 1

2019년 4월 유럽의회선거 이전에 극우 정당의 대표들이 모여 선전을 다짐하고 있다. 왼쪽에서부터 '진짜핀란드인당' 올리 코트로, '독일을 위한 대안'(AfD) 외르크 모이텐 대표, 이탈리아 마테오 살비니 부총리, 덴마크인민당 아네르스 비스티센 의원이다. 이들 주장대로, 국가마다 다르지만 전체 유럽의회에서 극우 정당들은 선전하였고 의석을 늘렸다. 관대했던 유럽이 편협한 유럽으로 갈 여지가 높아졌다.

사진출처 : 경향신문

위를 차지했다. 이탈리아에서도 극우 정당인 '동맹당'이 34%의 지지를 받았다. 헝가리에서도 인종차별을 주장하는 '피데스당'이 52% 득표를 했다. 물론 모든 유럽 국가들에서 극우 정당이 완승한 것은 아니다. 독일, 그리스, 네덜란드, 스페인, 오스트리아에서는 극우 정당이 참패하거나 득표율이 줄었다. 하지만 극우 정당들이 눈에 띄게 성장했다.

진보정당인 녹색당도 선전했다. 녹색당은 독일에서 20%, 프랑스에서 13%의 득표를 했다. 유럽연합 의회에서 녹색당은 기존의 52석에서 70석으로 의석을 확대했다. 유럽의회 전체로는 9.3%의 의석을 확보한 것이다.

유럽의회 선거 의미는 표면적으로는 단순하다. 유권자들이 기성 정당들에 불만이 많다는 것이다. 그리고 새로운 것을 원한다는 것이다. 문제는 극단적인 것을 선택했다는 것이다.

그럼 "극단적인 것이 나쁜가?"

극단은 몇 가지 점에서 매력적이다. 우선 단순하고 명료하다. 이성적으로 복잡하지 않으니 감정적으로 편하다. 불편한 것들을 무시하게 하고 소수의 문제를 거부하기 때문에 권력 행사의 쾌감도 있다. 바로 그 지점에서 극단은 위험하다.

하버드 대학에서 정치학을 가르치는 야스차 뭉크는 이러한 현상을 단순하게 분석했다. 또 현재 유럽 상황을 분석하는데 명료한 지침을 준다. 뭉크에 따르면 유럽뿐 아니라 미국 트럼프 대통령의 당선과 필리핀 두테르테 대통령의 당선으로 대표되는 현재 상황은 '민중주의의 강화'와 '기술관료주의의 강화'를 동시에 보여주는 현상이다. 이는 엘리트와 대중 진영 모두에서 '자유민주주의'라는 불편한 동거를 거부하는 것이다.

엘리트들은 시장주의 차원에서 자유주의를 지지하면서 반민주주의를 지향한다. 대중들은 민주주의를 통해 자유주의의 소수자 보호, 기존 정치 제도의 중요성을 거부한다. 자유주의와 민주주의가 마주하는 교집합이 줄어들고 양 이념이 상호 간에 벌어지는 것이다.

야스차 뭉크의 『위험한 민주주의』는 현재 자유민주주의 국가들이 경험하는 민중주의와 극우 정치를 '경제침체', 인종과 민족을 강조하는 '정체성', 그리고 가짜 뉴스나 선동적인 내용을 퍼 나르는 '소셜미디어'의 3가지로 분석하고 있다. 경제침체가 주된 동인이 되어 민족주의의 배타성에 불을 지르고 있다. 극단은 간단명료하지만, 그로 인해 위험하다.

사진출처 : 교보문고

야스차 뭉크는 자신의 책 『위험한 민주주의』에서 현재 민주주의의 위기 원인을 크게 3가지로 분석했다. '경제침체', '소셜미디어', 인종주의와 민족주의를 강조하는 '정체성'이 그것이다. 경제가 나빠지자 성장보다 분배에 매달리게 된다. 이때 난민 증가는 어려운 경제 상황에서 적개심의 불쏘시개가 된다. 소셜미디어가 퍼 나르는 가짜 뉴스는 이런 적개심을 강

유럽연합의회의 외부 전경. 유럽연합은 전쟁과 갈등으로 점철되었던 과거의 역사를 바꾸는 중추다. 국가 단위를 넘어서려는 유럽연합의 실험은 우여곡절이 있지만, 이전과 다른 새로운 통합의 모델로 자리 잡고 있다.

사진출처 : 지디넷 ZDNET KOREA

유럽연합의회의 내부 전경. 유럽을 대표하는 의회는 국가를 넘어서는 초국가적 조직으로 기능하고 있다. 국가를 대표하는 대표와 유럽을 대표하는 대표가 공존하는 유럽연합은 '제도정치' 차원에서도 특별한 실험이다.

사진출처 : 미주중앙일보

화하면서 인종주의와 민족주의를 활활 불태운다. 대중들이 자유민주주의 대신에 극단적인 민중주의를 지지하는 이유이다. 사회 엘리트들은 이런 상황에서 재산 보호와 기득권유지에만 관심을 가진다.

확실히 유럽경제는 침체상황이다. 6%대 성장률을 보이는 아시아와 비교할 때 2%대에 미치지 못하는 유럽의 상황은 높은 실업 상황, 낮은 소득, 청년 실업 문제로 인해 장래가 어둡다. 더 나쁜 것은 이 문제를 해결할 근본적인 방안이 없어 보인다는 점이다. 그래서 SNS를 타고 민족주의와 인종주의가 더욱 극대화될 여지가 높다.

이번 유럽의회선거의 뒷면에는 '분리 독립'이 있다. 영국에서 스코틀랜드가 떨어져 나가려 한다. 스페인에서는 카탈루냐가, 이탈리아에서는 북부가, 네덜란드에서는 플랑드르가 분리를 원하고 있다. 만약 '경제침체 ⇨ 인종주의와 민족주의의 정체성 강화 ⇨ 분리 독립운동 강화 ⇨ 국가들 내부 분화와 갈등 심화'의 고리가 연결되면 현재 유럽연합이라는 새로운 공동체 실험은 커다란 도전을 받을 것이다.

자유민주주의의 약화와 민중주의의 강화는 유럽 통합 실험에 거대한 악재다. 부유한 민주주의국가들이 모여서 만든 제도인 유럽연합은 그간 '부'와 '민주주의'와 '제도'가 평화를 만들어왔다. 나폴레옹전쟁에서 1차 세계대전과 2차 세계대전의 전장이었던 유럽에 현재 평화는 이례적인 것이다. 현대에 들어와 부, 민주주의, 제도라는 3가지 축이 유럽을 평화적으로 '변환(transformation)'시킨 것이다.

현시점의 '경기 침체'와 극단주의에 따른 '민주주의의 약화'는 유럽을 다시 과거로 회귀하게 만드는 힘이다. 1930년대 대공황 시기 유럽을 생각해보라. 그런데 평화의 마지막 고리인 '제도'로서 유럽연합(EU)마저 영국의 브렉시트로 도전받고 있다.

　유럽의회 선거 하나로 유럽 미래를 단정할 수는 없다. 그러나 작은 구멍이 큰 둑을 터뜨린다. 그런데 이 걱정이 오직 유럽에만 해당할까! 동아시아와 한국은 안전한가! 이것이 진짜 문제다.

일상이 정치: 미식, 세대, 지정학

15

2019. 3. 21.

연동형 비례대표제 :
재미없고 유용하지도 않은 논쟁

독일 기본법 제1조. "인간의 존엄성은 침해할 수 없다." 대한민국 헌법 제1조. "대한민국은 민주공화국이다." 두 국가가 지향하는 가치는 이렇게 다르다.

모든 정치 제도는 가치를 담고 있다. 제도는 중립적이라고 말한다. 하지만 제도는 제도 창설자들의 철학에 기초하여 만들어진다. 대통령제도는 '자유' 확보 목적 아래 권력분립원리에 초점을 두고 미국에서 발명되었다. 내각제도는 영국에서 '의회주권' 사상 아래 만들어졌다.

왜 이렇게 거대한 이야기를 하는가? 요즘 가장 뜨거운 '연동형 비례대표제' 때문이다. 2020년 21대 총선을 앞두고 선거제도개편논의가 한창이다. 이름도 익숙하지 않은 '연동형비례대표제도'는 독일식 혼합형 선거

1787년 필라델피아에서 모인 미국 '제헌회의'의 기록화이다. 미국은 새로운 대륙에서 새로운 제도인 대통령제를 발명하였다. 몽테스키외의 '3권분립 이론'에 기초한 대통령제는 시민들의 '자유' 확보를 위해 정부의 권력을 입법과 집행 그리고 사법으로 나누었다. 만약 제도 창설자들의 취지가 각 기관으로 권력을 분할하여 정부가 안 돌아가게 만드는 것이라면, 미국을 제외한 대부분의 대통령제 국가들은 그 취지대로 운영되고 있다. 모든 제도는 가치를 담고 만들어졌다. 과연 한국 대통령제는 미국의 제도 창설자들의 취지대로 대통령제를 운용하는 것인가?

사진 출처 : 한국일보

제도라는 비례대표제 운영방식이다. 그런데 논의가 진행되면서 독일방식의 비례대표계산법(정당별 득표율 × 의회 전체의석수)에 더해 권역별비례대표제(정당별 득표율 × 각권역별 의석수)와 일본의 석패율제도(지역선거에서 가장 적은 표 차이로 패배한 후보를 비례의석으로 구제해 주는 방안)까지 합쳐졌다.

지금 논의되는 '연동형비례대표제'는 유머 같다. 그것도 복잡하고 재미없고 유용하지도 않은 유머. 그런데 제안한 사람들은 너무나 진지해서 이 유머를 그저 유머라고 치부할 수 없는 유머. 비례대표 75석을 1/2로 나누겠다는 발상을 보라.*

무엇이 이 복잡한 제도조합을 유머 수준으로 만드는가? 두 가지가 문

---

* 여기서 유머라고 표현한 것은 정책지도자들의 의도나 의지를 폄하하려는 취지는 아니다. 개편의 결과가 예상대로 잘 만들어지지 않을 개연성이 높다는 의미이다. 그리고 이 글을 쓸 당시에는 연동형비례대표제의 구체적인 운영방식이 합의되지 않았다.

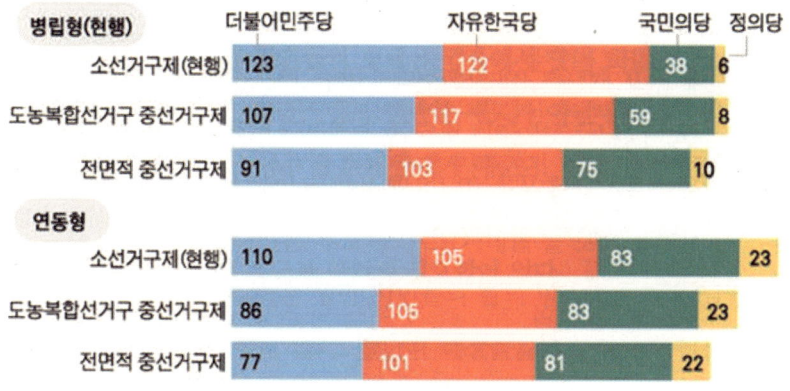

2018년 2월 입법조사처의 연구에 따른 결과 예측이다. 선거제도 개편을 위해 입법조사처가 발표한 20대 총선 득표율을 기준으로 중선거구제(선거구의 크기를 키우고 복수의 의원을 선출하는 방안으로 지역주의를 완화할 수 있다)와 연동형비례대표제를 사용했을 때의 예상결과이다. 결과는 소수정당들이 유리하고 거대 정당이 불리하게 나온다. 정당들엔 의석수가 가장 중요하다. 하지만 어떤 의원을 의석에 앉게 할 것인가 즉 어떤 가치를 대표하는 의원을 선발할 것인지가 먼저 정당 간에 충분히 논의되어야 한다. 4차 산업혁명과 양극화의 심화와 세대간 갈등이 강화되는 사회에서 무엇을 대표할 것인지가 제도 선택 이전에 합의되어야 할 사안이다.

사진 출처 : 한국일보

제다. 첫 번째는 제도가 추구하는 '가치'가 불명확하다. 두 번째는 제도 간의 '조응성'이 떨어진다.

구체적으로 살펴보자. 모든 제도는 제도가 추구하는 가치가 있다. 선거제도이론을 빌리면 '당선자 결정규칙'이 있고 '대표형성원칙'이 있다. 정확히 '대표형성원칙(가치)'이 먼저고 '당선자 결정규칙(제도)'이 다음이다.

비례대표제도의 대표형성원칙은 '대표성'에 있다. 이 제도는 유권자들의 의사-가치 체계와 사회갈등구조-를 의회에 최대한 반영하고자 한다. 소수의 의사도 최대한 의석수로 전환한다. 다수대표제도가 사회에서 누가 다수인지를 정해 '힘의 집중'을 추구하는 것과 대비된다.

제도 기원으로 비례대표제도는 1885년 덴마크에서 최초로 사용되었다.* 원래 이 제도는 유럽의 사회주의정당과 같은 소수정당들이 주도한 제도이다. 또 이 제도는 이론적으로 '거울의 원리'에 기초한다. 사회구성원들의 의지를 거울처럼 국가에 그대로 투영한다는 것이다. 이 논리에 따르면 의회는 사회갈등의 축소판인 것이다.

사회갈등의 대변. 이 '가치'가 다수제도와 가장 구분되는 지점이다. 다수제도는 특정한 기준을 충족한 후보자와 정당만이 의석을 얻고 나머지 지지자들의 표는 사표가 된다. '모든 것을 가지거나 아무것도 못 가지거나 (all or nothing)'의 승자독식 구조. 반면에 비례대표제도는 대체로 정당이 얻는 득표비율이 의석으로 전환하기 때문에 소수정당도 의석을 확보할 수 있다.

대표형성원리라는 사회구성원들의 철학이 제도를 선택하는 것이다. 여기서 한 걸음 더 나가 정치학자 레이파트(Arend Lijphart)는 국가들의 제도 선택 이전에 사회균열(Social cleavage : 표면적으로 드러난 사회갈등)을 보아야 한다고 했다. 유럽에서는 역사적으로 다양한 사회갈등이 전개되어 언어, 종교, 혈통과 같은 정체성의 대립이 강한 국가들이 많다. 이들 국가는 정치 제도를 선택할 때 타협을 중시하는 합의제(consensus rule)에 기초하여 정부 형태, 정당 체계, 선거제도들을 조합했다. 반면에 영국처럼 자본주의가 빨리 발전하면서 주로 계급대립만 있고 언어, 종교, 혈족이 유사한 사회에서는 다수결주의를 채택했다. 유럽 국가들에 대한 그의 연구는 사회적 갈등이 선행하고 선출제도들이 선택되었다고 말한다. 즉 사회적 갈

---

* 김광수, 『선거와 정당』, (서울: 박영사, 2002년), p. 187.

레이파트(A. Lijphart)는 민주주의의 모델을 '다수결주의 모델(majoritarian model)'과 '합의주의 모델(consensus model)'로 구분한다. 이 두 모델은 역사 속에서 사회갈등이 다양하고 1차원적 정체성(종족, 언어, 역사)으로 구분이 되는 경우와 계급이라는 단일한 가치에 의해 구분되는 경우라는 두 가지 사회균열모형에 기초한다. 합의주의는 다양한 가치를 한 국가 내에 담기 위해 '권력공유(power-sharing)'를 특징으로 한다. 반면에 다수결주의는 '권력집중(power-concentration)'을 특징으로 한다. 권력을 특정 계급이나 한 가지 사회 가치를 가진 이들에게 집중시키는 것이다. 합의주의는 권력을 나누기 위해 연립정부가 가능한 의원내각제, 다당제, 비례대표제라고 하는 제도들로 결합한다. 현재 한국의 제도 논쟁은 대통령제라는 다수결주의를 토대로 유럽식 비례대표제를 결합하는 하이브리드 형 정치체제다. 이렇게 조합하여 추구하고자 하는 가치는 무엇인가?

사진 출처 : 예일대학교 정치학과 홈페이지

등(가치충돌)이 제도선택 이전이다.

 이런 유럽 역사에 기초한 논리가 한국에 그대로 적용될 수는 없다. "왜 유럽처럼 사회균열을 전혀 고려하지 않는 제도들을 선택했냐?"고 반문하기 어렵다. 1948년 만들어진 신생국가 한국은 정치제도들의 원류인 유럽과는 역사적 유산이 다르다. 임시방편으로 그때그때 미국식 제도와 유럽식 제도들을 수입한 한국에서 각각의 정치제도들은 충돌해왔다. 기본적인 국정철학이 부족한 상태에서 모순된 가치를 가진 제도들을 조합해왔기 때문이다.

여기서 제도 간의 조응성이라는 두 번째 기준이 문제가 된다. 이번 선거제도 개편방안은 기본적으로 소수정당의 의석수를 보장해줌으로써 현재 다당체제를 유지 또는 강화한다. 47석에서 75석으로 비례 의석수를 늘리고, 75석 중 1/2을 전국선거구로 뽑고 나머지 1/2의 의석은 6개의 권역(거대지역 구분)별로 뽑겠다는 것이다. 현재 안으로 선거결과를 예측하면 '바른 미래당'과 '평화민주당'과 '정의당'의 의석수는 증대한다. 이는 대통령제 정부형태와 조응하지 않는다. 비례대표제도는 연립정부가 가능한 유럽의 의원내각제도와 조응되기 때문이다.

현재 한국 제도들의 구성 논리를 보면 결과는 더 명확해진다. 한국 대통령제는 '인물' 중심으로 선출한다. 한국의 정당 체계는 '인물' 중심과 '정당' 중심의 하이브리드 형태이다. 이런 상황에서 연동형 비례대표제도는 인물 중심의 대통령제를 유지하면서 정당 체계에서는 '정당'의 영향력을 강화한다. '인물' 중심 대통령과 '정당' 중심 의회 간의 교착 강화라는 결과는 명약관화하다.

'대통령제 + 다당제 강화 = 정책집행 가능성 하락.' 예상되는 공식이다. 이 비판에 대해 두 가지 반론이 가능하다. 첫 번째 반론, 다당제는 비례성을 높인다. 두 번째 반론, 대통령제와 다당제에서도 대통령 리더십 발휘나 정부-의회 간 합의는 가능하다. 하지만 현재 300석의 의석구조를 그대로 두고 비례대표를 47석에서 75석으로 늘린다고 정당이 사회균열을 더 반영한다는 보장은 없다. 그동안 한국의 비례대표제는 사회균열의 반영보다는 정당의 영향력 강화 장치로 사용되어왔다. 게다가 한국 정치는 합의와 타협문화가 약하다. 지역주의와 이념정치의 어색한 조합으로 대통령은 의회를 설득하기 어렵다. 의회도 토론과 숙의와 타협을 이루지 못해왔다.

제도개혁은 필요하다. 한 번 하는 것이 어렵기에 이번 제도개혁 방향은 매우 중요하다. 국민정서상 국회 의석수를 늘릴 수 없다는 가정하에서 논의되는 현 제도개혁은 기본적으로 한계가 명확하다. 소수정당의 의석수 보장. 석패율제도를 통한 한 명도 아쉬운 유력 정치인 구제책. 권역별 비례대표를 통한 지역주의의 상징적 완화. 이번 제도개혁이 추구하는 가치들이다. 완벽한 개편이 어려우니 차선이라도 선택하겠다는 의원들의 절박한 마음이야 이해한다. 하지만 이러한 논의가 한국 사회가 추구하는 가치를 조금이라도 반영하는지 그리고 제도 간의 조응성 문제는 어떻게 해결할 것인지는 더 숙의해야 한다.

제도는 가치를 반영한다. 전문가들도 이해하기 어려운 현재 제도개편 논의는 지양하기 바란다. 의석수 확대가 불가능하다면 이번 기회에 한국 사회가 대표할 가치를 한 번 더 숙고하기 바란다. 그저 자기 의석수 챙기기가 아니어야 시민들의 지지도 기대할 수 있을 것이다.

그럼 지금은?

2019년 12월 27일 말 많던 공직선거법 개정안이 국회를 통과하여 논의만 되던 '연동형 비례대표제'가 '준연동형비례대표제'로 현실화되었다. 준연동형비례대표제의 탄생과정은 매우 어려웠다. 아무리 봐도 계산법을 알기 어려운 것처럼 이 제도는 정당 간의 이익만을 반영하였다. 유권자 요인이나 다른 제도와의 조응성은 별개의 문제가 된 것이다.

이론적으로 비례대표제도는 '독립식' 비례대표제와 '비독립식' 비례대표제로 나뉜다. 독립식 비례대표제는 20대 총선까지 우리가 사용했던 방식이다. '정당득표율 × 비례의석수'로 계산된다. 반면에 비독립식 비례대표제는 독일이 사용하고 있는 제도로 '정당득표율 × 전체의석수'로 계산된다. 이번 준연동형비례대표제도는 전체 비례 47석에서 30석만을 연동형으로 선택한다. '정당득표율 × 전체의석수'로 계산하여 정당이 획득할 비례의석 수를 정한다. 그리고 지역선거구에서 선출된 의석을 제외하고 남은 의석수를 대상으로 50%로 계산한다. 비례의석 47석 중 남은 17석은 기존 방식대로 독립식으로 계산한다. 즉 '정당득표율 × 비례의석수(17석)'로 계산하는 것이다.

이번에 수정된 비례대표제도의 복잡성은 선거제도와 관련하여 다른 국가들의 비교정치 교과서에 실릴 정도다. 왜 이렇게 복잡한 제도를 만들었는지를 이해하는 것은 상대적으로 수월하다. 소수정당들 입장에서 한 석이라도 더 늘리고 싶었던 것이고, 여당인 민주당입장에선 소수정당들과의 관계 개선을 통해서 진보 진영과 소수 정당들과 광범위한 연합가능성을 높이기 위한 것이다. 문제는 이러한 선거법 개정이 가져올 후폭풍이다. 소수정당들의 의석 증대는 한국 정당 체계의 다당제화를 강화할 것이다. 대통령제라는 정부형태가 운영되기는 더욱 어려워질 것이 불 보듯 뻔하다. 게다가 소수정당들 지분이 높아지면서 정당정치와 의회정치도 늘어난 거부자(veto player)들에 의해 교착될 가능성 역시 확실하다. 물론 선거제도개편에 따른 순기능도 있을 것이다. 다양한 사회균열의 반영과 소수자의 정치적 대표성 증대가 대표적인 순기능이 될 것이다.

선거제도는 고쳐졌다. 다시 되돌리기는 어렵다. 그 결과가 어떻게 될지는 2020년 4월 15일에 알 수 있다. 그리고 다음 선거 그 다음 선거, 두고두고 보게 될 것이다.

일상이 정치: 미식, 세대, 지정학

16   2017. 6. 15.
우리도 결선투표제를 사용해야 할까?

2017년 5월 7일 프랑스에서는 39세의 마크롱 대통령이 당선되었다. 언론에서는 최연소대통령이 당선되었다는 점과 기성정당이 아닌 의석이 하나도 없는 신생정당 후보가 대통령에 당선되었다는 점이 주로 주목받았다. 하지만 좀 더 깊숙이 들여다보면 그의 당선은 다당제 경쟁구조와 결선투표제라고 하는 제도적 특성에 기인한 측면이 크다.

프랑스에서 마크롱 대통령이 당선되었다. 그는 정치신인이며 39살이라는 최연소 대통령이다. 결선투표가 없었다면 그는 당선되기 쉽지 않았을 것이다.

사진출처 : 한겨레

문재인 대통령은 지난 5월 18일 기념사에서 개헌논의를 공식화했다. 6월 14일 시도지사들과의 간담회에서도 지방분권과 관련해 개헌논의에 다시 불을 지폈다. 민주화 30주년이 되는 지금 시점에서 현행 헌법구조는 바꿀 때가 되었다. 개헌논의가 제대로 점화가 되면 각 영역에서의 세부적인 논의들이 활발히 타오를 것이다. 그중 우리가 주목할 세부적 부분 중 하나는 대통령선거제도와 관련한 결선투표제이다.

한국은 대통령선거와 의회선거 모두에서 다수결주의를 사용하고 있고 다수결주의 중에서도 상대다수제를 선택해왔다. 상대다수제는 후보자 중 한 사람이 다른 사람보다 한 표라도 더 많은 표를 받으면 당선될 수 있는 제도이다. 절대다수제처럼 투표자 과반수득표와 같은 특정 기준을 채우지 않아도 되는 것이다. 그런데 비교정치 관점에서 보면 대통령선거제도를 사용하는 나라 중에서는 절대적 기준을 충족해야 하는 나라들이 많다. 이것은 상대다수제보다는 절대다수제가 가지는 장점이 많다는 의미가 될 수 있다.

상대다수제는 빠른 결정을 내릴 수 있다는 장점이 있지만 낮은 지지로 당선될 수 있다는 단점도 있다. 1997년 볼리비아에서는 반저 장군이 단지 20%의 득표만으로 대통령이 되었다. 또 1992년 필리핀에서는 피델 라모스 후보가 23.6%로 당선이 되었다. 이 결과는 대통령 당선자가 자신을 지지하지 않는 이들이 더 많은데도 불구하고 행정부와 관련된 권력을 전취(catch-all)한다는 것을 보여준다. 이런 결과를 방지하기 위해서 많은 국가들이 절대다수제를 사용하며 그 중에도 결선투표제를 사용한다.

프랑스가 대표적인 결선투표제를 사용하는 국가이다. 프랑스 대통령 선거에서는 1차 투표에서 50% 이상의 지지를 받는 후보가 없을 때는 1

위, 2위 후보만 남겨, 2주 뒤에 2차 투표를 한다. 1차 투표에서 당선이 어려운 후보들이나 1차 투표 결과에서 3위 이하로 밀린 후보들은 결선투표에 올라간 후보 중 누군가를 지지할 것인지를 정하여 '지지 선언'을 하거나 '정당 연대'를 모색한 뒤 2차 투표를 진행한다. 그래서 1차 투표에서 떨어진 후보자나 정당의 지지자들은 두 번째 선거에서 자신의 지지를 보내기도 하고, 누군가를 정확히 떨어뜨려야겠다는 전략적 선택을 하게 된다.

2002년 프랑스 대선은 재미있는 결과를 보여주었다. 1차 투표에서 우파와 좌파간 경쟁이 깨지고 우파의 자크 시라크(19.88%득표)와 극우파의 장마리 르펜이 2차 투표에 올라간 것이다. 당시 좌파 후보인 리오넬 조스팽이 16.18%의 지지를 얻어서 16.88%를 얻은 르펜에게 패배한 것이다. 많은 이들은 우파와 극우파간 경쟁이 생기자 좌파진영의 투표 불참을 걱정하였다. 그러나 결과는 반대였다. 2차 투표에서는 극우를 떨어드리겠다는 신념이 작동하여 투표율도 높아졌을 뿐 아니라 유권자들은 온건한 우파인 자크 시라크에게 82.21%라는 압도적인 지지를 보내게 된 것이다. 2차 투표에서 장 마리 르펜은 17.79%의 지지만 받게 되었는데, 이는 1차 투표의 결과보다 0.91%만 지지율이 증대한 것이다. 결과로 해석하자면 결선투표제도가 누군가를 떨어뜨리는 제도로 작동한 것이다.

이번 2017년 대통령선거에서 장 마리 르펜의 딸인 마리 르펜이 15년 만에 아버지의 대를 이어 2차 투표에 올라갔다. 4월 23일 치른 1차 투표에서 에마뉘엘 마크롱은 23.7%의 지지를 받았고 마린 르펜은 22%의 득표를 하였기 때문이다. 그녀는 영국의 유럽연합 탈퇴를 따라 프랑스 역시 유럽연합을 탈퇴하겠다고 주장하여 '지지 상승세'를 이어갔다. 하지만 이번 대선에서도 르펜은 34%의 지지만 얻었다. 아버지에 이어 또 한 차례 고배를 마신 것이다. 2차 투표에서 마크롱 후보에게는 66%의 지지가 몰렸다. 결선투표제도가 아버지에 이어 딸의 운명도 결정하였다.

모든 투표제도가 그렇듯이 결선투표제도 역시 단점이 있다. 2명의 후보로 지지가 좁혀졌음에도 불구하고 유권자들이 어느 후보도 지지하지 못할 경우도 있는 것이다. 예를 들어 이번 프랑스 대선의 경우 마크롱 후보와 르펜 후보로 선택이 좁혀지면서 좌파의 대표정당인 사회당이 몰락하자 갈 곳을 잃어버린 유권자들이 투표장에 가지 않는 결과로 이어졌다. 25.4%라고 하는 2차 투표 사상 가장 높은 기권율을 보인 것이다. 이는 1차 투표의 투표율인 77%보다 낮은 투표율이다. 문제는 투표장 안에서도 드러났다. 투표장까지는 갔지만 정작 두 후보 모두에게 지지를 보낼 수 없었던 유권자 중 11.5%가 백지를 내거나 투표용지를 훼손하였다. 이것은 앨버트 허쉬만(A. Hirschman)의 개념을 빌려 설명하자면 투표 자체를 거부하며 '탈퇴(exit)를 선택한' 유권자와 투표장엔 갔지만 정치적 '저항(voice)을 선택한' 유권자로 갈리는 것이다.

대통령선거 뒤인 6월 11일 치러진 프랑스의 총선 결과는 결선투표제가 가지는 단점을 그대로 보여준다. 이번 프랑스 총선은 역대 최저 투표율인 48.7%를 보였다. 이렇게 낮은 투표율에서 마크롱의 신생정당인 앙마르슈는 28%의 득표를 하였고 민주운동당과의 연합으로 32.6%까지 득표율을 높였다. 프랑스 총선은 특정 후보가 지역에서 과반수를 넘지 못할 경우 12.5% 이상의 득표자들만 모아 1주일 뒤 결선투표를 한다. 현재 프랑스 내 정당별 지지율은 공화당이 20.9%, 마린 르펜이 이끄는 극우정당 국민전선(FN)은 13.1%, 전 집권당이었던 중도좌파 사회당은 9%를 보인다. 여기에 마크롱 개인에 대한 지지가 높은 상황에서 32%의 지지율을 받은 앙마르슈와 민주운동당 연합은 전체 의석에서 77% 이상을 획득할 것으로 예상된다.

문제의 본질은 투표제도가 너무 낮은 지지율로 너무 많은 권력을 준다는 것이다. 다른 해석을 하면 너무 적은 지지로도 정치적 개혁을 가능하게 하는 힘을 부여한다. 게다가 유권자에게 두 번의 기회를 줌으로써 정권탄생에 있어서 정당성을 인위적으로 부여하는 특성도 있다.

2016년 총선에서 한국은 이념과 지역을 기준으로 다당제를 선택하였다. 2017년 조기 대선에서는 이념에 기초하여 다당제를 유지할 뿐 아니라 '유효정당' 수를 4개로 늘렸다. 이런 상황이 지속된다면 향후 대통령은 다당제 경쟁 속 낮은 지지율로 당선될 가능성이 크다. 1987년 36.6%로 당선된 노태우 태통령처럼.

대통령제의 결선투표제도가 과연 진보정당에게 유리할 것인가? 결선투표제도는 1차 투표에서 투표가 부결될 가능성이 있고 2차 투표 전에 '정당연합'을 가능하게 한다. 이러한 제도적 효과가 진보정당을 지지하는 유권자들이 정확히 자신들의 선호를 드러내는 '진실한 투표'를 하게 한다는 것이다. 한국에서도 이론과 동일한 결과가 나올까?

사진 출처 : 레디앙

구체적이고 사려 깊은 개헌논의를 위해 결선투표제도가 가지는 의미를 한국적 맥락에 맞추어 좀 더 살펴보는 것이 필요한 이유이다.

 그럼 지금은?

다당제와 대통령제가 결합된 한국 정치에서는 정당 연합이 빈번하다. 정당연합은 다소 추상적이다. 두 개 혹은 세 개의 정당이 완전히 하나의 정당이 되는 합당과는 구분이 된다. 이론적으로 정당연합은 두 가지 목적에서 이루어진다. 첫째, 선거 직전 특정 '정책'을 구현하거나 둘째, 의석수나 지지율을 높이기 위해 정당이 협력하는 것이다. 김대중-김종필연대가 대표적이라고 볼 수 있다. 그러나 정당이 합칠 때 "조만간 깨고 나와야지"라고 결심하고 합치는 것은 아니기에 정당연합과 합당이 완전히 구분되는 것은 아니다.

일상이 정치: 미식, 세대, 지정학

17
2020. 3. 5.

강원도 선거구 획정에서 읽는 한국 정치

며칠 전 서울양양고속도로를 이용해 강원도를 다녀왔다. 평일 오전이라 차들이 별로 없었다. 코로나 사태까지 가세해 도로는 한적하다 못해 얼마간 한 대의 차도 볼 수 없는 지경이었다. 운행 중인 차 중에는 작은 화물차들이 간간이 있었다. 서해고속도로처럼 큰 트럭도 별로 없다. 그만큼 강원도 쪽에 산업시설이 없다는 증거다. 서울양양고속도로는 주말 여행객들이 찾을 때만 막힌다. 이는 강원도가 생산보다는 관광과 같은 소비를 중심으로 경기가 돌아간다는 증거이기도 하다.

서울양양고속도로는 서울과 양양을 2시간으로 연결해준다. 그런데 평일에는 사진에서 보는 것처럼 한산하다. 이것은 서울을 비롯한 수도권과 강원도 간의 경제적 연계가 부족하다는 방증이다. 거대한 생산시설이 없기 때문이다. 강원도에 인구가 늘기 어려운 이유 중 하나다.

사진 출처 : 연합뉴스

강원도의 인구는 2020년 2월 행정안전부 주민등록 인구통계를 기준으로 153만 9천 명 수준이다. 같은 기준상 경기도 인구수 1,326만 5천 명과 비교하면 1/9수준이다. 제주도 인구 67만 명보다는 많고 충청북도의 159만 8천 명보다는 조금 적다. 면적으로 볼 때 경상북도(19,028㎢) 다음으로 16,873㎢나 된다. 우리나라 전체 면적이 99,720㎢이니 강원도 면적은 남한 전체 면적의 17%를 차지한다. 비슷한 인구를 가진 충청북도는 7,407㎢의 면적으로 강원도의 1/2도 안 된다. 결론은 넓은 면적대비 인구가 적다는 것이다.

인구 관련 요소들을 좀 더 보자. 강원도의 인구밀도(명/㎢)는 2018년 기준 90명으로 전국에서 가장 낮다. 가장 높은 서울의 1만 6천 명과 크게 비교된다. 인구증가율은 2018년 국가통계를 기준으로 －0.1%이다. 인구증가율은 세종시가 12.9% 증가로 가장 높고 서울은 －0.7%로 밑에서 2위고 대전이 －1.0%로 최하위를 기록하고 있다. 도별로 인구가 준 곳은 강원, 전남, 경북에 불과하다. 대도시에서 이주하여 위성 도시화하는 추세로 볼 때도 강원도의 인구는 빠지고 있다. 대체로 전국적으로 고령화가 진행되고 있다는 전제에서 출산율을 보자. 2019년 8월 기준으로 국가통계 포털 사이트에 따르면 대한민국의 평균 출산율은 0.977명이다. 서울이 가장 낮은 0.761명이고 가장 높은 곳은 세종시로 1.566명이다. 강원도는 1.067명으로 경기도 1.002명과 전북의 1.044보다 높지만 다른 도들보다는 낮다. 인구 관련 통계가 말하는 것은 넓은 면적에도 불구하고 강원도에 대한 인구 유입요인이 적다는 것이다.

그런데 웬 강원도? 선거구 획정 때문에 강원도 이야기를 좀 해볼까 한다. 지난 3월 2일 국회의원선거구획정위원회는 이번 4월 15일 국회의원 선거의 선거구획정안을 국회에 제출했다. 이 획정 안에서 전국적으로 가장 눈에 띄는 선거구가 있다. '속초, 철원, 화천, 양구, 인제, 고성'의 6개 군이 합쳐진 선거구가 나온 것이다. 이번 선거구 획정이 인구 기준 하한선을 13만 6천 500명으로 잡고 상한선을 27만 3129명으로 잡다 보니 벌어진 결과이다. 강원도는 총 8개의 선거구를 가지고 있다. 선거구 평균 인구수 20만 4847명을 기준으로 할 때 153만 명의 강원도는 8개의 선거구를 둘 수 있다. 8개 선거구 중 기존에는 춘천과 강릉이 1개, 원주가 2개의 선거구였다. '동해시·삼척시', '태백시·횡성군·영월군·평창군·정선군', '속초시·고성군·양양군', '홍천군·철원군·화천군·양구군·인제군'이 남은 4개의 선거구였다. 그런데 이번에 춘천의 선거구가 2개로 분할되면서 원주의 2개 선거구를 제외한 5개의 선거구가 4개로 조정된 것이다. 그러다 보니 '속초시·고성군·양양군'과 '홍천군·철원군·화천군·양구군·인제군'의 두 개 선거구가 하나로 합쳐진 것이다. 그중 양양은 강릉과 같은 선거구가 되고 홍천은 태백이 빠진 '횡성군·영월군·평창군·정선군'에 속하면서 6개의 군이 거대한 하나의 선거구가 된 것이다. 이 선거구를 지도에서 보면 강원도 북부에 거대한 하나의 벨트처럼 보인다.

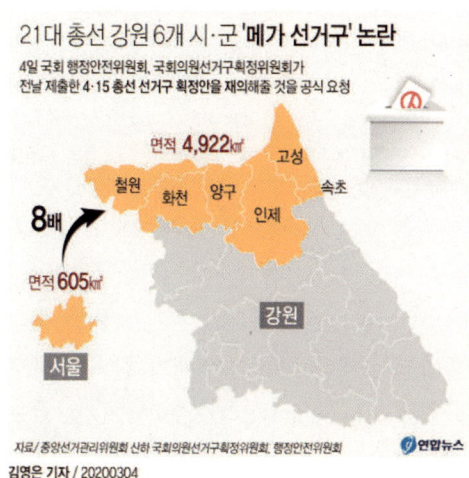

2020년 3월 2일에 발표된 국회의원선거구획정위원회의 선거구 조정안에 따라 만들어진 메가 선거구. 인구수를 기준으로 강원도 동북지역을 하나로 엮는 안이 나온 것이다. 생활권, 지역정서, 행정권역을 모두 무시한 선거구 획정이다.

사진 출처 : 연합뉴스

2020년 3월 4일 여야 국회 원내대표들이 모여 강원도 선거구를 재조정하자고 합의를 하였다. 앞의 사진에서 본 6개 군을 엮는 선거구 대신에 '춘천 갑(甲)'에 철원, 화천, 양구를 포함하는 방안으로 바꾼 것이다. 이것이 통과되면 위의 6개 군이 하나의 선거구로 획정되는 선거구획정위원회 안을 폐기될 것이다. 그 결과가 어찌 되었든 이번 사안은 향후 반복될 여지가 높다. 인구 구조적인 차원에서. 수도권과 지방간의 차이. 도시와 군 간의 인구 차이로 좀 더 미래에는 대표성의 문제를 가져올 것이 불 보듯 뻔하다. 지금부터 제도적 변화를 고민해 보는 것이 필요한 이유이다.

사진 출처 : 강원도민일보

당연히 불만들이 많다. 생활방식이 다른 영동과 영서가 한 선거구로 묶인 것도 문제다. 문화를 토대로 한 지역 정체성도 문제다. 이 넓은 선거구에서 선거를 치르는 것이 얼마나 어렵겠는가! 전형적인 게리맨더링의 소지도 있다. 여야에서도 비판이 많지만 가장 강력한 영향을 받는 강원도 정치인들은 크게 반발하고 있다.

선거는 제도이다. 선거는 경선과 공천을 둘러싼 입후보 방식, 투표방식, 선거구의 크기, 당선자 확정방식으로 구성된 제도들의 묶음이다. 이 중에서도 가장 중요한 요소 중 하나가 '선거구 획정'이다. 이론적으로 볼 때 선거구 획정은 유권자의 선호가 결과로 만들어지는 데 중요하다. 따라서 '1인 1표 1가치의 원칙'을 가장 중요한 기준으로 한다. 한편으로는 '인접성(contiguity)', '밀집성(compactness)', '행정경계의 반영'이라는 기준도 충족해야 한다. 단순화하자면 대의민주주의에서 '대표'를 선발할 때 선발하고자 하는 유권자들의 범위와 기준에 관한 문제인 것이다.

여야는 다시 합의해서 선거구를 최종적으로 결정할 것이다. 결과가 부분적으로 변경될지 모른다. 그러나 큰 틀에서 선거구 획정 전체를 변경하기는 어려울 것이다. 이 부분에서 주목할 것이 추세이다.

한국은 가장 빠른 속도의 초고령화로 가고 있다. 세계에서 가장 낮은 출산율을 보인다. 수출의존형 경제는 거대기업을 중심으로 하고 있고, 거대기업이 몰린 도시를 중심으로 경제는 돌아간다. 이런 추세로 가면 대도시와 위성도시에 더 많은 사람이 몰리게 될 것이다. 지방인구는 더욱 희박해질 것이다. 앞으로는 더 넓은 지역을 하나의 선거구로 만들어야 할 것이다. 미래에는 도(道) 단위의 경계조차 무색해질 수도 있다. 도시의 과도한 대표성과 지방의 과소한 대표성은 불 보듯 뻔하다.

물론 이런 우려에 대해 반박도 가능하다. 우선, 전국 선거인 대통령선거나 지역 단위의 지방선거가 대표성을 보완한다. 또한, 비례대표제도를 통해서 부족한 기능적 대표성을 채울 수도 있다. 게다가 지역 경계성이라는 것이 앞으로도 계속 의미가 있을 것인지 알 수 없다.

그럼에도 불구하고 총선은 정치적으로 정체성을 확인할 수 있는 중요한 장치이다. 국회의 역할 중 지역 대표성 기능은 여전히 가장 중요한 기능 중 하나기도 하다. 그런 점에서 변화하고 있는 정치지형에 맞는 제도 변경을 고려해 볼 수 있을 것이다. 예를 들어 미국식 상원 제도와 같은 도별 정체성을 반영하는 제도가 될 수도 있다. 좀 먼 미래 이야기일지 모르지만, 북한과의 통일을 고려하면서 각 지역의 불균등한 인구 분포를 전국적으로 반영할 수 있는 제도를 모색해 볼 수 있을 것이다.

인구의 변화. 정치 제도는 이러한 추세를 반영해야 한다. 21대 국회에서는 한국 사회의 구조 변동을 좀 더 반영해주면 좋겠다.

제 3 장

지정학과 국제정치

일상이 정치: 미식, 세대, 지정학

일상이 정치: 미식, 세대, 지정학

01 2018. 1. 25.
아픈 엄지발톱 이야기

엄지발톱이 아파본 적이 있는가? 정확히는 엄지발가락 끝이 아픈 것이다. 엄지발톱과 살이 만나는 부분에 염증이 생기면 발이 빨갛게 부어오른다. 이것 때문에 걷기 불편할 때도 있고 걷기 어려울 때도 있다.

발톱을 잘 못 잘랐거나 작은 신발 때문에 생기게 되는 이런 증상을 가진 발톱을 '내향성 발톱'이라고 한다. 그리고 이런 증상이 '내향성 조갑

'내향성 조갑증'으로 엄지발가락이 아파보면 엄지발가락의 소중함을 알게 된다. 수술이라도 하면 특히 그렇다.

사진 출처 : 국민일보

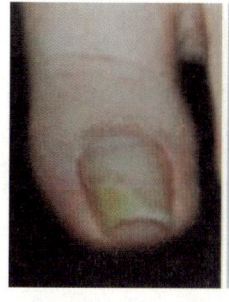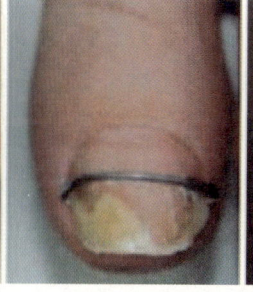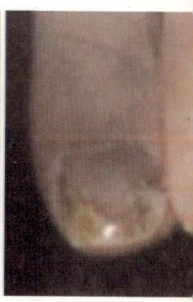

증'이다. 나는 두 번이나 이것 때문에 수술을 받은 적이 있다. 발톱의 반을 잘라내고 나면 엄청난 고통이 뒤따른다. 그리고 한 가지를 배우게 된다. 별 쓸모없어 보이던 발톱도 몸의 중심잡는데 중요한 역할을 한다는 것을. 몸이 움직이는데 발톱이라는 작은 부분이 매우 중요하다는 것도.

세상사도 동일한 듯하다. 항상 문제는 사소해 보이는 것에서 시작한다. 6천만이 사망한 인류 최대 비극인 2차 세계대전이 그렇다.

2차 대전은 전형적인 억지(deterrence) 정책의 실패사례이다. '억지'란 도발하거나 공격을 계획한 국가에게 공포심 즉 도발한 뒤에도 엄청난 피해를 입게 될 것이라는 확신을 주어 도발과 공격을 단념하게 만드는 것이다. 그런 점에서 2차 대전은 히틀러를 억지실패로 벌어진 전쟁이다. 그를 억지할 기회는 여러 차례 있었다.

히틀러는 계획된 전쟁범죄자이다. 그는 지도자가 되기 전부터 '독일의 천년왕국을 위한 전쟁'을 공언하였다. 1933년 가장 민주적인 헌법을 가지고 있던 바이마르공화국에서 민주적인 선거 이후, 당시 독일의 사회 혼란을 해결해줄 것을 기대한 정치지도자들과 시민들은 히틀러를 지도자로 열광적으로 추대하였다. 그 후 히틀러는 의회에 불을 질러 자신의 정치적 모태인 민주주의를 살해하였다. 1935년 3월 16일 1차 대전 패전국인 독일에 족쇄였던 베르사이유 조약을 파괴하는 재군비를 선택하고 징집을 선포하였다. 해군보유, 공군보유로 기존의 국제제재를 비웃었다.

이 과정들에서 단합된 국제제재가 이루어졌다면 독일의 팽창은 억지되었을 것이다. 하지만 당시 가장 강력한 국가인 미국은 유럽 문제에 관심이 없었다. 또 현실적으로 국제제재를 주도해야 했을 리더인 영국은 독일에 제재를 가할 생각이 없었다. 독일은 소련지원 하에 이미 공군을 육성 중이었는데, 1935년 영국은 이 비행훈련을 참관하기까지 했다. 영국 지도자들은 자신들이 합의해 만든 독일의 공군보유금지 규정을 스스로 어긴 것이다. 히틀러를 관리할 수 있다는 헛된 망상을 가지고.

2차 대전으로 가는 길목에서 여러 번 히틀러를 억지할 수 있는 기회가 있었다. 실제 크게 보면 2차 대전을 억지할 수 있었다는 두 가지 입장이 있다. 하나는 1936년 독일의 라인란트(라인강 연안지역)에 대한 군대 파견에 대한 프랑스와 영국의 강경 대응이 가능했다는 주장이다. 두 번째는 1938년 뮌헨회담 당시 독일에 대해 영국과 프랑스가 강경조치를 취했어야 한다는 주장이다. 개인적으로는 첫 번째 입장이 더 타당하다고 본다. 그럼 어떤 일이 있었는지 당시로 돌아가 보자.

라인란트 지역은 독일이 서진할 수 있는 전략적 요충지였다. 전략적 요충지에 군대를 배치한다는 것은 언제든 자신이 현상타파를 할 수 있다는 의심을 살 수 있다. 어떤 국가가 이 행위에 대해 관용을 베풀 수 있겠는가? 그렇다면 당시 프랑스는 독일보다 막강한 군사력을 보유하고 있었는데 왜 독일의 이런 행위에 가만히 있었을까?

사진출처 : 오마이뉴스 블로그

1936년 히틀러는 1925년 로카르노 조약(독일의 스트레제만 수상이 제안했던 라인란트에 자발적으로 무장을 하지 않겠다는 약속)을 깨고 3개 대대 1,500여 명에 불과한 소규모 군대를 라인란트에 진주시킨다. 진주에 대한 명분은 1935년 프랑스가 소련과 동맹을 체결했는데, 이것이 먼저 로카르노 조약 위반이라는 것이다. 그리고는 히틀러는 "독일은 결코 평화를 깨지 않을 것이다."라고 선언하며 양면전술을 구사했다. 자신은 현상타파를 원하는 것이 아니며 앞으로도 로카르노 조약을 준수할 것이고, 더 나가 군축회담까지 제안한다. 전형적인 기만전술을 사용한 것이다. 영국 사회는 바로 이 평화공세라는 미끼를 물었다.

1936년 히틀러의 라인란트 진주는 군사적으로 엄청난 모험이었다. 당시 히틀러는 독일 군부를 완전히 장악하지 못하고 있었다. 자칫 군부 내의 쿠테타도 가능한 상황이었다. 그러나 모험적인 히틀러는 영국과 프랑스를 시험해보고 싶었다.

객관적인 힘의 관점에서 볼 때 히틀러의 행동은 자살과도 같은 것이었다. 육군전력에서 프랑스는 76개의 육군사단이 있었고 프랑스의 동맹국인 벨기에도 21개 사단이 있었다. 반면에 1935년 재군비를 시작한 독일은 고작 32개의 사단만 보유하고 있었다. 영국과 프랑스의 해군력과 공군력은 이제 막 군비를 증강하는 독일과 비교할 차원이 아니었다. 실제 히틀러도 "라인란트 진군 이후 48시간이 가장 조마조마한 상황이었다. 만약 프랑스군이 진격해왔으면 우리는 도망쳐야 했을 것이다. 우리의 군사력으로는 경미한 저항도 제대로 하지 못했을 것이다"라고 후에 진술했을 정도였다.

프랑스의 압도적인 군사력 우세라는 객관적 상황에서 볼 때, 프랑스는 독일을 혼자서도 충분히 억지할 수 있었다. 프랑스 군대의 일부만이라도 라인란트에 파병했다면 독일군대는 줄행랑을 쳤을 것이다. 실제 당시 블롬베르크 독일 국방장관은 프랑스 군이 반격하면 철수할 복안을 세워두고 있었다.

하지만 프랑스는 반격하지 않았다. 프랑스는 영국에 긴급히 외무장관 에티앤느 플란당을 보내 공동대응을 강구했다. 하지만 이미 평화공세의 미끼를 문 영국은 플란당 장관을 만나주려 하지 않았을 뿐 아니라 만난 자리에서도 '영국은 프랑스를 지원할 생각이 없고 독일이 위협이라고 생각하지 않는다는 점'을 확인시켜 주었다. 그렇게 시간은 지나갔고 프랑스는 반격의 시기를 놓쳤다. 프랑스의 우유부단함과 동맹국 영국의 배신은 결국 독일군대의 라인란트 진주를 기정사실화 했다. 독일이 가장 약할 때 가장 손쉬운 억지조차 실패한 것이다.

이 사건으로 히틀러는 한 가지 교훈을 몸소 체험한다. 민주주의국가 영국과 프랑스는 겁을 주면 달아난다는 교훈. 이후 브레이크가 없이 독일은 2차 대전으로 질주했다. 1939년 독일이 폴란드를 침략하고서야 영국 지도자들은 자신들이 독일을 통제할 수 있다는 환상에서 깨어났다. 또 초지일관으로 질서를 파괴해온 히틀러에서 "환몽(disenchantment)"하였다.

비극은 작은 일에서 시작된다. 최근 문재인정부의 외교에 대한 우려와 비판이 많다. 한국은 현재 다양한 의제에 싸여있다. 한미동맹 내부 의견조율과 한미 FTA재협상 문제와 세이프가드문제, 중국과의 사드(THAAD)문제, 북한 핵 문제와 올림픽선수단 문제, 일본과의 위안부협상 문제. 중국과 러시아의 군사협력강화문제 등등. 게다가 주변 국가들 지도자 모두 스트롱맨들이다. 그러니 신중하고 또 신중해야 한다. 상대적 약소국은 그래야 한다. 이런 상황을 헤쳐가려면 친구와 적을 정확히 구분하고 작은 일부터 관리하는 원칙이 무엇보다 중요하다.

나의 지도교수님이신 강성학 교수님께서는 『죽어도 사는 사람 : 불멸의 링컨 유산』에서 한국의 현재 어려운 상황을 헤쳐 나갈 리더십의 중요성을 강조하시면서 "바보는 직접 경험으로만 배우는 법"이라고 일갈하셨다. 발톱이 아파본 사람은 발톱이 작지만 얼마나 중요한지를 안다. 모든 이들이 발톱을 뽑아봐야 발톱이 중요하다는 것을 배울 필요도 없으며 배워서도 안 된다. 그래서 지금 대한민국의 외교가 걱정이다.

 그럼 지금은?

정부의 외교정책에 대한 평가는 정부에 대한 선호에 많은 부분 좌우된다. 정부의 선호는 이념이라는 가치관에 영향을 받는다. 따라서 외교정책에 대한 평가도 이념이나 도덕과 같은 가치관에 의해 이루어지는 경우가 많다. 외교에서 가장 중요한 기준인 '객관적인 국가이익'이라는 것도 어떤 가치관으로 보는지에 따라 달라지기 때문이다. 그래서 외교정책도 항상 논쟁거리가 된다. 게다가 몇 가지 선택지가 있을 때는 정부가 어떤 선택을 했는지 역시 해석의 영역이 된다.

그러다 보니 결과론적 사고를 중시하는 국제정치학의 현실주의이론가들과 동기를 강조하는 자유주의이론가들이 국가의 외교정책에 대한 논쟁을 많이 한다. 유화정책의 대표적인 정치인인 영국의 채임벌린도 평화를 위해 뮌헨을 찾아갔다. 하지만 그렇게 얻은 '일시적 평화'는 이후 6년짜리 전쟁(2차세계대전)으로 귀결되었다. 상대방에 대한 지나친 확신과 내가 이 상황을 통제할 수 있다는 믿음이 '선한 동기 + 나쁜 결과'의 조합을 만든 것이다.

하지만 '선한동기 + 좋은 결과'도 가능하기에 현실주의자들과 자유주의자들의 논쟁은 끝이 날 것 같지 않다. 그래서 역사를 동원하고 수많은 사례들을 동원하여 자신의 입장이 더 우월함을 논증하고자 하는 것이다. 인류가 지속되는 한 끝나지 않을 논쟁이다.

일상이 정치: 미식, 세대, 지정학

02 2014. 7. 31.
지정학의 부활 (1)

지정학이 부활하고 있다. 최근 '국제'정치나 동아시아 '지역'정치 모두에서 지정학이 주목받고 있다. 과거의 이론이자 제국주의의 잔재로 여겨지던 지정학이 주목을 받고 있다는 것은 지리와 자원과 이들에 대한 전략적 활용이 다시 중요해지고 있다는 것이다. 아니 정확히 말하자면 다시 중요해진 것이 아니라 계속 중요했는데 중요성에 대한 사람들의 관심이 돌아온 것이다.

미국은 셰일가스가 개발되면서 다시 패권을 유지할 수 있는 계기를 만들고 있다. 석유 부족이라는 제약조건을 극복한 것이다. 자원전쟁에 다시 돌입할 수 있게 된 것이다. 중국은 해안지역 중심의 성장전략에서 대동(大同)을 꿈꾸는 사회로 가기 위해 내륙개발에도 박차를 가하고 있다. 내륙개발정책은 중국 내부의 발전전략이자 타국가들과 공조가 필요한 전략이 되었다. 동북삼성을 개발하는 것과 관련해 중국은 러시아와 북한의 협력이 필수적으로 된 것이 대표적인 사례이다. 일본은 군사력증강을 꾀하면서 해군력을 대양해군으로 확대하고자 한다. 중국을 견제하면서도 자국의 위상을 확대하려는 조치인데, 이로 인해 과거 일본침략을 경험한 국가들은 다시 안보불안을 느끼고 있다. 북한의 지하자원이 중요하게 되는 것 역시 같은 맥락이다. 러시아는 극동지역의 가스관 연결사업과 함께 시베리아철도와의 연계 사업을 통해 유럽과 동아시아의 물류를 획기적으로 개선하려는 사업도 진행 중이다. 북극해가 녹으면서 해로가 생기고 있고, 이 해로를 이용하기 위해 그리고 해로를 통해서 제기될 수 있는 위협에 대처하기 위해 관련 국가들은 새로운 해양안보전략을 구축하고 있다.

동아시아 외환위기, 미국 금융위기. 그리고 유럽 재정위기를 거치면서 세계 경제의 흐름이 아시아로 이동하고 있다. 이 역시 지리적 공간이 정치를 넘어 경제적으로 중요하다는 점을 보여준다. 게다가 한류는 지리를 새롭게 자극한다. 문화가 어떻게 지리적 범위를 넘어서는지를 가장 잘 보여주는 사례다.

지리적 공간이 중요하게 되면서 지리적 공간을 활용하는 전략 차원에서 지정학이 부상하고 있다. 그런 점에서 지정학을 간략히 다룬다.

지정학은 지리적 공간을 다룬다는 점에서 '변수(variable)'라기 보다는 '상수(constant)'에 가깝다. 지리적 공간은 짧은 시간 내에 변하지 않는다는 점에서 항상 일정하게 고려하는 요인 즉 상수다. 하지만 지리적 공간에 있는 자원과 기술을 통한 지리의 활용은 변하기 마련이다. 영국이 전함의 연료를 석탄에서 석유로 바꾸면서 내연기관의 변화가 일어난 것을 보라. 그런 점에서 지정학에는 변수가 될 수 있는 요인들도 있다. 그래서 지정학적인 중요성은 시기에 따라 달라질 수 있다.

지정학은 18세기에 만들어진 이론으로 19세기에 들어와서 자리를 잡은 국제정치학에서 가장 오래된 이론이다. 생물학의 진화론적 관점이 사회과학에도 영향을 미쳐서 사회를 마치 생물체처럼 인식하게 되면서 발전한 사회유기체론이 지정학의 뿌리를 만들었다. 이후 '지리적 공간'과 '인적 자원'과 '시간'에 대한 3가지 요인이 복합적으로 작동하는 지정학이 체계화되었다.

지정학은 국제정치학이 현대적으로 자리 잡기 전에 가장 발전한 이론 분야다. 미국의 마한(A. Mahan)제독은 해양력의 중요성을 이론화하다. 영국의 맥킨더 경(Sir Halford John Mackinder)은 대륙이라는 지리적 공간의 중요성을 강조했다.

역사적 차원에서 지정학은 과학기술의 발전과 맥을 같이 하고 있다. 미국의 남북전쟁 시기 철갑선의 중요성이 부각되었다. 이후 증기기관이 철갑선을 신속하게 이동할 수 있게 하면서 전함 공간은 확대되었다. 늘어난 배의 공간은 전함에 부착된 함포의 규모를 키울 수 있게 되었고, 커진 함포는 해안선을 따라 구축된 도시에 대해 엄청난 규모의 포격이 가능해

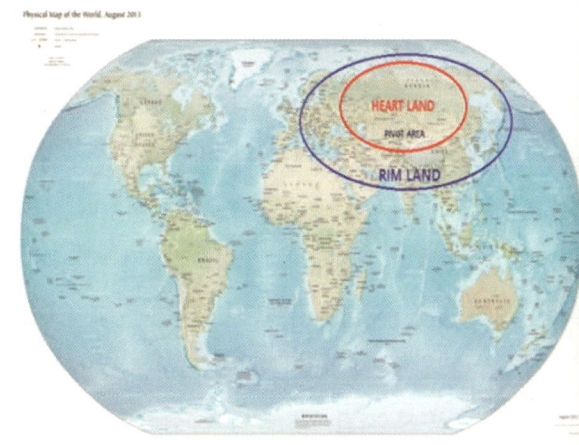

맥킨더의 심장지역이론. 심장지역을 지배하면 세계를 지배할 수 있다.
사진 출처 : 오마이 뉴스

졌다. 과거처럼 배에 병사들을 실어 나르는 것이 중요했던 시기를 지나, 포격으로 상대국의 육군을 무력화할 수 있게 되면서 바다라는 지리적 공간은 이제 제약조건이 아니라 새로운 공격을 가능하게 해주는 한 가지 대안이 되었다.

이런 역사적 배경 아래 미국의 마한 제독은 해군력 강화를 주된 전략으로 하는 방안을 제시하였다. 미국의 지리적 조건에서 볼 때 양면의 바다를 지켜야 하는 것은 안보적으로 중요하다. 해군력은 반대로 미국이 확장할 수 있게 만들어 줄 것이다. 실제 마한이 제안한 파나마운하건설은 이러한 해양력 활용에 있어서 묘수가 되었다. 운하는 미국이 동부와 서부의 해군력을 자유롭게 이동시킬 수 있게 해주었을 뿐 아니라, 미국이 육군 대신에 해군력을 키울 수 있게 해주었다.

넓은 바다는 미국이 자국을 지키는데 중요한 요인이지만, 해외로 눈을 돌리는데 명백한 제약조건이기도 했다. 다른 나라가 미국을 공격하기 위해서 이동해야 하는 만큼 미국도 이동해야 하기 때문이다. 미국의 해외교역이 증가하였고, 이것은 상선과 상선의 보호를 위한 군함의 건조를 동시에 촉진하였다. 1898년 문호개방정책 표명과 함께 미국이 스페인을 몰아내고 필리핀을 식민화할 수 있었던 것은 결국 해군력 때문이다.

유럽의 영국과 독일에서도 지정학은 발전하였다. 영국은 지리적으로 작은 섬에 불과하며, 자급자족은 불가능하다. 나폴레옹이 제국을 확장하면서 '대륙봉쇄령'으로 영국에 대해 물자이동을 금지했던 경험에 비추어 볼 때, 영국은 자원확보를 위해서는 필사적으로 해외로 나가야 한다. 그런 상황에서 유럽 경쟁국가들 사이에서 유럽을 장악할 패권이 등장하는 것을 막는 것이 영국으로서는 중요했다. 이런 아이디어에 기반을 두고 핼포드 맥킨더는 유럽의 '심장지역(heart land)'을 장악하는 것에 대비하라는 이론을 구축한다. 1900년대 제국주의 시대 국가들의 불안을 그대로 보여주는 이러한 논리의 중심은 국가가 마치 하나의 생명체와 같다는 것이다. 생명체의 확장-쇠퇴의 주기처럼 국가도 확장-쇠퇴의 주기를 가진다는 것이다.

독일인들은 우수하지만 독일이란 국가는 대륙 내에 자칫 고립될 수 있는 위치에 있었다. 독일은 프랑스와 오스트리아 러시아와 같은 대륙 국가와의 경쟁에서 살아남아야 했다. 인구열세를 극복하면서 유럽 내에서 자신의 입지를 키우기 위해서 독일은 지정학에 초점을 두었다. 칼 하우스호퍼를 기반으로 하는 독일의 지정학은 독일이 생존할 수 있는 공간을 확보하는 것에 집중하였다. 그의 이론은 히틀러를 자극하였고, 히틀러는 독일의 '생존 공간(lebensraum)'을 확보하는 천년왕국을 계획하였다.

일본은 독일 지정학을 모방하여 자신의 지정학 이론을 세웠다. '대동아공영권'은 일본판 생존공간(lebensraum)이었다. 미국과 같은 대국을 상대할 때 자신의 공간을 최대한 확대하여 방어선을 넓히면서, 인도네시아와 인도차이나의 자원과 인구를 이용해서 자신의 능력을 미국에 육박할 때까지 확장한다는 것이 대동아공영권의 논리다. 이런 논리에 기초해 일본은 권역을 구분하여 지리적 공간과 자원의 배분을 전략적으로 활용했다.

지정학과 관련해서 일본에 재미있는 일화가 있다. 일본은 2차 대전 직전에 '야마토호'를 건조했다. 당시 최대전함인 야마토호의 길이는 262m이고 높이는 51m이며 폭은 38.8m에 달했다. 야마토호의 주무기는 460mm함포였다. 야마토호는 18.1 인치나 되는 이 함포를 9문이나 탑재하였다. 이 함포는 인류가 만든 함포 중 최대 구경이었다. 이 포를 통해서 승용차 무게가 되는 1.36톤짜리 포탄을 30초당 1발씩 발사했는데 함포의 사거리는 42km나 되었다. 18인치나 되는 함포로 무장한 배를 만들려면 배의 폭이 넓어야 한다. 그래서 38m가 넘는 폭을 가지게 된 것이다. 그런데 이 38m에 달하는 폭은 파나마운하를 염두에 둔 것이다. 파나마운하의 폭이 32m이기 때문에 일본은 미국이 이 폭 이상의 전함을 구축하기 쉽지 않고, 만약 폭이 넓은 전함을 구축한다면 운하를 이용할 수 없다는 계산으로 만든 것이다.

일본 전함 야마토호. 대전함시대를 상징하는 이 배는 미국 전함에 의해서가 아니라 미국 항공기에 의해 격침되었다. 전함끼리의 전쟁을 예상하고 만들었지만, 배의 운명은 그렇지 못했다.

사진 출처 : 한겨레

일상이 정치: 미식, 세대, 지정학

03   2014. 8. 21.

지정학의 부활 (2)*

지정학은 지리적 공간을 어떻게 활용할 것인가를 다룬다. 집 공간을 최대한 잘 활용하기 위해서는 집안의 가구와 소품들을 어떻게 배열할지를 결정하는 것이 중요하다. 마찬가지로 국가도 자신에게 주어진 공간을 어떻게 활용하는 것이 최선의 방식인지를 세심하게 다룬다. 그런데 지리적 공간은 변하지 않기 때문에 국가가 지리적 공간을 활용하는 방법은 변하기보다는 연속적 성격이 강하다. 하지만 반드시 지정학이 같은 방식으로 운영되는 것은 아니다. 기술의 변화가 지리를 활용하는 방식을 변화시키기 때문이다. 앞에서 본 사례처럼 1차 세계대전에서 영국이 전함의 연료를 석탄에서 석유로 바꾸면서 석탄을 대체하는 석유시대가 열리고 이로 인해 중동이 관심을 받게 되었다. 마찬가지로 최근 미국의 셰일가스

---

* 앞의 칼럼의 다음 편이다. 지정학은 내용이 길어서 두 편으로 구성하였다.

추출방법 개선이 미국을 셰일가스 수출국가로 만들었다.

한국은 지정학에 민감하다. 지리적 공간이 좁고 작은 반도로 구성되어 있고 주변에 해양세력과 대륙세력이 마주하고 있기 때문이다. 이러한 조건은 한국이 지정학 전략을 명민하게 구사하여야 함을 의미한다. 과거 일본이 한국침략을 위해서 한반도를 대륙을 향한 '단도'와 같은 성격을 가지고 있다고 규정한 것처럼, 한국은 한국의 지리적 조건을 이용할 수 있는 논리를 개발해야 한다. 대륙과 해양세력의 가교(bridge)를 만들겠다는 '한반도 가교론'처럼 말이다.

그렇다면 한국은 지리적 조건에서 어떤 부분을 강조해야 하는가? 한국은 해양력과 항공력을 강조하는 것이 중요하다. 지정학에서 대륙세력을 강조할 수도 있겠지만 한국의 지리조건에선 해양력이 가장 중요하다. 한국경제에서 차지하는 수출입의 비중은 34%대 정도가 된다. 대외의존도는 측정하는 기관마다 차이가 있지만 대략 92% 정도 된다. 이것은 한국이 해외와 연결되지 않으면 살기 어렵다는 것이다. 그리고 해외와의 연계의 핵심은 여전히 해양이다. 물동량의 90%가 바다를 통해서 이루어지기 때문이다.

해상수송로(SLOC)를 확보하고 수송로의 안전을 지키는 것이 중요하다. 해양의 길과 통신망이 연결된 해상수송로를 어떻게 유지하는가는 국가의 존망과 관련되어 있다. 그리고 바다의 수송로 확보를 위해서는 하늘도 지켜야 한다. 초음속 제트기 시대에 한반도는 1시간이 안 되어 횡단할 수 있다. 따라서 항공력을 이용해서 한국의 영공뿐 아니라 수송로의 안전도 지켜야 한다.

하지만 영공을 지켜내는 공군력의 확장은 상당한 비용을 감내해야 하며 주변 국가들의 안보전략에 대해 미치는 영향이 크다. 이 때문에 한국은 방어적 입장에서 전략을 짜야 한다. 현재 한국의 주력기인 F-15의 작전 거리를 감안할 경우 일본의 본토와 중국의 해안라인이 포함된다. 지금 진행되고 있는 차세대전투기 사업의 경우도 현재와 미래 안보위협 모두를 고려해야 한다. 최근 중국과 일본의 군사력 증강 특히 해군력 증강을 감안하면, 한국도 장기적으로 지역분쟁과 이에 대한 대비책을 고려할 필요가 있다.

무엇보다 중요한 것은 해양의 이용을 자유롭게 하고 해양의 안전을 확보하는 것이다. 이것은 군사안보전략에서 해군력을 강조하게 된다. 그런 점에서 과거의 이론가지만 해양력(sea power)을 강조했던 마한의 이론과 아이디어를 살펴보는 것은 현재에도 의미 있는 일이다.

알프레드 세이어 머핸(Alfred Thayer Mahan, 1840년- 1914년)은 미해군 제독이자 해군대학의 교수였다. 그는 자신의 경험에 기초하고 과

해양력을 강조했던 알프레드 마한. 그의 주장은 100년 뒤 미국이 패권이 될 수 있는 기초를 만들었다.

사진 출처 : 블로그 세상 나들이

거 유럽의 역사에 기반하여 해양력의 중요성을 이론화했다. 그가 말하고자 했던 해양력(sea power)은 단지 해군력만을 의미하는 것은 아니었다. 그에게 해양력은 해군력과 물류와 해운을 합친 개념이다. 그의 주장의 핵심은 다음과 같이 요약될 수 있다. "해양력을 지배한 국가가 세계를 지배한다."

역사적으로 볼 때 지리적으로 불리한 조건과 역량에도 불구하고 영국이 세계패권이 될 수 있었던 것은 영국이 해군력을 쥐고 있었기 때문이다. 식민지를 통해서 물자를 공급하고 이것을 지켜낼 수 있는 해군력이 있었기 때문에 영국은 유럽에서 작은 영토와 부족한 인구에도 불구하고 세계 패권이 될 수 있었다. 반면에 대륙에서 비교되는 프랑스는 해군력을 키우지 않게 되면서 19세기 들어 식민지를 상실하게 되었고 결국 영국에 지배력을 내주게 된 것이다. 마한은 1889년 자신이 해군대학의 교장으로 있을 때 『해양력이 역사에 미치는 영향』을 저술한다. 이 책에서 마한의 주장은 간단하지만 명확하다. 미국이 해양력을 키워야 한다는 것이다. 그가 볼 때 바다가 점차 중요해지고 있는 시점에서 해양력은 자국의 항구를 보호하고 항구와 항구를 이어주는 운송에 중요한 해양수로를 장악하게 한다.

이 책에서 마한은 4가지 제한을 했다. 첫 번째 미국이 해양수로를 지키기 위해서는 대양해군을 육성해야 한다. 이를 위해서는 먼 바다까지 작전을 수행할 수 있는 거대한 전함들이 필요하다. 두 번째로 해외에 해군기지가 있어야 한다. 전함이 작전을 하기 위해서는 물자와 연료를 채워야 하는 해군기지가 필수적이다. 따라서 대양해군을 건설하고 자국의 해군력을 투사하기 위해서는 기지가 반드시 필요하다. 세 번째 파나마운하를 건설해야 한다. 미국이 대서양과 태평양의 양면을 지배하기 위해서는 파나마운하를 통해서 해군력을 이쪽 바다에서 저쪽 바다로 신속히 이동시킬 수 있어야 한다. 마지막으로 하와이를 식민지로 만들어야 한다.

마한의 제안은 장기적으로 미국 해군정책에 영향을 주었지만, 자신이 책이 나오고 나서 바로 미국의 해군 정책을 바꾸지는 못했다. 하지만 아메리카대륙이라는 천혜의 요새와 같은 섬으로 구성된 지리적 위치에 있는 미국입장에서 해군력 증강은 필수적이었다.

마한의 주장은 미국보다는 다른 국가들에서 더 먹혔다. 당시 독일의 빌헬름 황제는 마한의 책을 읽는 것이 아니라 "먹고 있다"고 말할 정도로 빠져있었다. 결국 마한은 독일이 해군력을 증강하면서 제국주의로 나가는 데 일조했다. 한편 메이지유신을 마치고 성장하고 있던 일본의 해군도 이 책에 관심을 가졌다. 훗날 일본 해군이 러일전쟁에서 승리하는데도 영향을 끼치게 되었다. 마한의 대양해군을 키우라는 조언은 당시 강대국들의 해군력 증강으로 이어졌고 이것은 제국주의 정책을 정당화하였다. 궁극적으로 이러한 제국주의경쟁이 1차 대전으로 가는 동력이 되었다는 점에서 마한의 이론은 비판받을지 모른다. 하지만 미국이 1, 2차 대전의 승전국이 된 것도, 해군력을 기반으로 하여 세계패권이 된 것도 마한의 영향이 크다고 볼 수 있다. 현재에도 세계에서 유일하게 해군력을 통해서 세계바다를 지배할 수 있는 것은 미국뿐 이다.

마한의 영향은 여전하다. 지금 현재 미국해군도 마한을 배운다. 물론 한국 해군에서도 마한을 배운다. 그뿐만 아니라 중국해군과 일본 해군도 마한을 교과서로 배운다. 그렇게 보면 동북아시아 지역의 해군전략은 마한이라는 공통된 스승을 가지고 있다. 중국이 2020년까지 대양해군력을 구축하고자 하는 상황에서 일본 역시 해군력 증강을 꾀하고 있다. 일본은 자신이 자위대를 해외에 파병하여 자국의 위상학보를 위해서는 대양해군이 필요하다는 논리를 내세우고 있다. 전통해양 강국인 미국과 일본이 있고 신흥 해양강국이 되고자 하는 중국이 가세하면서 동북아시아 지역은 해군력 경쟁의 거대한 소용돌이가 되고 있다. 한국 역시 이들 틈바구니에서 자신의 목소리를 찾고 자신의 역량을 찾아야 한다. 장기적으로 볼 때 경제력을 키우면서 해양력 특히 해군의 역량을 좀 더 강화해야 한다. 그런 점에서 그동안 이지함과 상륙함을 구비했다고 자랑하는 우리 해군력이 과연 그 목적을 달성하고 있는지 따질 필요가 있다. 그간 정치 논리에 의해 그 목적을 다 하지 못하고 있는 것은 아닌지 자문해 볼 때이다.

 그럼 지금은?

이 글을 쓸 때 한국은 해군 정책에서 오락가락할 때였다. 이지스함의 수를 줄이고 전단 배치를 축소하겠다고 했다. 이후 지역정세가 달라지고 북한 도발이 강화되면서 다시 전단배치도 조정되었고 이지스함도 6척까지 확보하는 것으로 바뀌었다. 한국이 미국, 일본, 중국, 러시아의 해군력을 따라가는 것은 어렵다. 돈이 많이 든다. 하지만 해양력이 중요해지고 있는만큼 한국도 해군력을 확대하는 것이 필수적이다.

일상이 정치: 미식, 세대, 지정학

04　　2015. 12. 3.

해군력, 복고시대로의 회귀

　　요즘 복고가 유행이다. 드라마 '응답하라 1988'이 그 중심에 있다. 가난에서 서서히 벗어나면서 사회가 무척 빨리 변화했던 1980년대 향수가 되살아나는 것이다. 드라마의 배경이 되는 시대를 동년배로 살았고 쌍문동에서 살았던 탓에 남의 일 같지 않게 드라마를 즐기고 있다. 드라마에 나오는 쌍문고등학교와 쌍문여자고등학교는 실제 그 동네에는 없었다. 드라마는 경제적으로 풍족하지 않은 동네에서의 퍽퍽한 가정형편이었지만 정을 나누는 이웃들을 잘 보여준다. 그래서 과거로 돌아간 듯한 느낌을 받을 때가 많다. 소품과 음악까지.

　　이 드라마를 아버지는 못 보겠다고 하신다. 예전 생각이 나서 마음이 아프다는 것이다. 게다가 아버지는 여전히 그 동네에 살고 계신다. 요즘도 가끔 가게 되지만 큰 변화가 없이 비슷한 모습으로 쌍문동은 일상을 살아가고 있다. 그래서 그 동네를 지키고 있는 사람들과 그 동네에서 이사를 나온 사람들은 조금 감회가 다를 것이다.

과거를 기억하는 모습은 제각각이다. 지금은 먼 이야기인 양 추억으로 기억해낼 수 있는 사람이 있는가 하면 지금도 과거와 연결되어 있어 과거의 고생스러운 모습만이 더 생각나는 사람도 있을 것이다. 정리하자면 관조적 입장과 실존적 입장의 차이일까?

과거는 해석의 공간이다.

복고는 일상에서만 작동하지는 않는다. 국가들 사이의 정치적 공간에도 과거는 회귀한다. 아니 정확히 말하면 회귀한 것이 아니라 과거를 이어 현재를 사는 것이다. 우리가 눈을 돌려 해양력과 해군력 경쟁이라는 관점에서 국제정세를 살펴보면 특히 그렇다. 크고 작은 사건들 사이의 경향을 볼 때 현재는 마치 드레드노트 함정들을 만들던 건함경쟁 시대로 돌아가는 듯하다.

잠깐 과거로 돌아가 보자. 영국이 1906년 처음 만들어서 다른 군함들을 완전히 구식으로 깔아뭉갠 HMS 드레드노트호는 당시 함정들은 상상하지 못했던 단일거포 함을 구성했고, 이는 해전의 양상을 변화시켰다. 이전의 함정들은 작은 포들을 여러 개 운영했기 때문에 사격통제력도 떨어지고 원활한 작전이 어려웠다. 반면에 드레드노트 함은 기존 함포운영 방식을 단일한 대구경 화포를 여러 개로 통합을 하여 단일한 지휘체계에서 운영함으로써 명중력을 높이고 사거리를 높임으로써 과거와는 다른 시대를 만들어냈다. 영국의 드레드노트 함의 건조는 다른 국가들을 건함경쟁으로 이끌었다. 또 미국이 2차 대전에서 항공모함으로 전함을 격침하면서 항공모함의 시대로 변경할 때까지 거포 전함 시대를 이끌었다. 건함경쟁은 국가들을 엄청난 부담으로 이끌었다. 드레드노트를 구매해 전함 경쟁에 뛰어들었던 일본이 당시 돈으로 영국에서 함포구매비로만 사용한 돈이 포 한문당 81만 엔이고 한 척에 12문의 포를 달 때 포의 가격만 977만 엔이었다. 1907년 일본 육군 전체 예산이 1억 2천만 엔을 넘어서는 정도였고 해군 예산의 경우 7천 2백만 엔이었다는 점을 고려하면 엄청난 비용부담이라고 할 수 있다.

지엽적인 이야기에서 돌아와 현재의 해군력 경쟁을 보면 과거 해군력 증강을 외치던 시절과 많이 닮아있다. 이는 해군력에 있어서 마한(A.

기존 군함에 충격과 공포를 가져다줬던 드레드노트. 이 군함은 기존에 없던 무기 체계를 통해 다른 군함들을 휴짓조각으로 만들어버렸다.

사진출처 : 위키백과사전

Mahan)이라는 인물의 영향력이 크기 때문이다. 1889년 마한은 자신이 해군대학의 교장으로 있을 때 『해양력이 역사에 미치는 영향』이란 책을 저술했고 이 책은 당시 뿐 아니라 현재까지도 해군력을 강조하는 이들의 바이블이다.

이 책을 통해서 마한은 미국에게 해양력을 증대하기 위해서 4가지 제안을 했다. 마한의 주장이 당시에 바로 채택되지는 않았지만, 이후에 모두 실현되었다. 300만 인구의 농경 국가로 시작한 미국이 1945년 이후 자유민주주의를 기치로 하여 동맹 국가들을 보호하면서 국제질서를 지배할 수 있었던 것은 미국의 막강한 해군력 때문이다. 현재도 미국은 항공모함 전단을 10개 운영하고 있고 제랄드 포드호를 2016년에 인도받으면서 11개의 항공모함으로 세계의 바다를 지배하고 있다.

강력한 미국의 해군력 독주시대를 다시 해군력 경쟁시대로 회귀시킨 것은 중국 해군이다. 마오쩌뚱은 1949년 장개석을 추격하여 공격할 수 있는 변변한 함정이 없었다. 그런 중국해군이 이제 지역질서를 규정할 수 있을 정도로 성장하고 있다. 등소평 시대 류화칭 제독이 만든 도련선 개념을 중심으로 중국해군은 1980년대부터 전략적으로 해군력을 증강하고 있다. 이런 중국의 최근 행보가 새로운 해군력 경쟁 시대를 열어가고 있다. 아직 중국해군이 미국의 해군력과 기술력에 필적한다고 보기는 어렵지만.

중국의 함대들이 더 많은 함정을 보유해가는 것 보다 눈여겨보아야 할 것은 중국이 전략적으로 접근하고 있다는 것이다. 1982년 중국해군 사령관인 류화칭이 세운 도련선 개념은 2040년까지 태평양의 제해권을 장악하는 중국해군 전략을 규정하였다. 이후 중국이 보여준 전략은 방어력의 확보와 억지력의 확보를 통해서 미해군의 접근을 저지하는 것이었

중국의 두 번째 항공모함 '산둥호'. 중국 최초의 국산 항공모함이다. 첫 번째 항공모함은 '랴오닝호'다. 중국이 항공모함을 가지고 있지만 아직 중국과 미국의 기술 격차는 크다. 미국은 신식 핵추진 항공모함을 가지고 있는데 비해, 중국은 석유스팀터빈 방식을 쓰고 있다. 미국 항공모함은 20년간 연료 보급이 필요 없는데 비해, 중국항공모함은 이틀을 못간다.

사진출처 : 조선pub - 조선일보

다. 최근 중국은 경제력성장이라는 자신감에 기초해 억지전략에서 밀어내는 전략으로 점진적인 변화를 꾀하고 있다.

눈여겨볼 것은 중국이 차근차근 마한의 4가지 전략을 자신들에게 적용하고 있다는 것이다. 첫 번째 중국은 대양해군으로 가고 있다. 중국인들의 숙원사업인 항공모함 보유는 중국인들의 민족주의적 자부심을 끌어내고 있다. 현재 항공모함을 두 척 더 건조 중인 것으로 알려진 중국해군은 '연안' 방어가 아닌 대양으로 가기 위해 러시아와 군사훈련을 지속적으로 하고 있다. 2014년 인도양에서 그리고 2015년 봄 지중해에서의 러시아해군과 수행한 합동훈련은 대양해군으로 인정받고 싶은 중국의 속내를 상징적으로 드러내준다.

두 번째, 중국은 해외에서 해군기지들을 늘리고 있다. 진주목걸이 전략으로 불리는 해양전략을 통해 중국은 인도양을 거쳐 아프리카와 유럽으로 갈 수 있는 지역들에 해군기지를 점진적으로 구축하고 있다. 2015년 11월 중국은 아프리카 지부티에 군사기지 건설을 합의했다. 이것으로 중국은 아덴만을 통해 아프리카지역에서의 해군력 사용을 가능하게 하였다. 2015년 봄에 중국은 파키스탄의 과다르항을 43년간 장기 임차하는 계약을 체결해서 인도양에 본격적으로 진출할 수 있는 거점을 확보했다. 또 말레이시아 코타키나발루, 캄보디아의 시아누크빌, 미얀마의 시트웨, 방글라데시 치타공, 스리랑카의 콜롬보, 몰디브에 항만을 건설해주고 군함이 사용할 수 있게 항구이용권을 확보하였다. 이로써 중국은 미국의 해상 봉쇄로를 우회하는 길을 열면서 '일로' 정책으로 이 지역에 대한 경제적 접근을 병행하고 있다.

세 번째, 중국은 태국과의 '크라'운하 건설을 협상중이고, 니카라과 운하 건설에 참여하기로 결정했다. 태국과의 크라 운하는 미국의 말라카 해협통제를 우회하기 위한 것이고, 니카라과 운하는 중남미 국가들과의 교역확대를 위해 파나마운하를 우회하려는 조치다. 미국의 코앞에 중국자본이 들어오는 것은 전통적인 미국의 '먼로 독트린'에 대한 도전이다.

네 번째, 중국은 식민지를 대신하여 영토분쟁에서 영유권을 주장할 뿐 아니라 남사군도에 인공섬을 건설하고 이곳에 비행장을 만들고 있다. 중국해공군력의 확장을 위한 인공섬 건설은 미국의 제해권에 대한 강력한 도전이다.

이처럼 미국을 견제하고 미국을 넘어서기 위한 중국의 '마한전략' 활용은 막대한 해군력 증강과 이에 따른 안보경쟁을 통해 1차 대전을 이끌었던 1910년대를 다시 재현해내는 듯하다. 미국의 경제와 일본의 발 빠른 대응 속에서 해군력 증강의 복고시대가 열리고 있다. 그런데 한국은 지금 어디에 있는가?

그럼 지금은?

미국을 이해하기 위해서는 '먼로 독트린'에 대해서 알아야 한다. 미국의 먼로 대통령은 1823년 이제 막 만들어져 약하기 짝이 없던 당시에 "미국은 유럽에 간섭하지 않을테니 유럽도 아메리카 대륙에 간섭하지 말라"는 독트린을 폈다. 만약 유럽 국가 중 어떤 국가라도 아메리카 대륙에 있는 국가를 간섭한다면 그것은 미국에 대한 간섭으로 간주하겠다는 것이다.

민병대수준의 군대 밖에 없던 당시 미국의 국력으로 보면 납득이 되지 않는 이 정책은 사실 영국의 후원하에 가능한 것이었다. 어찌 되었든 미국의 불간섭주의 혹은 고립주의의 대표격인 먼로 독트린은 야누스의 얼굴과 같다. 유럽에 대해서는 고립주의를 표방하지만 라틴 아메리카에 대해서는 미국이 보호자 더 나가 지배자가 된다는 것이다. 이후 1900년대 테오도르 루즈벨트 대통령의 강력한 군사력에 기초한 '라틴 아메리카 지배정책(일명 루즈벨트 정리)'으로 미국은 이 지역을 마치 자신의 뒷 마당처럼 만들었다. 그리고 이런 사고방식은 현재까지도 이어진다.

그런데 중국이 최근 라틴 아메리카에 접근하고 있다. 베네수엘라, 니카라과등의 국가들과 교역을 늘리고 교류를 확대하는 것이다. 이런 중국의 정책이 전통적인 미국의 영역이자 '이익선'에 대한 침입이라고 미국의 보수파들은 생각한다. 라틴아메리카를 둘러싼 지정학이 미중 갈등 중 하나가 되고 있다.

05

2019. 12. 12.

사이버 지정학 : 새로운 위협과 제도화

우리의 삶은 제도로 시작해서 제도로 끝난다고 해도 과언이 아니다. '병원'에서 태어나 '국가'에 출생신고를 하고 인생을 시작한다. 사망하면 사망했다고 '국가'에 다시 알려야 한다. 사는 과정에서도 '가족'이란 제도와 '학교'와 '직장'이란 제도 안에서 산다. 그래서 사람들은 자신들의 삶과 관련된 제도를 잘 디자인하고 운영규칙을 체계화한다. 제도와 함께 진화하는 것이다.

제도는 국가로만 국한되지 않는다. 국가 간의 관계에도 제도들은 발전해왔다. 19세기 유럽에서는 협조체제(concert system)가 있었다. 20세기에는 국제연맹과 국제연합이라는 제도가 있었다. 또 경제 제도인 브레튼우즈 체제를 구성하기도 했다. 21세기 미국의 단극은 패권체제로 제도화되고 있다.

냉전 종식 이후 지정학이 엄청난 관심을 받고 있다. 그러다 보니 바다와 육지와 공중을 넘어 우주에 관한 관심도 늘어나고 있다. 그런데 이런 현실 공간이 아닌 공간에서도 지정학적인 관심이 증대하고 있다. 바로 사이버 분야다.

미국이 인트라넷을 사용하다 이 공간을 민간까지 확대해준 것이 인터넷이다. 이제는 인터넷 없이 살 수 없을 정도로 인터넷 공간은 현실 지배적이 되었다. 사이버공간이 중요해질수록 사이버공간은 안보 차원에서도 중요해질 수밖에 없다. 사이버공간을 공격했을 때 우리의 생활이 운영이 안 될 정도라면 이 공간을 지키는 것은 국경을 지키는 것과 필적할 만하다.

2010년 이란의 원자력 시설이 공격받았다. 이 공격에 Stuxnet이라는 바이러스가 사용되었다. 이것은 미국과 이스라엘이 만든 것으로 전해진다. 이 사건이 중요한 것은 국가가 위협이 되는 국가를 상대로 사이버 공격을 했기 때문이다. 즉 국가가 주도하여 '사이버 전(cyber warfare)'을 치른 것이다.

인명피해가 크지 않은 전쟁임에도 이 사안에 많은 이들이 관심을 끌게 된 것은 크게 두 가지 이유다. 첫째, 미국이 국가 간 사이버 전쟁의 물꼬를 텄기 때문이다. 이후 다른 국가들은 죄책감 없이 미국의 선례를 따를 것이다. 일반적으로 국가들은 다른 국가의 군사전략이나 무기 체계를 빠르게 흡수하여 발전시켜간다. 그래서? 사이버 안보 분야에서도 안보경쟁을 하게 될 것이다.

둘째, 사이버 전쟁이 방어보다는 공격에 유리하기 때문에 국가들은 공격 위주의 전략을 택할 것이기 때문이다. 사이버공간에서의 공격은 누가 가했는지를 찾기 어렵다. '귀인(attribution: 어떤 사건의 원인)'을 찾는 것이 어렵다. 게다가 어렵게 IP주소를 찾아서 상대방을 찾는다고 해도 상대방에게 위협을 가해서 억지(deterrence)를 달성하는 것은 불가능에 가깝다. 억지가 가능하게 하려면 '2차 공격력(second-strike: 상대에게 공격을 받고 반격할 수 있는 군사력)'이 상대방에게 엄청난 비용을 가져올 것이라는 확신을 심어주어야 한다. 그러나 사이버공간에서 2차 공격을 해서 시스템을 파괴할 수는 있지만, 핵무기와 같은 파괴력으로 생존 자체를 위협할 수 없다. 그리고 국가들은 상대방이 어떤 방식으로 공격해 올지 알 수 없으므로 사전에 방어(defence)하기도 어렵다. 이런 상황은 사이버 분야의 안보를 다루는 이들에게 억지, 방어 대신에 공격에 정책 우선성을 부여할 것이다.

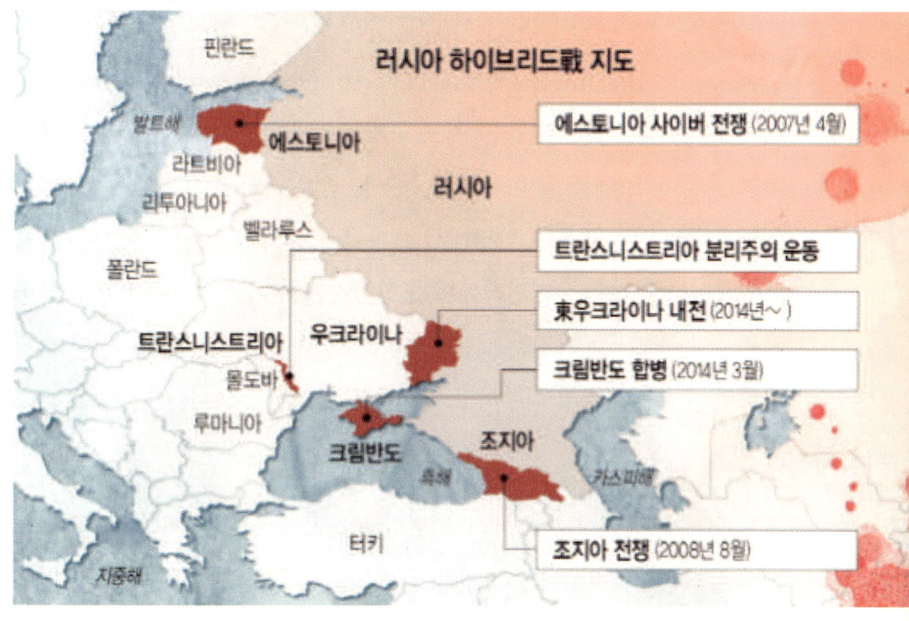

에스토니아는 2007년 사이버 공격을 받았다. 국가 간에 오프라인에서 벌어지는 전쟁에서 사이버 전쟁으로 확대된 것이다. 사이버공간도 하나의 전장터가 될 수 있다는 점에서 지정학의 공간으로 관심을 받고 있다.

사진출처 : 문화일보

게다가 공격전략은 장점도 있다. 우선 공격자 자신이 주도할 수 있다. 또한, 비용이 적게 든다. 실제 소규모의 해커들만으로 상대방을 공격할 수 있다. 이런 공격에 대해 방어자는 대대적으로 많은 인원을 동원해야 방어를 할 뿐 아니라 피해를 복구할 수 있다. 이런 상황은 국가들이 공격무기와 선제공격전략이 유리하다고 믿게 만들어 안보경쟁을 더욱 격화시킬 것이다.

이런 우려들은 사이버공간에 대한 교전이 일어나도 이를 관리할 수 있는 제도를 만들도록 압박하고 있다. 실제 2007년 에스토니아는 사이버 공격을 받아 2주간 인터넷 사용이 안 된 적이 있다. 이렇다 보니 사이버 교전에도 수칙을 만들자고 하는 움직임이 있다. 북대서양조약기구(NATO)의 협동사이버방위센터(CCDCOE)가 만든 탈린 매뉴얼(Tallinn Manual on the International Law Applicable to Cyber Warfare)이 대표적이다. 사이버 교전에서도 국가들을 규율할 수 있는 규칙을 제정하자는 것이다. 예를 들면 사이버 공격을 받은 국가는 보복할 수 있지만, 인명피해가 있는 경우에 한정해서 보복이 허용되는 것이다. 이것은 오프라인상의 전시법을 온라인상에도 도입하자는 것이다. 물론 이 규정이 국제법상의 구속력을 가지는 것은 아니다. 하지만 교전이 벌어질 것이 명확하다면 규칙을 가지고 싸우자고 말했다는 점에서는 의미가 있다.

향후 이 분야는 제도화가 더 진행될 것이다. 국가들은 자신들이 가진 자원과 기술 수준에 맞추어서 제도화 방식을 달리할 것이다. 예를 들면 미국은 다중이해당사자주의(multistakeholderism) 입장에서 비국가 행위자까지를 포함하여 제도를 만들고자 한다. 반면에 사이버 분야에서 최근 두각을 나타내고 있는 중국은 정부간주의(intergovernmentalism)를 통해서 이 분야는 정부가 주도해야 한다고 주장하고 있다.

탈린 매뉴얼은 사이버 전에서도 전시법이 적용될 수 있게 하려는 시도이다. 국제관계에서 새로운 영역인 사이버공간과 이 공간에서의 폭력 사용을 제도화하려는 노력으로 볼 수 있다.

사진 출처 : 교보문고

한국도 매일 수백만 건의 사이버 공격을 받고 있다. 인터넷환경이 발전하고 사용자가 많으므로 한국에게도 사이버공간과 이 공간의 안보는 대단히 중요하다. 그런 점에서 한국도 이 분야의 제도화에 특히 관심을 가져야 한다. 모든 것이 그렇듯이 인터넷도 음과 양이 있는 것이다.

일상이 정치: 미식, 세대, 지정학

06 2016. 10. 20.

21세기 국가이익과 대한민국

필리핀의 두테르테 대통령이 미국에서 중국으로 말을 갈아타기로 했다. 미국에서 중국으로의 전략적 이동. 두테르테의 행보는 예견되어 있었다. 올해 9월 6일 아세안정상회의에서 오바마 대통령이 필리핀 마약사범에 대한 재판 없는 총살사건으로 인권문제를 지적하자, 그는 오바마 대통령을 향해 "나는 미국의 애완견이 아니다(I am no American puppet)... 개자식, 내가 욕을 해주겠다(Son of bitch, I swear at you)."라고 진짜 욕을 했다. 화가 난 오바마 대통령이 정상회담을 취소한 것은 당연한 결과다.

두테르테의 행동은 계산된 것이다. 그는 영어로 한 번 했고 같은 내용을 필리핀어인 타갈로그어로도 하였다. 자국민들이 영어를 쓰는 데도 다시 자국어로 욕을 함으로써 국민들에게 반미정서를 극대화하고 싶었던 것이다. 민중주의 정치쇼에 오바마 대통령이 속절없이 당한 것이다.

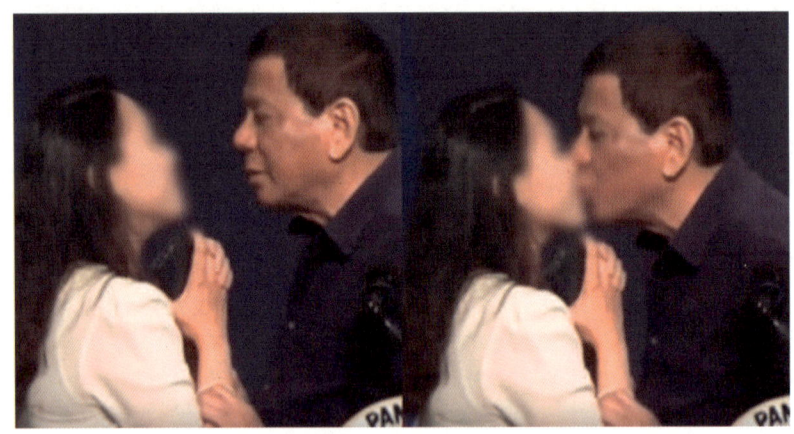

2018년 6월 방한한 두테르테 대통령은 필리핀 교민 행사에서 한 여성에게 책을 선물한 뒤 키스를 강요하다 결국 자신이 강제키스를 하였다. '마초(macho)'스러움을 어필 하는 대통령이야 원래 그런 인물이라고 쳐도 이 여성은 뭔 죄냐고요.

사진 출처 : 서울신문

이 행동은 두테르테 대통령이 7월 12일에 발표된 남중국해에 대한 상설중재재판소의 판결을 활용하기로 마음먹었다는 것을 암시한다. 남중국해에서 '구단선'을 주장해온 중국이 중재판결에서 패소한 것을 이용해서, 그는 중국을 견제하고자 하는 국가들에 대해 외교적인 지지를 구하지 않았다. 또 자신의 지지중심 축인 자국민들에게도 재판 승리를 활용하지 않았다. 재판 승리에 대해 입단속을 시키면서 시간을 벌어왔다. 때가 되자, 그는 미국을 향해서 욕설을 퍼부으면서 중국을 끌어들인 것이다.

두테르테는 동맹 관계까지 언급하면서 적극적으로 중국에 대해 구애를 하고 있다. 그는 미국과의 동맹은 유지할 수 있지만, 합동군사훈련은 더는 하지 않겠다고 발표했다. 명분은 역시 미국이 필리핀을 그동안 식민지처럼 여겼다는 점을 들었다. 한 걸음 더 나가 테러를 해결하기 위한 소형공격정이 필요한데 이를 중국에서 구매하겠다는 뜻도 밝혔다. 중국을

2016년 국제상설중재재판소(PCA)는 중국과 필리핀 사이의 영유권 분쟁에서 필리핀의 손을 들어주었다. 그러나 필리핀의 두테르테 대통령은 승소 이후 중국 행동을 강조하기보다는 중국으로부터 지원을 받고자 한다.

사진 출처 : 뉴시스

방문하기 전 홍콩 TV매체인 봉황위성TV와 진행한 인터뷰에서 필리핀은 중국과 러시아와 군사훈련을 할 의지가 있다고 밝혔다.

두테르테의 일련의 행동은 '21세기형 새로운 국가이익'의 추구라고 해석할 수 있다. 1946년 7월 4일까지 미국의 지배를 받았던 필리핀은 이후 친미국가로 분류되어 동남아시아에서 미국의 첨병 역할을 해왔다. 미국은 필리핀의 국내정치체제가 독재인지 민주주의인지 보다는 필리핀이 가진 지정학적 이익을 중시했다. 그러나 두테르테는 이전 필리핀의 지도자들과 달랐다. 그는 미국과의 관계를 주도적으로 새로 쓰고 있다.

그의 계산은 다음과 같은 가정에서 기초한 듯하다. 미국이 중국을 견제하고 동남아시아에서 지속적인 해군기지를 운용하기 위한 지정학적인 이익을 가지고 있다면 어차피 미국은 필리핀에서 손을 떼지 못할 것이다. 그러면 미국과의 형식적인 동맹 관계를 유지한다는 조건 아래, 중국과 공동 군사훈련을 수행하며 경제적 지원까지 받는다면 필리핀에는 일거양득이 된다. 중국은 일대일로를 주장하면서 태평양에서 인도양으로 나가야 하는 처지에 필리핀과의 군사적 유대관계를 만들면 '남하'정책이 자유로워질 것이다.

블라디보스톡 동방경제포럼에서 푸틴과 아베. 국제정치에서 "어제의 적은 내일의 친구가 될 수 있다"는 점을 극명히 보여준다.

사진 출처 : 뉴시스

두테르테의 계산대로 중국은 필리핀과의 관계 개선에 상당한 자원을 쏟아부을 것이다. 이것은 일대일로의 가속화에도 도움이 되지만 한편으로 민중주의를 사용하는 중국 지도자 시진핑으로서도 반미선전을 위해서도 도움이 된다. 이런 상황을 잘 이해하고 있는 두테르테는 자신의 지정학적 위치를 최대한 활용하기로 하면서 미-중 사이를 오가기로 한 것이다. 두테르테는 절대 미국을 버리지 않을 것이다. 미국과의 안보 공약이 없는 상태에서 중국에게 필리핀의 전략적 이익이 어느 정도까지 저평가 될지 너무나 잘 알고 있기 때문이다.

이런 이율배반적인 이익추진은 단지 필리핀 사례에서만 볼 수 있는 것은 아니다. 일본 과 러시아의 관계에서도 볼 수 있다. 2016년 9월 블라디보스토크 동방경제포럼에서 아베는 푸틴과 서로 이름을 부를 정도로 상호 친분을 자랑했다. 서로 이름을 부를 만큼 친해진 아베와 푸틴은 그동안 14차례의 정상회담을 진행하였다. 우리가 알고 있듯이 2014년 러시아의 크림반도 침략 이후 일본도 러시아제재에 동참하고 있다. 그러나 일본은 크림반도 제재와 별개로 러일관계를 풀어가겠다고 미국과 먼저 협의를 해두었고 이를 관철해가고 있다.

일본과 러시아는 시베리아횡단철도와 홋카이도를 연결하는 사업을 고려하고 있다. 향후 러시아와 일본의 경제협력 규모도 커질 것이다. 러일관계 개선은 러시아 측에서는 서방의 러시아 포위를 뚫는 것이다. 또 민중주의적 짜르인 푸틴의 외교성과로 과시할 만하다. 반면 일본 측에서는 러시아를 중국과 분리하는 중국견제의 한 가지 수단이다. 대미종속외교를 벗어나는 것을 일본국민들에게 보여줄 수 있는 아베의 민중주의 카드기도 하다.

1904년의 러일전쟁, 1945년 8월 소련이 대일전쟁, 냉전 기간 미일동

대만 마잉주 정권과 차이잉원 정권의 대일 기조

	마잉주 정권 2008~2016년	차이잉원 정권 2016년 5월 20일 출범
오키노토리 영유권 분쟁	- 마잉주 '섬 아닌 '암초'' 라며 일축 (일본이 '오키노토리는 섬'이라며 배타적 경제수역 주장하자) - 순시선 파견해 일본 견제 (4월)	- 정부 대변인 "(섬인지 암초인지) 법률상 특정 입장을 취하지 않겠다" - 순시선 철수 (5월)
위안부 문제	- 마잉주 "위안부는 강제 동원" (2015년 7월) - "일본 측에 대만 위안부들에게 배상과 공식 사죄하라는 요구 강화하겠다" (1월)	- 린취안 행정원장 "위안부 모집은 자원일 수도 강제일 수도 있다" (6월)
주일 대만대표부 대표	- 정통 외교관 출신에 맡겨	- 민진당 유력 인사인 셰창팅(謝長廷) 전 행정원장 임명
아베 총리 가족과의 관계	- 마잉주, 아베 총리의 동생인 기시 중의원 면전에서 오키노토리 놓고 격렬 논쟁 (5월)	- 차이잉원, 아베 총리 어머니인 요코(洋子) 여사와 NHK 교향악단의 대만 공연 관람 (6월)

대만의 차이잉원 정권이 들어서면서 대만은 일본에 대해 접근하고 있다. 마잉주 정권과의 차이를 정리한 이 표를 보면 지도자의 변화가 얼마나 중요한지를 알 수 있다.

사진출처 : 조선일보

맹과 대립했던 기억까지를 떠올리면 현재 지도자 서로가 이름까지 부르는 러일관계는 아연실색할 일이다. 최근 미일 밀월관계 상황에서는 더욱이 상상하기 쉽지 않은 일이다. 그러나 러일관계가 개선된다고 해도 일본은 미국을 저버리면서 러시아로 접근해가지는 않을 것이다. 일본은 미국의 안보 보호가 주는 외교력이 어느 정도인지를 너무나 잘 알고 있기 때문이다.

대만 민진당의 차이잉원 총통은 중국본토의 대만독립반대정책에 대항하기 위해 일본에 적극적인 구애를 하고 있다. 그 서막으로 지난 6월 3일 일본의 NHK 교향악단이 타이베이 국립콘서트홀에서 공연했다. 이는

1972년 9월 일본과 국교 단절 이후 처음 있는 행사이다. 차이잉원 총통은 향후 대만과 일본의 경제협력을 강화해갈 것이다. 아베 역시 대만과의 관계 개선이 중국견제라는 취지에 부합하기 때문에 더욱 적극적으로 나설 것으로 보인다. 대만을 중국의 일원으로 본다면 19세기 말부터 이어져 온 중국과 일본의 악연이 새로운 이해관계로 재편되는 모습을 보여주고 있다.

21세기는 새롭게 지정학이 부상하는 시대이다. 20세기 냉전 시대 이념은 지리적 공간을 장악했다. '반공'이라는 시대 화두를 가지고 미국이 지정학을 이용하면서 국제정치를 운용했다. 새로운 지정학 시대에는 지정학적 공간이 이념보다 중요하게 되고 있다. 게다가 '지경학(지리경제학)'이라는 경제적 요인마저 합세하면서 지리는 정치적 기준과 경제적 기준의 복합적 기준과 마주하게 되었다. 그리하여 앞선 사례들에서 보았듯이 지정학은 21세기 국가이익을 결정하는 중심축이 된 것이다.

대한민국에 신지정학 시대의 조건은 어떤가? 대한민국은 필리핀보다 지정학적 중요성이 그리 높지 않다. 게다가 일본이 미국의 글로벌 파트너가 되어가면서 동북아시아에서 대한민국의 지정학적 중요성은 더욱 하락하고 있다. 한편 미국과 중국 사이에서 한국은 일본 정도로 중요하지 않기에, 미-중간 이슈를 분리하는 외교를 펴기 어렵다. 게다가 그럴 지도력과 기개도 보이지 않는다. 최근 북한 잠수함발사미사일(SLBM)대처를 위한 핵잠수함 개발논의에서 보듯이 북한과의 통일 문제는 커녕 북한의 위협에 어떻게 대처해야 하는지에 대한 답을 찾는 과정도 지난하다. THAAD사태에서 본 것처럼 미국과 중국의 줄 세우기가 강요되는 이 시점에서 우리는 과연 어떤 '21세기식 국가이익'을 추구할 수 있겠는가? 이 중차대한 시대적 흐름에서 대한민국의 지도력은 한 명의 승마선수와 그

엄마에게 도전을 받고 있다. 외우내환(外憂內患).

'21세기의 국가이익'이라는 시대적 요청 앞에서 대한민국의 미래가 걱정되지 않을 수 없는 이유이다.

일상이 정치: 미식, 세대, 지정학

07

2016. 3. 3.

'3층위(layer)' 방정식과 상대적 약소국의 비애

2016년. 사드 논의가 여전히 한국의 국제정치와 국내정치에서 거세다. 선거가 얼마 남지 않은 상황에서 국내정치와 연계가 되다 보니, 사드 논의 자체가 기술적이고 전문적인데도 불구하고 안보주제로 상당한 흥행을 하고 있다. 과거 차세대전투기사업 이슈에서처럼 정부와 외국 방산업체들이 이슈를 공개함으로써 일시적으로 여론의 주목을 받았던 것과는 대비된다.

사드 이슈에 많은 관심을 가지는 이유는 북한위협이 강한 탓도 있고, 미국과 중국의 힘겨루기에 대한 한국 국민의 불쾌감이 작동하기 때문이기도 하다. 게다가 정치권에서 자체 핵무장론이 제기될 정도로 대북강경정책을 밀어붙인 면과 미디어들의 의제화도 한몫했다. 그러다 보니 사드 문제에 대해서 꽤 많은 시민이 전문가 못지않은 지식을 가지고 있다.

최근 중국이 미국주도의 안전보장이사회 제재안에 합의(양보)를 하면서, 사드 논의를 불지핀 미국의 입장도 다소 바뀐 듯한 모습을 보인다. 자칫하면 미국은 사드배치를 논의선 상에서 배제하고 중국과의 갈등을 피할 수도 있다. 그런 상황에서 사드도입논의를 시도한 한국은 중국과 감정만 상하고, 미국 사드 배치는 백지화될 수도 있다. 그럼 우리가 받게 될 손해는 중국과의 외교적 마찰만 남게 될까?

성주 사드 반대 집회. 사드는 중국과 한국의 관계만 멀어지게 하지 않았다. 국내적으로도 사드 반대파와 찬성파의 대립이 격화되었다. 아직도(2016년 3월) 사드는 정상적으로 운용이 되고 있지 않다. 사드 반대파들이 도로를 무단으로 점거하면서 사드 기지로 반입되는 물자를 막고 있기 때문이다. 과연 어떻게 하면 사드 배치 문제를 마무리 지을 수 있을까?

사진출처 : 아시아경제

　사드 논의가 물 건너가게 되면 한국이 받게 될 손해는 중국이 가진 감정만이 아니다. 국내정치의 상처도 있다. 게다가 북한의 조기 붕괴가 실현되지 않고 이번 정부의 임기가 끝나게 된다면 남북관계는 어떤 방식으로든 재개되게 될 것이다. 이 과정에서 한국 안보정책의 비일관성도 상처로 남게 될 것이다. 극단적으로 말하면 한국의 국가지도자는 미-중 협상에서 배제되고, 국내여론에 공격을 받고, 북한과 대화의 창구를 만들지 못한 상태에 처할 수 있다.

아직 결론이 나지 않았지만, 사드 사태는 한국이 다른 국가들과 다른 국제정치 환경이라는 점을 명확히 보여주고 있다. 중견국(middle power)의 모범적 사례들로 삼고 있는 캐나다, 노르웨이, 스웨덴과 같은 나라들은 안보환경에서 우리와 몇 가지 차이가 난다. 그들은 세계질서의 자웅을 가리는 미-중 경쟁에서 한발 비켜서 있다. 또 그 나라들은 분단과 정전체제라는 내부적 안보위협이 없다. 그러니 우리처럼 북한을 두고 남한 내부에서 정치적 갈등의 여지가 없다.

이것을 단적으로 정리하면 한반도의 '3단계 체스보드' 혹은 '3면 게임'으로 정리할 수 있다. 이 분석 틀은 국내외 많은 학자에 의해 사용되어왔다. 체스보드 이론은 조셉 나이가 고안한 것이다. 그는 국제정치를 분석하는 분석의 눈높이를 '안보'라는 체스판, '경제'라는 체스판, 그리고 '초국가적 사회'라는 체스판으로 구분하였다. 로버트 퍼트남(R. Putnam)은 국내정치와 국제정치가 연계되어 있다는 것을 양면게임(two-level game)이란 개념으로 풀었다. 국내정치에서 정부가 민간을 상대로 협상하면서 정부는 타국 정부를 대상으로 한 협상을 병행한다는 것이다. 이런 아이디어를 빌려서 한반도 상황을 비유하자면 한반도는 국제정치의 작동이라는 한 층위(layer)와 북한 문제라는 두 번째 층위와 국내정치라는 세 번째 층위가 동시에 작동하는 것이다. 그러나 국제정치에서 미-중 갈등이라는 과제에 더해 독자적으로 문제를 일으켜 한국의 국내정치에 영향을 미치면서 미-중 갈등과 타협의 여지를 만들어내는 북한 문제를 다루어야 하는 두 번째 과제와 진보와 보수로 갈린 국내정치를 풀어야 하는 세 번째 과제를 마주하고 있다.

한국이라는 상대적 약소국의 애환이 여기에 있다. 미중이 갈등하면 한국은 한미동맹의 '안보'논리와 경제교역 1순위라는 '경제'논리 사이에서 가랑이가 찢어지는 아픔을 경험한다. 멀리 떨어진 해양국가 미국과 가까운 대륙국가 중국 사이에서 한국은 줄서기를 강요받게 된다. 이런 상황에서 북한이 문제를 일으키면 임기 말인 오바마 대통령은 이란문제해결 이후 북한 문제를 해결하고 싶은 '욕구'와 이제 임기를 정리해야 하는 '현실' 사이에서 고민할 수밖에 없다. 반면에 시진핑 주석은 중국의 입지를 더 강화하자고 외교 우선순위 1번인 북한을 저버릴 순 없다. 말을 듣지 않은 젊은 북한 지도자가 눈에 가시겠지만, 중국이 가진 북한에 대한 지분을 포기하면서 북한을 사지로 몰아넣을 생각도 없다. 이 관계를 잘 알고 있는 북한은 핵-미사일 도발과 경제 지원-개방이라는 두 개의 패를 이용해서 문제를 일으키고 지원을 받는 '불량배외교' 혹은 '앵벌이 외교'를 수행하고 있다. 이런 북한에 대한민국은 중요한 고려대상이 아니다. 왜냐하면, 미국과 중국의 역학관계가 한국을 움직일 것으로 생각하기 때문이다. 그런데 여기에 더해 북한은 민주주의국가 남한의 국내정치 동학(dynamic)을 잘 알고 있다. 한국의 진보-보수는 북한 문제에서 가장 극명한 색깔 차이를 보인다. 그러니 북한이 먼저 일을 저지르면 남한은 알아서 분열된다는 점을 북한 지도부는 오랜 역사를 통해서 알고 있다.

미-중 갈등과 남한 내 진보-보수 갈등 사이에서 독립적인 격발장치로 북한이 있다. 대한민국의 국가 지도자는 3층위라는 층층시하에서 많은 애환을 느낄 수밖에 없다. G2 시대 미중간의 갈등은 깊어지고 있다. 2016년 4월 총선과 2017년 대선을 두고 국내정치에서 진보-보수간 편

가르기는 더 심해질 것이다. 북한 붕괴론을 이야기하고, 참수작전을 이야기 한 마당에 북한은 더 강력한 협박으로 한국의 어려운 상황을 악용하고자 할 것이다. 국내정치가 북한과 미중간의 줄서기에 영향을 미칠 뿐 아니라 거꾸로 미중관계가 총선에서 표의 향배에 영향을 미치는 상황에서 어느 하나 선뜻 결정하기가 수월하지 않다.

북한이 도발하는 배경엔 민주주의국가인 미국과 한국의 여론을 분열시키려는 의도도 있다. 미국과 한국은 주기적인 선거를 치르는데 북한 이슈는 매번 빠지지 않고 등장하는 단골 이슈이다. 북한 입장으로선 도발을 통해 상대국의 여론을 분열시킨 뒤 슬쩍 대화를 취하는 모양새를 하면 된다.

사진출처 : www.rfa.org

상대적 약소국인 한국이 진정 어려운 것은 이 '3층위'가 작동하는 방식이 다르다는 것이다. 민주주의국가는 국내정치가 국제정치를 결정한다. 하지만 힘이 부족한 국가는 국내정치의 요구가 국제정치에 반영되지 못하는 경우가 많다. 게다가 국제정치는 힘의 분포라는 극성(polarity: 강대국의 숫자)의 독자적인 논리를 가지고 있다. 북한 문제는 여전히 민족주의가 작동하면서 감정을 불러낸다. 그러니 한국은 극성의 논리에 치이고, 민족주의를 해결해야 하는 압력에 더해, '남한-미국의 해양세력'의 연결과 '북한-중국의 대륙세력'의 연결이란 지정학이 충돌한다. 이 과정에서 미중간 지정학 경쟁이 더욱 강화되면서 남과 북을 지배하는 민족주의의 감정을 자극한다. 유럽과 달리 늦게 출발한 진보-보수간 이념 갈등이 가세하면서 한반도에 사는 사람들은 어지러울 정도로 복잡한 방정식을 마주하고 있다.

이 복잡한 방정식에서 한국이 살아남을 수 있는 것은 '3층위'의 퍼즐을 풀어내는 것이다. 강대국 논리를 무조건 따를 수는 없다. 민족주의를 포기하고 북한을 방치할 수도 없지만, 북한에 끌려다닐 수도 없다. 그래야 국내정치의 분열을 막을 수 있다. 결국, 가장 좋은 것은 변수를 줄이는 것이다. 그런 점에서 북한 문제가 독자적인 촉발제가 될 수 없게 해야 한다. 그리고 민족주의의 '감정'과 국제정치의 '힘'의 논리에서 원칙을 정해야 한다. 중견국가(middle power)의 적당한 힘이라는 조건에서 한국은 힘을 어떻게 사용할 것인지에 대한 원칙설정이 방정식을 풀어가는 첫 번째 작업이 되어야 한다. 만약 원칙에 대한 민주적 합의가 필요하다면 이 지점에 대한 논의부터 시작해야 하지 않을까.

일상이 정치: 미식, 세대, 지정학

08 2017. 12. 21.

균형에 대해

    2017년 12월 18일 트럼프 대통령은 미국의 새로운 국가안보전략보고서를 통해 국가안보전략(NSS)을 발표했다. 새로운 미국의 전략은 트럼프 대통령이 대통령선거의 공약이었던 '미국 우선주의'를 뼈대로 하고 4대 핵심이익을 명시한 뒤 이익에 대한 3가지 위협을 구체화했다. 미국이 발표한 4대 핵심이익은 '본토 및 미국민 보호' '미국의 번영 증진' '힘을 통한 평화 유지' '미국의 영향력 확대'이다. 미국을 다시 국제무대의 중심에 세우고 약해진 경제력을 강화하면서 힘을 사용해서라도 미국이 주도하는 평화를 만들겠다는 것이다.

    이번에 나온 미국의 국가안보 전략은 3가지 위협으로 '수정주의 국가 중국과 러시아', '불량국가 북한과 이란', '테러단체'를 명시했다. 가장 주목되는 부분은 중국을 수정주의 국가로 지목했다는 점이다. 이와 함께 미국의 번영을 위해 경제안보를 국가안보 차원으로 격상시켰다. 이는 수정주의 국가 중국을 경제적으로 견제하겠다는 취지이다.

트럼프의 새 국가안보전략 주요 내용

한국	인도·태평양 지역에서 북한 등 상호 위협에 대응하는 동맹국으로 규정
일본	인도·호주·미국과의 4자 협력 강화 촉구
중국	미국 패권에 도전하는 수정주의 패권국가
러시아	미국 패권에 도전하는 수정주의 패권국가
이란	중동 정세를 악화시키고 테러 지원하는 불량정권
북한	핵무기와 생화학무기 미사일 탑재해 미국 본토를 위협할 수 있는 불량정권

2017년 미국의 국가안보전략(NSS)은 중국과 러시아를 '수정주의' 국가로 못 박았다. 또 경제적 이익을 중요하게 여기면서 이를 안보 차원으로 격상시켰다. 이 전략발표 이후 2018년 미국이 중국과 전세계를 향해 무역 전쟁을 감행한 것은 이 전략 틀에서 보면 충분히 이해할 수 있다.

사진 출처 : 한국경제신문

트럼프 대통령이 실제로 중국과의 관계를 완전히 변화시킬 수 있을지는 미지수이다. 미국은 중국과 경제적으로 실타래처럼 엮여있기에, 막대한 피해를 감수하지 않고 미-중 관계의 틀을 바꿀 수 없기 때문이다. 한편 트럼프 대통령에 지지를 보내고 당선시킨 이들에게 미국의 약해진 경제와 사라져가는 일자리는 '중국= 악역(antagonist)'의 등식을 당연한 것으로 받아들이게 한다. 국내적 불만의 외부적 표출.

이번 안보전략은 미국이 국제무대에서 강경정책으로 돌아설 것을 명확히 하였다. 중국에 대해서도. 북한에 대해서도. 그간 트럼프 대통령이 사용한 '불확실성'전략으로 미뤄볼 때 새로운 국가안보전략이 그저 말에 불과할 뿐이라고 예상하기는 어렵다. 향후 몇 년간 미국은 국제무대의 질서를 재편하기 위해 고군분투할 것이며 많은 곳에서 강력한 분쟁들이 발생할 것이다.

문제는 대한민국이다. 한국은 미국의 이런 행보가 부담스럽다. 미국이 지목한 수정주의 국가 중국과의 교역이 중요할 뿐 아니라 북한의 위협에 가장 직접 노출되어 있기 때문이다. 미국이 강경정책을 사용해도 한국은 완전히 대미 '추종'외교로 갈 수 없다. 중국의 격한 저항과 북한의 도발이 미국보다 먼저 한국을 노릴 것이다.

현실적으로 가장 먼저 문제가 될 부분은 문재인 대통령의 '균형'외교이다. 2017년 11월 6일 자로 발표한 균형외교는 용어를 '균형 잡힌 외교'로 정의하든 '다자적인 외교' 혹은 '다변적인 외교'로 정의하든 한국이 한반도 외교의 중심에 서겠다는 구상이다. 그리고 이런 구상은 과거 노무현 정부 때 폐기된 '동북아 균형자론'의 전철을 밟지 말아야 한다. 그렇다면 균형외교구상의 미래는 어떨까?

예상은 논리적으로나 이념적으로 복잡하니 이론에서 시작하는 것이 좋겠다. 물리학에서 모든 사물은 안정을 추구한다. 안정은 균형 상태(평형 상태로서 equilibrium)에서 나온다. 어느 쪽으로도 움직이지 않는 상태가 될 때 사물은 안정된다. 분자의 움직임이 적은 고체가 분자의 이동 폭이 큰 액체보다 안정적이다. 액체는 이보다 더 분자의 이동 폭이 큰 기체보다 안정적이다. 그런 점에서 움직임이 적은 '균형'은 보수적이다.

　사물이 안정을 원하듯이 인간도 일반적으로 안정을 원한다. 안정은 심리적으로 평온을 만들어주기 때문에 인간 역시 안정 즉 균형을 추구한다. 어느 한쪽으로 쏠리지 않는 상태에서 인간은 자유로워질 수 있다. 인간들로 이루어진 국가도 마찬가지로 균형을 추구한다. 이것은 국가에 안정과 자유를 가져다준다. 어떤 국가도 타국을 지배하기 어려운 상태는 그래서 매력적이다.

균형(balance)은 평형(equilibrium)이라는 개념에서 도출된 것이다. 천칭저울은 무게가 맞지 않으면 한쪽으로 기운다. 이런 상태는 보는 사람을 불편하게 한다. 평형이 맞지 않기 때문이다. 평형에서 출발한 균형이 심리적으로 안정감을 만드는 이유이다.

사진 출처 : 네이버 블로그 " 타로제로"

　균형을 찾으려면 자신을 제외한 행위자가 최소 2개 이상 있어야 한다. 하나의 지배적인 행위자(세력)이 있을 때 균형은 불가능하다. 다른 누군가가 지배적인 국가를 견제할 수 있을 때 균형은 만들어진다. 이때 균형(balance)이란 견제할 수 있는 국가와 연합하여 더 힘이 강한 국가에 대적하는 것이다. 한편 균형을 유지하려면 지금은 목적이 같아 연합을 이룬 국가에 너무 많이 매달려도 안 된다. 이 국가를 거부할 수 없다면 그 또한 균형이 아니며 자유롭지 않기 때문이다. 게다가 균형을 만들 수 있다는 것은 내가 안정을 위한 주도권을 쥘 수 있다는 것이다. 그러니 균형은 얼마나 바람직하며 매혹적인가!

그러나 나의 지도교수님께서 늘 말씀하셨듯이 균형은 강대국의 몫이다. (상대적) 약소국에는 선물로도 주어지지 않는다. 편승이 (상대적) 약소국에게 주어진 몫이다.

왜 그런지 이유를 보자. 균형을 잡기 위해서는 균형의 추로 사용할 수 있는 권력과 영향력이 있어야 한다. 좀 더 구체적으로 균형에는 크게 3가지 조건이 필요하다. 첫째, 지정학적 위치이다. 균형은 현재 인도처럼 중국이 인도양으로 가는 길목에 있거나 19세기 프러시아처럼 프랑스와 러시아를 견제할 수 있는 이중 장벽이란 지리적 이점이 있을 때 가능하다. 둘째, 전략 자원의 보유 여부이다. 중동의 사우디아라비아 경우처럼 석유라는 자원을 이용해서 세계 시장을 조정할 수 있을 때이다. 셋째, 강력한 무기의 보유 여부다. 프랑스의 드골처럼 독자적인 핵 능력을 보유하면 판을 변화시킬 수 있다. 그것도 2차 공격력이 확보될 정도로 핵무기고가 커야 한다.

이러한 조건이 아닌 경우에도 균형에 가까운 외교를 수행할 수도 있다. 예를 들어 1814년 이후 비엔나체제를 주도한 오스트리아를 들 수 있다. 하지만 이것은 메테르니히라는 뛰어난 재상이 있었을 뿐 아니라 당시 패권국가인 영국의 후원이 있었기에 가능했다. 한편 오스트리아는 균형자(balancer)외교보다는 촉진자(facilitator)로서 외교를 수행했다고 볼 수 있다.

1815년 비엔나 체제를 운영하고 관리한 오스트리아의 재상 메테르니히. 그는 다른 국가들과 비교할 때 부족한 권력을 가지고도 촉진자(facilitator) 혹은 조정자(mediator) 역할을 수행할 수 있었다. 하지만 정확히는 영국이라는 균형자(balancer)가 유럽의 세력균형을 유지하겠다는 합의가 있었기에 그의 외교력이 발휘된 것이다.

사진 출처 : 르몽드 디플로마티크

위의 사례들은 완전한 강대국이거나 강대국이 될 수 있는 잠재력을 가진 국가들과 관련되어 있다. 안타깝게 아직 한국은 이런 위치에 있지 않다. 인정하고 싶지 않지만 우리는 북한 하나도 제대로 통제하지 못하고 이리저리 끌려다니는 형편이다. 우리의 운명에 가장 직접적인 영향을 미치는 북한을 억지하는 데 있어서 아직도 우리는 미국의 핵 억지력에 의존해야 한다. 이런 상황은 한국이 강대국인 미국과 중국 사이에서 균형의 추 역할을 하기 어렵다는 점을 방증한다.

한국이 처한 상황은 딜레마이다. 미국과 중국 사이에서 어떤 선택을 해도 모두를 만족하게 할 결과를 만들 수 없다. 게다가 미국이 중국을 수정주의 국가이자 경쟁자로 규정하는 현재 상황에서 한국은 중간지점을 만들 수 없다. 강대국의 틈바구니에서 상대적으로 힘이 부족한 한국이 그대로 강대국이 하자는 대로 할 수만은 없다는 문제의식은 한국에서 국제정치학을 공부하는 이들 모두의 몫이다. 그렇다고 한국은 1차 대전 이후 프랑스가 독일 견제를 위해 러시아의 공백을 체코와 루마니아 등으로 채우려고 했던 전례를 따를 수도 없다. 이 또한 강대국의 몫이니 말이다.

16세기 변화하는 국제질서를 보면서 운명의 여신(fortuna)을 떠올렸던 마키아벨리도 분열된 이탈리아의 통일만이 유럽의 균형추 역할을 가능하게 할 것으로 생각했을 것이다. 현재 한국을 향해 다가오는 운명의 여신은 또 어떤 모습일까?

그럼 지금은?

약자(weaker)는 강자(stronger)가 되기를 바란다. 그러기 위해서는 권력이라는 자원이 있어야 한다. 다만 이때 권력은 다양하게 구비될 수 있다. 어떤 권력을 가졌는지에 따라 국가가 지향하는 목적지도 다르다.

균형자(balancer)는 다른 국가보다 우월한 국력을 기초로, 한 쪽으로 국력이 기울 때 다른 편에서 힘의 쏠림을 바로 잡는 국가이다. 전통적으로 동맹을 체결하지 않으면서도 유럽에서 패자가 등장하는 것을 막아왔던 영국의 외교가 여기에 해당한다. 균형자가 되기 위해서는 실제 사용가능한 경제력과 군사력이 중요하다.

촉진자(facilitator)는 다른 국가가 주도권을 쥐고 만든 이슈가 좀 더 빨리 자리를 잡고 실현될 수 있게 도와주는 국가이다. 이 역할은 반드시 강대국만 할 수 있는 것은 아니다. 19세기 오스트리아는 다른 유럽 강대국보다 힘은 부족했지만 비엔나(현재 빈)를 유럽 외교의 중심으로 두고 영국의 세력균형정책이 자리 잡는 것을 도왔다. 이런 정책을 수행하려면 경제력과 군사력보다는 교섭력과 같은 외교력이 중요하다.

조정자(mediator)는 분쟁이 생기려고 하거나 분쟁이 생겼을 때 분쟁 당사자들 사이에서 해법을 모색해주거나, 갈등하는 국가들 사이에 갈등을 해결할 수 있도록 자리를 만들어주는 국가이다. 이 역시 반드시 강대국의 전유물은 아니다. 이런 역할을 위해서는 다른 국가들의 이야기를 들어주는 의사소통력과 대안을 모색할 수 있는 아이디어와 창의력이 있어야 한다.

위의 사례중에서 상대적 약소국인 한국은 균형자보다는 촉진자와 조정자역할을 수행할 수 있다. 약자(weaker)가 강자(stronger)가 되기 원할 때 할 수 있는 것은 외교력과 의사소통력을 늘리는 것이다.

일상이 정치: 미식, 세대, 지정학

09   2020. 1. 16.

한미관계의 어려움 :
미국 패권체제와 일방주의

    한미관계는 어렵다. 그리고 점점 어려워지고 있다. 방위비 분담금 조정, 호르무즈 해협 파병, 북한 핵 문제에 대한 이견조율, 한미동맹과 미일동맹 사이의 관계 조정 등등 산적한 문제들이 많다. 북한의 핵 능력 증대, 중국의 경제적 부상과 해군력 증강, 중국과 러시아의 결탁 가능성 등등 앞으로 부담이 될 사안들도 줄줄이 대기 중이다.

    한미관계의 어려움을 해결해보겠다고 한 이전 정부들의 선제적 노력들은 별로 성과를 보지 못했다. 김대중 정부의 남북화해협력 정책, 노무현 정부의 동북아허브론-동북아균형자론, 박근혜 정부의 한반도평화프로세스가 그랬다. 현 문재인 정부의 한반도 조정자외교 역시 아직 큰 결실을 만들어내지 못하고 있다. 이 정책들은 우리가 먼저 외교적 조치를

2019년 2월 10일 타결된 한미방위비 분담금 특별협정에서 한국의 방위비 분담금이 처음으로 1조 원을 돌파했다. 한미방위비 분담금 특별협정은 1991년에 시작되었다. 미국이 1980년대 들어 쌍둥이 적자를 경험한 뒤 동맹국들에 방위비 분담금을 요구한 것이 특별협정 출발의 배경이다. 1991년 1차 협정에서 1억 5,000만 달러로 합의된 방위비는 2019년 거의 10억 달러에 이를 정도가 된 것이다. 2020년, 분담금 특별협정 이전에 미국 트럼프 대통령이 한국 측 방위비 몫으로 50억 달러를 요구한다는 기사가 나올 정도 민감한 외교 문제가 되었다.

사진 출처 : 한국일보

취해서 주변 외교환경을 바꿔보겠다는 점에서 공통점이 있다.

그런데 왜 이러한 선제적 노력들은 성과를 잘 내지 못할까? 실패의 반복에서 실마리를 찾을 수 있다. '반복'했다는 것은 구조를 무시했기 때문일 가능성이 크다. 또 구조를 극복할 수 있다는 '신념' 혹은 '자신감'이 가세했을 가능성 역시 크다.

현재 국제정치 '구조'의 핵심은 패권에 있다. 논리적으로 보면 패권은 외부 견제 세력이 없는 상태다. 외부적 '견제 부재'는 (패권국의)국내정치가 패권국의 행동을 결정하게 만든다. 국내정치의 외교 규정.

물론 기존 제도들의 구속력이나 외교적 관성도 무시할 순 없다. 하지만 이런 요인이 국내정치의 규정력을 뛰어넘기는 어렵다. 외부의 견제가 없고 국내정치가 대외관계를 규정하다 보니 패권 국가는 과잉확장(overstretch)을 하거나 과소확장(understretch)을 하는 일이 빈번하다. 너무 많은 군사적 개입과 너무 적은 경제적 지원의 결합이 이루어지는 것이다.

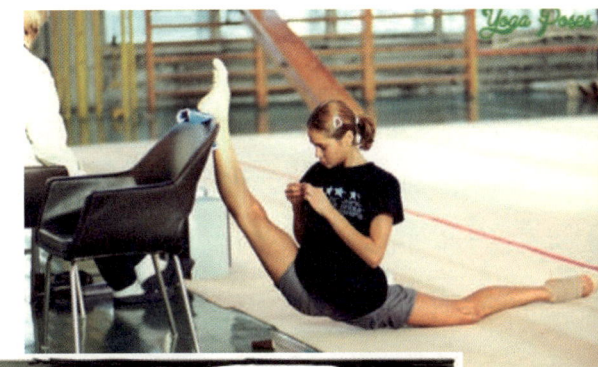

운동선수처럼 보이는 요가인이 근육을 풀기 위해 스트레칭을 하고 있다. 이러한 overstretch(과잉확장)는 다른 사람에게 피해를 주지 않는다. 패권국가의 overstretch(군사적 과잉확장)와는 다르다.
사진출처 : YogaPosesAsana.com

국가의 overstretch는 다른 국가에 피해를 줄 뿐 아니라 자신에게도 엄청난 부담을 준다. 역사학자 폴 케네디가 제시하였듯이 제국은 대체로 '제국적 팽창(imperial overstretch)'에 의해서 쇠락하게 된다. 미국도 패권국으로서 이런 제국적 팽창유혹을 떨쳐 내는 것이 중요하다.
사진 출처 : www.theeditorialcartoons.com

패권체제에서 국내정치가 정말 중요한지는 탈냉전기 미국 정부들의 외교행태가 입증해준다. 클린턴 정부의 다자주의 협조주의 외교. 조지 W 부시 정부의 일방주의 개입주의 외교. 오바마 정부의 다자주의 외교. 트럼프 정부의 미국 우선주의 일방주의 외교. 이들 정부는 패권체제라는 공통된 특징에도 불구하고 전혀 다른 외교정책을 펴왔다. 바뀐 것은? 대통령 개인과 소속정당뿐.

패권 국가 미국은 '행동의 자유'를 가진다. 강자의 특권인 '행동의 자유'의 다른 말은 무책임이다. 다른 국가들의 눈치를 안 보고 행동하기 때문이다. 이때 미국 국내정치는 '행동의 자유'의 방향과 범위를 규정한다. 게다가 운 좋게도 미국의 지정학은 다른 나라는 가질 수 없는 수많은 자유를 추가로 선물했다. 우선 외부의 침략 걱정이 없다. 다음으로 자급자족이 가능한 크고 부유한 경제구조를 안겨줬다. 게다가 식량과 에너지를 아쉬워할 필요도 없다. 미국을 새로운 로마제국으로 만들 수 있는 이러한 조건들이 실제 1991년 소련 붕괴 이후 미국을 패권 국가로 우뚝 서게 했다.

그런데 미국 국내에서는 보호주의의 요구가 강하다. 이것은 미국의 상대적 경제력 약화와 특정 산업군의 붕괴 때문이다. 1945년 미국의 대외의존도는 4%에 불과했다. 그러나 미국의 대외의존도는 점차 높아지고 있다. IMF와 OECD의 2009년 통계에 따르면 미국의 GDP에서 수출은 7.5%를 차지했고 수입은 8.5%를 차지했다. 2018년 Bloomberg에 따르면 미국 GDP에서 수출은 13.9% 수입은 18.5%를 차지한다. 물론 아직도 미국은 GDP의 69.4%가 소비인 만큼 내수시장이 중요한 국가지만 그만큼 다른 국가와의 교역이 증대하고 있다는 것이다. 이것은 치열한 경쟁을 의미한다. 치열한 경쟁 뒤에는 수많은 시장 낙오자들이 있다. 이들은 아주 강력하게 미국 정부에 보호주의를 요구하고 있다. 트럼프를 누가 당선시켰는지를 보라.

미국의 국내정치에서 보호주의가 강화되는 다른 요인이 있다. 세계경제에서 차지하는 미국의 비중이 줄어들고 있다. 제조업을 기준으로 1945년 2차 대전이 종결될 시기에 미국은 전 세계 48%에 달했다. 그러나 Blomberg의 2018년 통계에 따르면 미국은 전 세계 GDP의 22%에 불과하다. 유로 지역(Euro Area: 유로를 사용하는 국가들)이 17%를 차지하고 있고 중국이 13%에 달한다. 이들은 미국에 필적하는 경쟁자는 아니다. 하지만 경제적 관점에서는 미국이 압도적인 국가도 아니라는 것이다. 1944년 브레턴우즈 체제를 만들 때처럼 미국은 여유롭지 못하다.

미국의 외교정책은 '비일관성의 일관성(consistency of disconsistency)'으로 표현할 수 있다. 비일관적 태도가 일관된다고 할 수 있다. 그

< 환율조작국 평가 결과('16.10) >			
국가	대미 무역수지 흑자 (200억달러 초과)	경상수지 흑자 (GDP대비 3%초과)	환율시장 일방향 개입 (GDP대비 순매입비중 2%초과)2)
중국3)	3561억달러	2.4%	-5.1%
한국	302억달러	7.9%	-1.8%
독일	711억달러	2.4%	-
일본	676억달러	3.7%	0.0%
대만	136억달러	14.8%	2.5%
스위스	129억달러	10.0%	9.1%

자료 : U.S. Depratment of the Treasury.
주 : 3개 요건 모두 충족시 '심층분석국',
2개 요건 충족시 '관찰대상국'으로 지정.

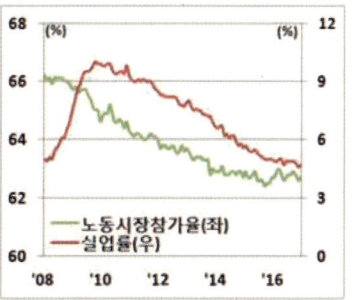

< 미국의 노동시장 현황 >

자료 : U.S. Department of Labor.

미국 트럼프 정부가 보호주의를 사용하는 이유는 경제 때문이다. 미국의 대외적자 폭은 커졌고, 미국 노동시장은 높은 실업률을 보인다. 또한, 재정적자와 대외부채 비율도 높게 나타나고 있다. 미국이 관세부과 조치, FTA 재협상, 세이프가드 조치의 남발과 같은 보호주의 정책을 사용하게 만드는 이유들이다. 위의 표는 현대경제연구원이 제시한 대미 흑자 국가들 현황과 미국 노동시장의 현황이다.

출처 : 현대경제연구원. 재인용, 네이버 블로그 "gopro trip"

만큼 알기 어렵다. 외부적으로 견제되지 않고, 변화무쌍한 국내정치가 대외관계를 규정하기 때문이다. 그래서 예측 가능성이 크지 않다.

미국의 낮은 예측 가능성이 한국 외교를 어렵게 한다. 한미관계는 투키디데스의 "강자는 할 수 있는 일을 하지만 약자는 그들이 해야만 하는 일을 감내해야 한다. (while the strong do what they can and the weak suffer what they must)."라는 명제가 너무나 잘 들어맞는 것이다. 미국은 조선을 국가로 승인한 첫 번째 서양국가지만 조선을 첫 번째로 버린 서양국가다. 미국은 대한민국을 수립하게 해준 국가지만 한편 1949년 맥아더 연설과 1950년 애치슨 선언에서 한국을 방위선에서 제외한 국가이다. 한국전쟁이 발발하자 미국은 누구보다 재빨리 달려와 주었지만, 동맹체결에는 난색을 보였다. 한국군이 미국을 도와 베트남의 밀림에서 전쟁을 수행하던 1969년, 미국은 닉슨선언으로 아시아에서 손을 떼겠다고 했다. 그리고 1971년 주한미군 7사단을 철수시키기도 했다. 반대로 레이건 정부 시절에는 한미동맹을 최우선으로 여겼다. 영국 수상도 일본 총리도 아닌 한국 대통령이 첫 번째로 레이건 대통령을 예방했다.

이런 역사를 교훈 삼아서 한국이 '정책 자율성'을 가져보려는 외교적 노력들이 있었다. FTA들을 통해 경제적 의존도를 낮추어 보려는 노력이나 중견국가(middle power) 모델에 기초하여 기여외교와 공공외교로 한국의 발언권을 높여보려는 노력도 있었다. 그러나 하위정치영역의 노력 들에도 불구하고 한국의 안보정책은 우리가 마음먹은 대로 잘 안 된다. 힘의 정치가 강대국 편이기 때문이다. 힘의 정치를 초월해 보려는 '신념'과 '자신감'들은 권력정치가 작동하는 순간 그 힘을 잃어버려왔다.

그렇다고 체념한 채 숨만 쉬면서 있을 수도 없다. 내가 믿는 신념과 가치관을 쫓아 운신의 폭을 넓히는 것도 쉽지 않다. 게다가 권력정치를 주시만 하는 것은 한국인들에게 맘에 들지 않는다. 힘은 부족하지만, 머리가 좋은 한국인들은 이런 어정쩡한 상황이 성에 찰 리 없다. 그러나 어떻게 하겠는가? 무엇을 변화시키기에 우리는 "아직" 권력이 약한 것을.

그럼 지금은?

폴 케네디는 저서 『강대국의 흥망』에서 강대국이 쇠락하는 규칙을 제시하였다. 자국의 경제가 감당할 수 없을 정도로 군사력을 늘리는 '과잉확장(overstretch)'이 강대국을 몰락하게 만든다. 다른 많은 학자들도 강대국의 몰락 혹은 제국의 몰락원인을 찾았지만 폴 케네디의 논리만큼 간결하고 강력하지는 못하다. 역사에서 강대국이 몰락하는 일반적 법칙이 있고 미국의 지도자들이 이것을 알고 있다면 미국은 똑같은 실수를 저지르지 말아야 한다. 그러나 미국은 베트남에서 힘을 과하게 소진했다. 그리고 30년쯤 지나 이라크에서도 동일한 행동을 했다. 배움과 실천은 그만큼 다른 것이다.

조셉 나이는 '연성권력(soft power)'이론을 토대로 강대국의 쇠락원인을 '과소확장(understretch)'에서 찾았다. 필요한 지원을 제공하지 않음으로써 말 그대로 연성권력인 '매력(attraction)'이 떨어진다. 이는 강대국 외교에 다양한 저항을 만든다.

그런데 과잉확장과 과소확장은 대체로 동시에 일어난다. 군사력에 돈을 많이 쓰면 다른 국가를 지원할 돈이 부족해지기 때문이다. 패권국 미국은 이 단순한 역사적 법칙에서 예외가 될 수 있을지가 최대 관건이다.

일상이 정치: 미식, 세대, 지정학

10

2020. 1. 9.

미국-이란 사태 : 국제정치 본질의 현시

국내정치 현상을 다루는 정치학은 흥미롭다. 정치 현실이 변화무쌍하게 움직이기 때문이다. 그런데 국가 간 관계를 다루는 국제정치학은 더욱 흥미롭다. 변화무쌍할 뿐 아니라 제도나 규칙의 예측력을 넘어서는 경우가 많기 때문이다.

아인슈타인은 "왜 우리는 원자구조도 알아내는 데 원자가 우리를 파괴하는 정치적 방법을 찾지 못하나?"라는 질문에 "정치가 물리보다 어렵다"라는 말로 답했다. 그런데 천재였던 아인슈타인도 어렵다고 한 정치보다 국제정치는 한술 더 뜬다. 주식시장에서 고수익을 내는 투자의 귀재들도 국제관계와 관련된 예측에서는 번번이 참패하기 마련이다.

국제정치는 살아있고 변화무쌍할 뿐 아니라 우리 통제력을 넘어선다. 2017년 내내 설전을 벌이던 트럼프 대통령과 김정은 위원장이 2018년과 2019년 사이 3차례나 만날 줄 누가 알았겠나! 그리고 2019년 말 '크리스마스 선물'로 위협하는 관계로 다시 돌아올 것을 얼마나 많은 이들이 예측했겠는가!

 2020년 1월 미국과 이란의 관계 역시 그렇다. 현지 시각 1월 3일 미국이 이라크의 바그다드 공항에서 이란 혁명수비대 쿠드스군 사령관 거셈 슬레이마니를 드론으로 공격했다. 그러자 1월 8일에 이란은 이라크에 있는 미군기지를 향해 지대지 미사일 수십 발을 발사했다. 이에 미국은 특수부대 파병과 B-52 폭격기 배치로 대응하고 있다. 말 그대로 다시 중동에 전운이 감돈다.

미국은 이란의 보복 다짐에 대해 군사력을 통한 재보복을 약속했다. 2003년 이라크 전쟁 이후 다시 중동에서 전쟁이 벌어질 가능성이 커지고 있다. 이것은 국제정치라는 것이 근본적으로 가지는 '무정부상태(anarchy)'라는 조건과 '힘의 정치(power politics)' 논리를 그대로 드러낸다. 그동안 막연하게 알고 있던 국제정치의 논리를 무자비한 폭력 속에서 배우는 것이다.

사진 출처 : 연합뉴스

2020년을 시작하는 시점의 '미국-이란 사태'는 우리에게 국제관계의 본질을 드러낸다. 국제정치의 본질 즉 '구조'를 적나라하게 보여주는 것이다. 국내정치와는 전혀 다른 국제정치의 '구조.'

나는 역사 속에서 미국과 이란의 '근원(近遠)' 관계를 따져 '역사의 반복'을 이야기하려는 것이 아니다. 또한 '인간관계의 허망함'를 말하려는 것도 아니다. 왜 미국은 이란을 공격하게 되었는지를 논하려 하지도 않는다. 다만 국제관계에는 이들을 뛰어넘는 '구조'가 작동하고 있으며 이번 사태가 이 구조를 선명히 드러내고 있다는 점을 보이고자 한다.

복잡한 이야기니 단순하게 풀어보자. 얼마 전 운전을 하다 블랙 아이스(black ice)를 만났다. 의도하지 않게 '드리프트'를 했다. 차의 뒷바퀴가 미끄러지면서 옆에 다리 난간을 들이받을 뻔했다. 다행히 겨울 타이어로 바꿔둔 탓에 중간에 제동이 되어 충돌은 피할 수 있었다. 큰 사고로 이어지지 않아 다행이었다. 한편 난생처음 드리프트를 그것도 의도치 않게 했기에 많이 놀랐다.

만약 겨울이 아니었고 얼음이 얼지 않았었다면 이 길에서 나는 드리프트를 '당하지' 않았을 것이다. 그렇다고 그 얼음 자체가 차를 회전시키지는 않는다. 다만 그 자리에 얼음이 얼어있어 차가 미끄러질 수 있는 조건이 만들어진 것이다. 경우의 수를 따져보자면 얼음이 없었다면 발생하지 않았을 일이 발생한 것이다. 나의 의지와 상관없이 말이다.

국가들이 살아 움직이는 장(field)인 국제관계가 딱 그런 모습이다. 국내정치에서도 분배 투쟁은 있기 마련이다. 부와 자원과 지위와 역할을 두고 행위자들이 치열하게 다툰다. 그러나 국내정치에서 분배 투쟁은 제도적으로 관리 된다. 행위자 간 타협을 하다 안 되면 마지막에 중앙정부가 개입한다. 경찰력이든 법원을 통해서든. 그러나 국제정치는 다르다. 마지막에 개입해줄 국가들 위의 중앙정부(hierarchy)가 없다. 이런 순간 우리는 국제정치가 '무정부상태(anarchy)'라는 것을 경험한다. 머리로만 알고 있던 무정부상태가 현시화되는 것이다. 꽁꽁 언 채로 숨어있는 '블랙 아이스'처럼.

바로 그 순간 우리는 국제정치의 본질을 깨닫는다. 절제되지 않는 지도자들의 권력 욕구, 통제가 멈춰 버린 안전보장 회의(NSC)같은 국내 제도장치들, 학교와 사회에서 배운 도덕과 규범들을 뛰어넘는 힘의 논리, 19세기로 회귀하는 듯한 착각을 가져오는 지리-정치적 계산들, '가장 현명한 이들(The Best and the Brightest)'의 오인(misperception)과 오판(miscalculation)의 대향연, 정책결정자들을 지배하는 집단 사고(group think)….

'미국-이란 사태'는 극단으로 치달을 가능성이 있다. 재선을 앞둔 트럼프 대통령의 탄핵돌파 전략과 이미지 관리전략. 이란의 호전성을 통한 내부 규합과 이슬람 단합전략. 어느 한 편도 이번 사태에서 쉽게 양보할 것처럼 보이지 않는다. 향후 위기 증폭 과정은 국제정치에서 무정부상태라는 조건과 이것이 만들어내는 '힘의 정치(power politics)' 논리를 더욱 선명하게 만들 것이다. 또한, 1991년 탈냉전 이후 어떤 국가도 다른 국가에 의해 정복되거나 소멸한 적이 없다는 낙관주의자들의 주장을 무색하게 만들 것이다. 여전히 국제정치는 언제든 야만적인 폭력으로 돌아갈 수 있다는 경고장을 보내면서 말이다.

"사태가 이렇게 돼서 잘 되었다."라는 오해는 말아주기 바란다. 다만 국제정치는 언제든지 폭력사태로 돌아갈 수 있는 개연성이 있다는 것이다. 나폴레옹전쟁 이후 거대한 전쟁이 없던 '100년의 평화'가 1914년 1차 대전으로 느닷없이 깨어진 것처럼.

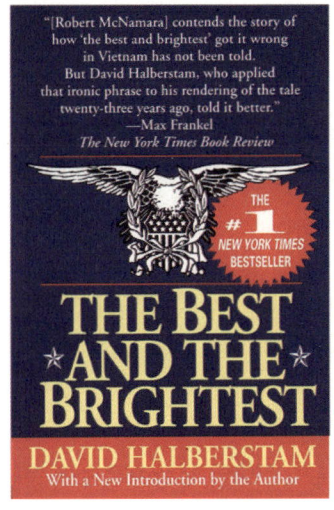

1972년에 출판된 'The Best and The Brightest'는 케네디 행정부와 존슨 행정부의 가장 뛰어난 엘리트들이 왜 베트남전쟁이라는 최악의 정책 실수를 하게 되었는가를 설명한다. 전쟁은 가장 뛰어난 사람도 후대에 합리적으로 보이지 못할 결정을 하게 만든다. 그런데 이 전쟁이라는 것이 국제정치의 근본적인 조건을 가장 잘 보여준다. 역사 속에서 얼마나 반복적으로 뛰어난 엘리트들이 전쟁을 결정했는가! 국제정치의 근본적 딜레마가 여기에 있다. '무정부상태(Anarchy)'와 '힘의 정치(power politics)' 논리.

사진 출처 : amazon.com

위 책의 한국어 번역판이다.

사진 출처 : 교보문고

국제정치의 '힘의 정치'가 살아나고 있다. 이런 상황은 한국에게 불편하지만 단순한 사실을 알려준다. 새로운 '줄서기'가 시작될 것이라는 사실.

호르무즈 파병은 우리가 마주할 거대한 사실이나 질문이 아니다. 사태가 악화하고 장기화하면 국제관계는 더 노골적으로 될 것이다. 미국의

10. 미국-이란 사태 : 국제정치 본질의 현시

강경전략 사용은 이란과 이란을 지원하는 러시아의 전략변화로 이어질 것이다. 이것은 중국과 일본의 전략계산을 바꿀 것이다. 이 상황에서 기회주의적인 북한은 새로운 형태의 문제를 제기할 것이다. 국제 원유시장에서 석유에 대한 셈법이 달라지고 수송로(SLOC)의 전략이 바뀔 것이다. 이 중 한국이 통제할 수 있는 것이 얼마나 될까!

국제정치가 적나라해질 때마다 상대적으로 힘이 부족했던 한국은 언제나 매우 단순하면서 진실한 상황을 만나왔다. 1895년 청일전쟁, 1904년 러일전쟁, 1950년 한국전쟁, 1964년 베트남전쟁, 2003년 이라크 전쟁들에서. 그런 점에서 살아있는 국제정치는 우리에게 흥미롭지만, 걱정스러운 것이다.

 그럼 지금은?

미국의 암살 이후 이란은 미국 공군에 대해 미사일 공격을 했다. 그런데 이란의 공격은 이미 미국에 알려져 있었고, 미국은 큰 피해를 보지 않았다. 이러한 예상된 수준의 공격은 이란으로서는 '체면치레'에 국한하겠다는 의지를 보여준 것이다. 이후 확전이 없는 것은 이란도 이 이상 일을 키울 생각이 없다는 것이다. 미국도 재선 정국에서 이란 문제로 더이상 중동에 끌려들어 가고 싶지는 않은 것이다. 사태는 진정되었지만, 국제정치에선 언제든 무력분쟁과 전쟁이 벌어질 수 있다는 교훈은 남았다.

일상이 정치: 미식, 세대, 지정학

11

2019. 2. 7.

2차 북미정상회담을 넘어서 미국 예측 : 지정학 차원에서

   2차 북미정상회담 일정이 정해졌다. 미국 트럼프 대통령은 2월 5일(현지시각) 상하원 합동 국정연설에서 김정은 위원장을 베트남에서 "2월 27일과 28일에 만날 것"이라고 밝혔다. 지난 해 중간선거 때부터 지속된 일정에 대한 예측들이 일단락되었다.

   2차 정상회담에 대한 예측은 이제 구체적인 성과로 쏠리고 있다. 북한의 양보 범위와 미국의 제재해제 범위로.

   2차 정상회담을 만들어낸 과정이 어떻든 북한 외교는 성공한 셈이다. 미국을 평양까지 불러들인 것을 보면 말이다. 대통령과 즉각적인 연락도 어렵고 도청의 위험마저 있는 평양까지 특별대표가 간 것을 보면 제재

2019년 2월 5일(현지 시각) 미국 트럼프 대통령이 상하원합동국정연설에서 발표 하고 있다. 이 날 트럼프 대통령은 2월 27일과 28일에 김정은 위원장과 베트남에서 만난다고 발표했다. 1차 정상회담이 미국 대통령이 북한 지도자를 처음으로 만나는 '역사적 순간'을 만들었다면 2차 정상회담은 북한 문제의 실질적인 진전을 이루어 실제 '역사적 성과'를 만들어야 하는 부담이 있다. 트럼프 대통령의 "어땠 나 잘했지?"라고 하는 듯한 표정이 인상적이다.

사진 출처 : 뉴시스

(sanction)로 마음이 바쁜 북한과 선거로 마음이 바쁜 미국 중에서 미국이 더 애가 닳은 듯하다.

2차 정상회담까지 앞으로 3주 동안 수많은 예측이 쏟아져 나올 것이다. 비핵화 수준과 제재해제수준. 종전선언과 북미관계정상화여부. 남북철도와 도로사업 개시 여부. 중국의 역할 등등. 단기적 예측과 그 예측의 재생산.

확실히 단기적 예측은 호기심을 불러일으킨다. 게다가 평가가 가능한 빠른 결과도출(정상회의 합의)은 예측을 더욱 흥미롭게 만든다. 그래서 단기적일수록 호기심은 더욱 증폭되는 법이다. 예측 자체가 얼마나 유용한가와 별개로.

반면에 장기적인 추세 예측은 그다지 사람들의 관심을 못 받는다. 만약 누군가 2256년을 예측한다고 가정해보자. 그때까지 살아있지 못하는

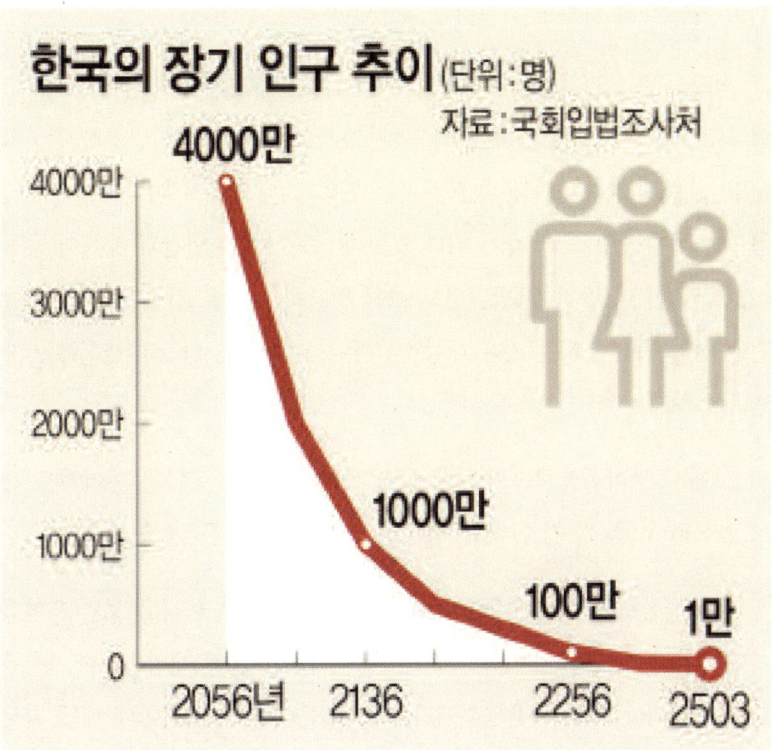

한국의 인구 추세에 관한 그래프다. 입법조사처가 2015년 발표한 통계(합계출산율 1.19명 기준)에 따르면 2256년 한국인구는 100만 명 수준까지 축소된다. 인구 100만 명이면 국가를 운영하기 어렵다. 2503년에는 1만 명이 되는데 이 정도면 '동호회' 활동을 하기에는 큰 숫자이다. 2750년이 되면 궁극적으로 한반도에는 한 명도 남지 않게 된다. 옥스퍼드 대학교의 데이비드 콜맨 교수도 2006년 지구상에서 가장 먼저 사라질 국가로 대한민국을 뽑았다. 이런 미래 추세를 안다고 오늘 밤부터 걱정 때문에 잠을 못 자게 될까?

사진출처 : 문화일보

데 예측 자체가 얼마나 의미 있겠는가! 설사 그 예측이 대한민국의 '국가소멸'과 관련되어도 말이다. 실제로 2256년 이란 해는 국회입법조사처가 현재 합계 출산율 1.19명(2014년 통계)이 지속된다는 가정하에 인구 변동을 조사한 2015년 보고서에서 한국인구가 100만 명으로 축소되는 해이다. 대부분 사람들이 인구감소와 국가소멸을 걱정하고 있지만 240년 뒤의 일 때문에 밤잠을 설치지는 않는다.

학자들은 단기적인 변화 외에 중장기적인 추세에도 관심이 있다. 그렇다고 '천년 이후 국가 구조'와 같은 초장기적인 추세를 연구하지는 않는다. 그다지 대중들의 흥미를 끌지는 못하지만, 연구자들은 장기 분석과 연구를 한다. '구조'를 찾기 위한 것이다. 즉 이들은 인간과 세상이 움직이고 돌아가는 '법칙'을 발견하고 이를 입증하고 싶은 것이다. 이렇게 발견된 법칙 즉 구조라는 것은 대중적인 흥미는 적지만 인간과 사회에는 제법 유용하다.

그래서 북미정상회담의 단기적 결과 예측 말고 좀 다른 이야기를 해 보고자 한다. 좀 더 긴 이야기. 흥미는 적지만 좀 더 유용할지 모를.

북미정상회담에서 고개를 들어 조금만 큰 틀에서 미국을 보면 재미있지만 모순된 현상이 보인다. 하나는 미국의 국제문제 개입들이다. 현 북한뿐 아니라 시리아와 베네수엘라가 눈에 들어온다. 시리아에 대해 미국은 2017년과 2018년 토마호크로 군사개입을 했다. 최근 두 명의 대통령이 싸우고 있는 베네수엘라에는 미국이 외교개입을 하고 있다. 다른 하나는 미국이 국제문제에서 발을 빼는 모습들이다. 이라크와 아프가니스탄에서의 철군. 대중국 통상전쟁과 자유무역 이탈. TPP탈퇴와 파리체제에서의 이탈. 2018년 북대서양조약기구국가들에 대한 군사경비부담금 1,000억 달러 증액까지. '관여(engagement)정책과 탈관여(disen-

지도가 많은 것을 이야기한다. 위의 지도는 미국의 지리조건을 보여준다. 미국은 우선 태평양과 대서양으로부터 보호를 받는다. 어떤 강대국이 두 바다를 건너 미국에 군사작전을 하는 것은 가능할지 모르지만, 미국과 같은 대국을 상대로 장기적인 전쟁은 불가능하다. 게다가 캐나다와 멕시코는 미국에 위협이 되지 않는다. 미국의 동부는 전통적으로 농업에 유리한 평원이며 미시시피 강이 대륙 전체의 강들과 연결되어 있어 운송에 최적화되어 있다. 안보와 식량이 해결된 상태에서 최근 셰일혁명은 미국의 유일한 취약점인 에너지 문제도 해결해주고 있다. 그래서 지정학적으로 보면 미국은 전통적인 외교정책 방향인 고립주의(Isolationism)로 향할 수 있는 것이다.

지도출처 : EUA mapa - Mapas Estados Unidos da américa - EUA

gagement)정책의 공존'이 보이는 것이다.

여기서 어려운 질문 하나. 만약 미국 외교가 갈림길에 서 있다면 국제관계의 미래는 어떻게 될 것인가? 만약 미국이 국제문제에 대해 '간섭'과 '발빼기' 사이에서 고민하고 있다면 말이다.

미국이 어떻게 행동할 것인지가 향후 몇 십 년에서 한 세기 이상 국제정치의 본질을 결정할 것이다. 왜? 미국이 가장 강력한 영향력을 가졌기 때문이다. 그동안 많은 이들이 미국의 과잉개입을 걱정했지만 우리는 미국의 과소개입도 걱정해야 하는 시대를 살고 있다.

중장기적인 예측은 두 가지 방향 사이에서 충돌한다. 먼저 지정학은 미국의 '탈관여'정책 즉 과소개입을 예상케 한다. '3가지 자유'가 미국의 과소개입을 용인한다. 셰일혁명으로 인한 '에너지 자유', 농업혁명으로 인한 '식량 자유', 2개의 대양과 주변 강대국 부재로 인한 '안보 자유'. 이 자유들은 미국의 다른 나라에 대한 필요성을 축소할 것이다.

피터 자이한의 저서 『21세기 미국의 패권과 지정학』은 재미있는 책이다. 이 책은 운송기술과 같은 기술적 요인을 활용하여 역사에서 패권을 조망한다. 그는 미국이 억세게 운 좋은 국가라고 보았다. 엉어제목 'The Accidental Superpower'처럼 우연히 미국은 초강대국이 되었다. 그는 앞으로도 미국이 패권자리를 계속 유지할 것으로 보았다. 그의 예측 지표 3가지가 셰일혁명으로 인한 '에너지 자유', 농업혁명으로 인한 '식량 자유', 2개의 대양과 주변 강대국 부재로 인한 '안보 자유'다. 기술발전과 전염병과 같은 천재지변이라는 요인이 미국의 3가지 자유를 얼마나 오래 유지시킬 지는 알기 어렵다. 하지만 중장기적 추세를 예측하기에는 유용한 지표들이다.

사진 출처 : YES 24

반면 정치학은 미국의 개입정책 지속을 예측케 한다. 정치적으로 3가지 구속 장치가 작동한다. 권력과 명예추구라는 지도자 본능의 구속, 미국 국내정치의 구속, 동맹과 자유무역협정과 같은 기존 제도와 관성의 구속. 이 구속들은 미국이 쉽게 발 빼는 것을 허용하지 않을 것이다.

북미정상회담의 단기적 결과를 넘어 한국이 중장기적으로 우려해야 할 것은 무엇인가? 1890년대(스페인전쟁과 문호개방정책 시기)처럼 미국의 과잉개입에 따른 식민지적 지배와 종속인가 아니면 2차 대전까지 가게 만든 미국의 무관심인가.

이 사진은 한국의 원유수입경로이다. 만약 한국이 미 해군의 보호가 없는 상태에서 한국으로 들여오는 원유를 수송하려면 우리 해군의 작전반경은 위험하기로 소문난 말라카 해협을 넘어야 할지도 모른다. 해군은 구성과 운용 면에서 비싼 군대이다. 해군 전단을 만드는 것은 한국에 엄청난 재정적 부담이 될 것이다. 게다가 중국 해군과 일본 해군하고도 경쟁한다면 이것은 또 다른 이야기가 된다. 그러니 한국으로서 한미동맹은 비용이 많이 들지만 유지해야 하는 어려운 숙제이다.

사진출처 : 한국일보

향후 지정학이 미국의 미래에 많은 영향을 미칠 것이다. 그렇다면 우리는 미국이 없는 세상을 상상해볼 필요가 있다. 정작 미국이 발을 빼고 한미동맹이 해체되면 한국은 엄청나게 바빠질 것이다. 아니 사력을 다해야 할 것이다. 우선 한반도 차원. 한국은 핵무기를 가진 북한을 1대 1로 직접 상대해야 한다. 동북아 차원. 한국은 한미동맹이 없는 상태에서 중국과 일본의 군사적 도발과 충돌에도 대비해야 한다. 유라시아 차원. 한국은 대양해군을 만들어 멀게는 중동까지 우리 유조선과 화물선들을 보호해야 한다.

그래서 미국의 바짓가랑이라도 잡아야 하냐고? 미국을 큰 형님으로 떠받들어야 하냐고? 그런 주장이 아니다. 지정학 차원에서 예상해 볼 때 미국의 과소 개입가능성은 높아지고 있다. 중장기적으로 말이다. 따라서 한국도 중장기적인 대응책 마련이 필요하다. 미국이 없는 세상. 그 세상은 원초적인 무정부상태(anarchy)로의 회귀가 될 것이다. 특히 동북아시아는 19세기 약육강식의 지역 질서가 재림할 것이다. 우리가 북한에 대한 단기적인 계산을 넘어서야 하는 이유다.

일상이 정치: 미식, 세대, 지정학

12

2019. 3. 6.

트럼프 손자(孫子)를 불러내다 : 하노이의 협상전략과 청중들

트럼프 대통령이 2400년이란 시간을 거슬러 손자(孫子 : 실제 이름 손무 孫武)를 불러냈다. 그것도 손자병법을 이용해 미국에 승리를 이끈 베트남 하노이에서. 게다가 북한을 상대로.

그렇다. 북한전략이 손자병법을 활용했던 마오쩌둥의 영향을 받았다는 점을 감안하면 더더욱 놀라운 일이다.

손자병법 제6편 허실편(虛實篇). "자신의 장점으로 상대의 허점을 쳐라." 트럼프 대통령은 초강대국이란 미국의 조건과 수많은 협상경험이라는 자신의 장점을 살려 국제제재로 경제난이 심각해 시간이 절대적으로 부족한 북한의 허점을 쳤다.

2019년 2월 28일. 하노이에서 트럼프 대통령은 많은 이들의 예측을 깨고 '노딜(no deal: 아무것도 합의하지 않음)'을 선택했다. 스몰딜(small deal)과 빅딜(big deal) 사이를 예측하던 전략가들은 황망하게 되었다. 회담 막판에 매파인 존 볼턴 안보보좌관을 활용해 북한과의 2차 정상회담을 엎어버린 것이다. 협상 당사자인 북한도 중개자인 한국도 그리고 협상장을 제공한 베트남도 모두- 밝게 웃으면서 합의를 포기한- 트럼프에게 일격을 당했다.

평소 가장 즐겨보는 책이 손자병법이라는 트럼프 대통령은 이런 행동을 통해서 "누구"에게 "무엇"을 말하고자 한 것일까? 회담 결렬 30분 전까지도 회담의 결과를 낙관한 한국정부는 이런 상황에서 무엇을 복기해야 하며 어떤 방식으로 대처를 해야 할까?

2019년 2월 28일 하노이회담은 결렬되었다. 김정은 위원장이 웃는 얼굴로 결렬 상황을 맞이하고 있다. 이 웃음은 미래에 대한 희망의 신호일까 아니면 황당함에 대한 김정은식 대처법일까? 협상 결렬은 중개자 한국에 어려운 공을 던져주었다.

사진출처 : 뉴스원, 동아일보 재인용

아무래도 2차 회담 파국의 최대 수혜자는 트럼프 대통령 본인일 듯하다. 그가 누구를 향해서 어떤 메시지를 날려 최대 수혜자가 된 것인지부터 복기가 필요한 이유이다. 트럼프 대통령의 첫 번째 '청중(audience)'은 전 세계 지도자들이다. 그는 전 세계가 지켜보는 가운데 미소를 지으며 판을 깼다. 예측불허 이미지의 강화. 이로써 향후 트럼프를 상대해야 하는 국가 지도자들에게 협상은 더욱 골칫덩어리가 될 것이다. 실제 트럼프 대통령은 회담 결렬 뒤인 3월 4일 인도와 터키에 제공하는 특혜관세를 폐지하겠다는 서한을 보냈다. 북한에 보낸 것처럼 트럼프 정부는 미국의 국익을 위주로 국정 운영을 할 것이라는 일관된 신호를 송출했다.

2차 북미회담 당일인 2월 28일 미국에서는 트럼프 대통령의 변호사였던 마이클 코헨이 미국 하원에서 트럼프 대통령과 관련된 사안들을 증언했다. 러시아와의 거래와 성스캔들 등등. 미국 방송사들은 북미 정상회담 당일 북미정상회담보다 이 뉴스에 더 비중을 두었다. 트럼프 대통령도 이 문제가 자신을 괴롭힌다는 것을 잘 알고 있었다. 이것이 어중간한 합의보다 파격적 노딜을 선택한 이유 중 하나이다.

사진 출처 : 국민일보

두 번째 청중은 미국 국민들과 민주당이다. 트럼프 대통령은 어중간한 합의문을 만들지 않음으로써, 여러 스캔들로 아비규환인 국내정치의 제단에 올라가지 않게 되었다. 또한 '전략적 인내'로 한반도 문제를 방치한 민주당도 한 방 먹였다. 북한처럼 다루기 힘든 상대를 어떻게 다룰 수 있는지를 보여주면서. 매우 의기양양하게.

국내여론이라는 '청중'말고 상대방인 북한에도 어마어마한 외교적 부담을 던졌다. 우선 북한 지도부가 생각하는 '비핵화(denuclearization)'의 의미가 정확히 무엇인지를 만천하에 드러냈다. 게다가 북한의 엘리트층에게는 최고 지도자가 협상을 통해 아무것도 얻을 수 없다는 점도 각인시켜주었다.

내년 대선까지 시간적 여유가 있는 트럼프 대통령은 북한의 가장 아픈 곳을 찔렀다. 손자병법의 가르침대로. 실제 김정은 위원장은 트럼프 대통령과의 단독회담 전에 인터뷰 마지막에 이렇게 이야기했다. "우리한테 시간이 귀중한데 편안한 시간 주시면 우리가 계속 이야기하겠습니다." 최고 지도자가 시간이 부족하다고 시인한 북한에 대해 바로 그 지점을 공격한 것이다. "속도는 중요하지 않으니 다음에 다시 만나자"고 하면서.

미국 입장에서 오래되고 불편한 문제인 북한 핵 문제에 "속도가 중요한 것이 아니라"고 말하면서 트럼프 대통령은 한국정부와 한국인 청중들에게도 공을 넘겼다. 판은 깨졌지만 "한국정부가 적극적인 중개자 역할을 하기 바란다"는 말과 함께. 북한과 미국 사이의 중재자가 얼마나 속이 탈지를 뻔히 알면서 말이다.

트럼프 대통령은 시진핑 주석과 중국의 청중들에게도 중대한 신호를 보냈다. 미국 입장에서 북한 '핵'카드는 버릴 수 있는 카드이며 그 한계

『트럼프 전략의 신』 표지. 이 책은 트럼프 대통령이 가장 애독하는 손자병법을 활용하여 어떻게 일약 공화당 대통령 후보가 되었고, 대선에서 승리했는지를 설명한 책이다. 트럼프가 손자에 능하다는 것은 이번 북미정상회담에서도 여실히 드러났다. 동양의 손자가 미국 대통령에 의해 사용되었다는 것이 흥미롭다.

사진 출처 : 교보문고

선이 명확하다는. 그러니 미국과 중국의 통상문제에 좀 더 집중해야 좋을 것이라고.

현 상황에서 트럼프 대통령이 구사한 협상전략의 규범적 타당성은 부차적인 문제다. 핵무기와 핵물질이 걸린 국가이익 앞에서는 정치 현실이 규범을 뛰어넘는다. 이런 상황에서는 다분히 현실주의적인 사고가 필요하다. 즉 이 행동과 전략이 원하는 결과를 만들 수 있는지에 집중해야 한다.

이슈를 여러 개로 나누고 시간을 끌면서 협상을 파국으로 끌고 가는 전술은 원래 북한의 전유물이다. 트럼프 대통령은 북한이 썼던 방식으로 북한을 상대했다. 그가 존 볼턴 보좌관을 마지막에 배석시켜 판을 깬 이유는 명확하다. 자신은 급하지 않으니 북한이 자신의 요구에 맞추어야 한다는 것이다.

미국은 북한 상황을 뻔히 꿰고 있다. 그런데 북한에 대한 국제제재들이 실제 2017년부터 그 효과를 드러내고 있다. 2017년 북한 GDP는 -3.5%(한국은행통계)로 하락했다. 1995년 전후 고난의 행군을 시작하던 때 다음

이 표는 1990년 이래 남한과 북한의 경제 성장률의 추이를 보여준다. 1990년대 초중반 경제가 붕괴하던 북한은 2016년 경제 성장률이 높게(+ 3.9% 한국은행통계) 나왔지만 2017년에는 다시 하락했다. 급격히 하락한 이유가 2016년 이후 대북경제제재의 효과가 직접적으로 나타났기 때문이라는 해석들이 많다. 고난의 행군 이후 장마당 경제가 활성화된 현시점에서 경제구조가 취약한 북한이 장마당을 돌릴 수 있는 외부 물자공급을 차단하는 국제제재를 오랫동안 이겨내기는 쉽지 않아 보인다. 북한 지도자가 핵문제에 대한 전향적결단을 해야 하는 이유다.

사진출처: EBN

으로 나쁜 하락세이다. 한 통계에 따르면 북한의 2018년 수출은 2017년의 1/10 수준으로 축소되었다고 한다. 2017년 총 17억 불 수준이었던 수출 규모로 볼 때 2억 불이 안 되는 정도로 수출이 격감한 것이다.

냉철한 이익을 중심으로 살아온 사업가 출신 트럼프 대통령에게 이 상황을 통해 말하고자 하는 바는 명확하다. 북한이 굽히고 들어와야 한다는 것이다. 게다가 UN을 중심으로 한 국제제재는 미국 혼자 푼다고 풀리지 않는다. 독일과 프랑스처럼 북한 핵 문제에 강경한입장을 가진 다른 국가들을 설득하려면 명분도 있어야 한다. 그러니 북한이 먼저 움직여야 한다. 그런데 '지도자절대'사상을 가진 북한이 잘못했다고 먼저 숙이지는 않을 것이다. 그래서 트럼프 대통령은 한국이 중간 역할을 해주기를 바란 것으로 보인다. 하지만 이미 미국의 협상 기준이 공개된 만큼 북미간의 합의는 쉽지 않게 되었다.

냉철한 국가이익 차원에서나 인도주의적 입장이나 민족주의적 입장에서도 북한 문제의 장기화는 대한민국에 커다란 부담이다. 여기서 미국에 북한 핵문제의 기준을 낮추어달라고 설득해도 트럼프 대통령이 들어주지 않을 것이다. 그는 판이 어디로 넘어왔는지를 아는 손자병법의 달인이다. 그러니 관건은 북한에 핵을 포기하는 것과 그 이후의 보상으로 설득하는 방법밖에는 없어 보인다. 이럴 때 중국을 활용해서 북한을 설득해가는 방안도 생각해 볼 수 있을 것이다. 이번 일로 깜짝 놀라긴 시진핑 주석도 마찬가질 테니. 게다가 북한 카드보다 중요한 미국과의 통상협정을 앞두고 있으니 말이다.

중개자. 그 여정의 어려운 국면이 시작되었다. 정부의 새로운 상상력과 외교적 돌파력이 필요한 때이다. 이 어려운 시점에 문재인정부가 역사적인 전환점을 만들도록 대한민국 국제정치학도로서 응원한다.

일상이 정치: 미식, 세대, 지정학

13

2019. 12. 19.

중국몽(中國夢) : 강자(stronger)와 지도자(leader)간의 거리

최근 지인이 이런 질문을 했다. "중국은 중국몽(中國夢)을 이룰까?" 이 질문에 나는 단호히 대답했다. "이룰 수 없다." 이 대답은 타당할까?

우선 한 가지 사안에서 그 타당성을 확인해 볼 수 있다. 2019년 12월 18일 시진핑 주석이 마카오를 방문했다. 마카오의 중국 반환 20주년을 기념하는 자리에서 시주석은 반환 20주년간의 성과를 자축했다. 자축의 핵심은 '일국 양제'의 원활한 작동에 있다. 그런데 '일국 양제' 그 자체가 중국 체제운영원리의 약함에 대한 방증이다. 하나의 국가 안에 사회주의를 자본주의와 공존시킨다는 것은 '자본주의의 강함과 사회주의의 약함'의 결과이기 때문이다.

다시 질문으로 돌아가 보자. 중국이 중국몽을 달성할 수 있는지는 우선 중국몽의 목표가 무엇인지에 달려있다. 중국이 강대국 차원에서 만족할 것인지 아니면 중국이 세계를 이끄는 패권 국가가 되는지가 정해져야 중국몽 달성 가능성의 평가가 의미 있다. 시진핑 주석이 말하는 중국몽은 마오쩌둥 시기 '국가 건설'이라는 중국몽과 덩샤오핑 시기 '경제발전'이라는 중국몽과는 확실히 다르다. 시진핑 주석이 꿈꾸는 중국몽은 '중국이 세계질서를 주도하는 질서를 만들겠다'는 것이다. 다만 '실현 가능성(Feasibility)' 차원에서 구체적 양태가 미국을 견제하는 정도의 양극적 구조를 만들겠다는 것인지, 미국을 넘어서는 패권이 되려는 것인지에 대해서는 논쟁이 있다. 두 가지 가능성을 모두 고려한다고 해도, 중국이 국제질서를 "주도하는 국가"가 되어야 한다는 점은 같다.

중국 시진핑 주석의 중국몽. 세계를 이끄는 국가가 되겠다는 중국의 목표이다. 2050년까지 이루겠다는 중국몽은 국내정치는 '대동'사회를 이루고 국제관계에서는 중국이 국제질서를 이끄는 국가가 되겠다는 것이다. 하지만 경제력과 군사력의 부상에도 불구하고 미래에 대한 비전 제시가 되지 않는다는 점에서 중국은 강자가 될 수 있을지 몰라도 지도자는 되기 어렵다.

사진 출처 : 한겨레

하지만 이런 목적은 달성되기 어렵다. 중국이 강자(stronger)는 될 수 있을 것이다. 하지만 지도자(leader)가 될 수는 없다. 키신저나 아이켄베리와 같은 석학들은 공통적으로 중국이 패권 국가가 될 수 없는 이유로 인류 보편적 가치를 제시하지 못한다는 점을 든다. 미국이 유례없는 패권질서를 만들 수 있었던 것은 미국의 힘뿐 아니라 인류 보편적 가치인 자유와 민주주의와 시장질서를 강조하면서 이를 국제제도 안에 도입했기 때문이다.

이러한 주장은 권력(power)이론을 통해서 단순화할 수 있다. 정치학에서 권력(power)은 '물리적 힘(force)'과 '정당성(legitimacy)'으로 이

국제연합의 내부 모습이다. 국제연합은 미국이 자신의 힘과 규범을 가장 광범위하게 제도화한 사례이다. 미국은 UN을 통해서 국제평화와 안정, 경제적 번영, 인권 존중이라는 가치를 담으면서도 안전보장이사회를 통해 군사력을 사용할 수 있는 집단안보를 구체화하였다. 집단안보가 작동하기 어려웠던 수에즈 사태 당시 평화유지활동(PKO)을 활용한 것도 미국이다. 그런 점에서 미국은 제도를 활용한 권력 사용에 있어서 모범을 보여주고 있다.

사진 출처 : 위키피디아

루어져 있다. 국내정치에서 중앙정부는 이 두 가지를 모두 가진다. 그런데 국제정치는 다르다. 국제정치에는 '물리적 힘(force)'은 개별국가들이 가지고 있다. 하지만 합의된 정당성은 없다. 즉 어떤 국가가 다른 국가에 대한 권력을 사용했을 때, 권력사용에 대한 정당성을 가지지 못한다. 따라서 힘이 강해진 강대국들은 자신들이 만든 이데올로기로 질서를 운영하고자 한다. 그리고 이 운영원리에 대해 다른 국가들이 정당하다고 받아들이기를 요구한다. 이것에 성공하면 강대국은 세계질서를 만드는 국가 즉 패권국가가 될 수 있다.

그런 점에서 볼 때 중국은 '물리적 힘'을 가진 강대국은 될 수 있다. 그러나 질서를 이끄는 패권 국가가 되기는 어렵다. 다른 국가들을 이끄는 힘 즉 '정당성'은 미래에 대한 비전과 현재 질서를 이끌어 가는 논리와 가치관에서 나오기 때문이다. 국내정치나 마찬가지로 국제정치에서도 지도자(leader)는 미래에 대한 비전이 필수적이다.

그런 점에서 중국은 미래에 대한 비전을 제시하지 못하고 있고 앞으로도 그럴 것이다. 실제 그럴지 보자. 중국이 제시하는 중국식 민주주의에는 민주주의가 가지고 있어야 할 가장 필수적인 원칙이 없다. 로버트 달이 규정한 최소적 차원의 민주주의 조건인 '자유'로운 시민들의 '참여(participation)'와 '경쟁(contestation)'이 없는 것이다. 여기에 더해 중국이 제시하고 있는 '베이징 컨센서스'라는 정치경제운영 원리는 19세기의 후발주자인 프러시아 모델의 복사판이다. 사이버공간에서의 자유마저 부정하는 중국에서는 질서 유지를 위해 강력한 중앙정부만이 존재한다. 이번 홍콩사태가 대표적이다.

중국의 최근 외교 행보는 중국이 미래비전을 제시하지 못할 뿐 아니라 현재도 다른 국가들의 존경을 받기 어렵다는 점을 보여준다. 대륙 국가 중국은 해양력을 키우면서 지정학적인 팽창을 하고 있다. 나의 지도교수님이신 강성학 교수님의 지론처럼 이러한 중국의 행동은 과거 나치 독일이나 군국주의 일본의 행동방식을 닮아가는 퇴행적인 것이다. 게다가 한국의 THAAD문제 때 보여준 것처럼 중국은 강대국으로서의 품위도 없다. 중국의 고압적인 외교 행태는 주변 국가들의 불만을 사고 있다.

한국과 주변 4강 해군력 비교 (단위: 대)

	미국	중국	일본	러시아	한국
총 함정수	518	702	131	302	160+
총톤수(t)	345만1964	122만5812	46만2007	104만3104	19만2000
항공모함	11	2	4(헬기항모)	1	0
이지스함	88	9	6(+2)		3(+3)
잠수함	71	69(핵잠 13)	19	65(핵잠 40)	18
상륙함(정)	106	76	11	56	10+
항공기(헬기포함)	4028	599	286	442	60+

자료: 영국 IISS '군사력 균형(Military Balance)', 해군본부 등

한·미·중·일 이지스함 비교

	중국(055형)	한국(세종대왕급)	일본(아타고급)	미국(알레이버크급)
만재배수량(t)	1만2000~1만3000	1만	1만	8400~9800
길이(m)	180	166	165	155
승조원(명)	310	300	300	320
수직발사기(기)	112	128	96	90~96
주요 무장	YJ-18 등 대함·대공·대지미사일	해성2 등 대함·대공·대지 미사일	SM-3 등 대함·대공 미사일	토마호크 등 대함·대공·대지 미사일

중국은 자신의 역사에서 해군을 결코 잊을 수 없다. 해군은 약한 중국의 상징과도 같다. 그런 점에서 중국은 해군력 증강을 꽤 오랫동안 진행해왔다. 해군력으로 상징화되는 중국의 지정학팽창전략은 과거 일본이나 독일의 전철을 밟을 수 있다. 중국의 이러한 팽창주의가 미래지향적이기보다 퇴행적으로 보이는 이유다.

사진 출처 : 주간 조선. 유용원의 밀리터리 리포트

중국의 힘은 더 강해질 수도 있다. 하지만 보편적인 문명체계를 갖춘 국가들로부터 존중받기는 어렵다. 이는 중국식 정치체제의 특성에 의해 보강된다. 공산당 유일당 체제인 중국식 정치체제는 다원성이 없다. 미국과 비교하면 명확하다. 미국은 다원적인 국가로 트럼프 대통령 같은 지도자도 나올 수 있지만, 지도자가 바뀌면 국가는 다른 방식으로 운영될 수 있다. 다원적 체제에서는 링컨 같은 위대한 지도자가 나올 수 있다. 미국에서는 이런 다원성과 위대함에 대한 역사 교육을 받으면서 미래 지도자

가 자란다. 반면에 중국은 그런 다원성과 위대함을 배우면서 미래 지도자가 성장하지 못한다. 그런 점에서 다원화되고 변화하는 미래 인류를 이끌고 갈 위대한 지도자를 중국 정치체제에서 상상하기 어렵다.

한국은 '자유'와 '시장'이라는 보편적인 가치를 추구하면서 지금 여기까지 왔다. 현재가 그런 것처럼 한국의 미래 역시 자명하다. 트럼프 정부의 다양한 압력에도 불구하고 한미동맹에 기초한 한미관계가 한국 외교의 주춧돌이다.

일상이 정치: 미식, 세대, 지정학

14
2019. 11. 14.

'문화-정치 투쟁' 관점에서 보는 홍콩사태

2019년 11월 11일. 홍콩시위를 주도하고 있는 시민단체 '민간인권전선'의 얀 호 라이 부의장이 한국에서 '홍콩 민주주의'라는 주제로 간담회를 가졌다. 주장의 핵심은 1987년 '민주화'를 이룬 한국은 홍콩과 '민주화'라는 공통분모를 가지고 있어 홍콩 문제를 충분히 이해하리라는 것이다. 그의 주장대로라면 현 홍콩사태는 특정 정책반대(송환법 반대)에서 정치체제변화(홍콩 민주화)로 전환되고 있다.

그가 바라는 '홍콩의 민주화' 노력은 성공할까? 홍콩시민들에게는 아쉽겠지만 성공가능성은 대단히 낮다. 우선 민주화의 실험장인 한국에서도 홍콩문제에 대한 관심은 그리 높지 않다. 몇몇 대학의 학생들이 지지하지만, 사회적 호응은 미미하다. 21세기 민주주의의 수호자를 자임한 미국도, 과거 식민지 모국인 영국도, 국제사회를 이루는 다른 국가들처럼 그저 팔짱만 끼고 있다.

2019년 11월 11일. 홍콩 경찰이 시위 중인 시민을 향해 실탄을 발포하고 있다. 이 사건은 무장하지 않은 시위자에 대한 과도한 강경 진압이라는 비판과 함께 홍콩시위를 더욱 격화시켰다. 6월 '송환법'으로 시작한 홍콩시위는 '송환법폐지'라는 '정책 반대'에서 홍콩의 직선제 선거제도 개편이란 민주화 즉 '체제 전환'요구로 바뀌고 있다. 중국 본토 내 공산당의 강경대처와 홍콩 시위대의 강경대응 사이에서 홍콩사태가 어디로 갈지에 관심이 쏠리고 있다.

사진출처 : 경향신문

이런 와중에 홍콩사태는 더욱 심각해지고 있다. 지난 6월에 시작된 시위는 이미 5개월을 넘었다. 시위가 격화되면서 내전을 방불케 하고 있다. 실제 11월 13일 시위는 시가전에 가까웠다.

중국 정부의 강경한 개입이 이 사태를 더 어둡게 만들고 있다. 중국 중앙정부는 10월 28일부터 열린 19기 중앙위원회 4차 전체회의(19기 4중전회)에서 중국 사회주의 체제 유지와 당의 권위강화를 결정하였다. '일국양제'로 운영 중인 홍콩을 봐줄 생각이 없다는 것이다.

이후의 사태는 '강대강' 대립의 연속이다. 중국 중앙정부의 강경정책 결정. 그 지시를 따르는 홍콩정부. 긴급법 발동. 15세 소녀 의문사. 민간인권전선의 의장인 지미 샴에 대한 쇠망치 테러. 비무장 시위자에 대한 실탄사격. 시민들의 분노. 내전과 같은 거리 투쟁.

극단으로 치닫는 홍콩사태에 대해 얀 호 라이 부의장의 바람대로 민주화로 결말지어지기를 바라는 낙관론이 있다. 반면에 제2의 천안문 사태가 될 것이라는 비관론도 있다. 대부분의 미래예측처럼 홍콩사태의 미래도 시위대에 발사된 최루탄과 같다. 뿌옇고 고통스럽다.

이 사태의 미래를 체계적으로 예상해보기 위해서는 이 사태의 원인을 단순화할 필요가 있다. 특히 구조적이고 거시적인 조망이 필요하다. 이 사태가 송환법이라는 특정 사건에서 시작했지만, 홍콩의 체제 유지라는 거시적 차원으로 진화하고 있기 때문이다.

현 홍콩 문제의 원인은 크게 3가지로 분석해 볼 수 있다. 첫째, 역사적 요인이다. 항구도시 홍콩은 중국 근대화의 고통을 상징한다. 남경조약으로 영국으로 넘어간 이후 홍콩인들은 중국과 다른 역사를 살아왔다. 특히 중국이 1949년 공산화된 이후에는 완전히 다른 길을 걸었다. '영국식 체제 vs. 사회주의 체제'로.

둘째, 이런 식민지의 역사와 자본주의 궤적을 가진 홍콩은 중국과는 다른 정체성과 문화를 가지고 있다. 홍콩은 홍콩만의 정체성이 있다. 한족 중심의 중국은 민족주의를 중심으로 국가를 운영한다. 1978년 개혁개방 이후 포기된 마르크스주의 노선을 민족주의가 대체하고 있는 중국과 달리 홍콩은 홍콩인이라는 정체성을 포기하지 않고 있다. 홍콩인들은 '본토주의'를 강조하면서 중국인이나 한족과 다른 '광동인'이라는 자부심을 가지고 있다. 1997년 홍콩이 중국에 반환된 이후에도 홍콩은 완전히 중국화되지 않고 홍콩만의 문화적 정체성을 유지하고자 애쓰고 있다. 반면에 중국 정부는 이 작은 도시를 중국화하고 있다. 대표적으로 광둥어 대신 표준어를 쓰게 하고 있다. 또 친중국 계열의 자본가들을 중심으로 친중국화를 추진하고 있다. 과거 홍콩 배우들이 빠르게 표준어를 쓰면서 연기하고 있는 것을 보라.

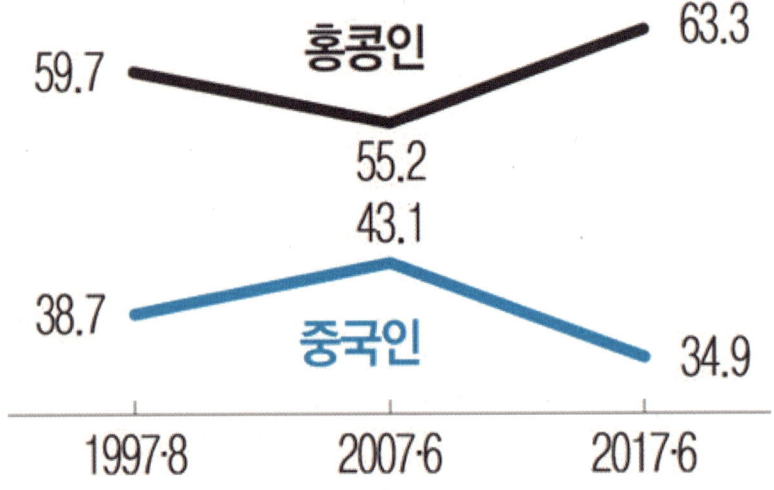

홍콩인들의 정체성을 보여주는 여론 조사결과다. 1997년 영국에서 중국으로 반환된 이후 중국인이라는 정체성을 가진 홍콩인들이 늘어나기도 했다. 하지만 시진핑 정부에 들어와 홍콩에 대한 통제가 늘어나자 중국인과 다른 홍콩인이라는 인식이 재부상하고 있다. 2017년 통계에 따르면 18세에서 29세 사이의 홍콩인들은 자신을 홍콩인이라고 여기는 비율이 93.7%까지 늘어났다. 이 통계는 2007년의 65.7%이란 수치와 비교가 된다. 홍콩인의 정체성이 강화되면서 중국과는 다른 '정치체제'에 대한 지지도 높아지고 있다. 2014년 '우산혁명'을 주도한 이들과 2019년 홍콩시위를 주도하는 층이 젊은 층이라는 점을 보라. 홍콩에서도 세대 정치가 작동하고 있다.

사진 출처 : 경향신문

공산당의 억압적인 중국화는 홍콩의 정체성과 충돌한다. 이는 1997년 홍콩반환에서 합의한 대로 일국양제(一國兩制, One country, two systems: 한 국가 안에 경제 운용은 자본주의와 사회주의를 병행할 수 있다는 원칙)와 항인치항(港人治港: 홍콩인이 홍콩을 통치한다는 원칙)의 원칙을 무시하는 것이다. 핵심은 두 가지에 있다. 첫째, 악화가 양화를 구축하듯이 더 민주주의적인 제도들이 무시되고 있다. 홍콩인들이 볼 때는 자신들이 사용해왔던 영국식 제도가 중국식 제도 보다 우월하다. 홍콩과 본토의 1인당국민소득 차이를 보라. 둘째, 문화적인 차이에도 불구하고 더 열위의 문화가 더 우위의 문화에 대해 자신들을 받아들이라고 강요하는 것이다. 홍콩인들이 본토인들을 '미개하다'고 무시하는 것이나 본토인들이 홍콩인들을 '천박한' 자본주의자들이라고 비판하는 것을 보라.

셋째, 정치적 요인이다. 위의 잠재적인 불만들은 결국 정치적 결정 때문에 발화되었다. 민족주의가 강한 중국은 '하나의 중국(One China policy)'안으로 홍콩과 대만을 흡수하고자 한다. '치욕의 100년'을 끝내고 '중국몽'을 실현하는 것만이 비민주주의 체제인 중국이 중국인들에게 줄 수 있는 정치적 선물이다. 대를 위해 소를 희생하는 이러한 민족주의와 집단주의적 사고가 홍콩에 대한 자치권의 약화로 이어진 것이다. 여기에 경제'정책적 차별'이 기름을 끼얹은 것이다. 홍콩의 중국화에 따라 금융의 중개지로서 홍콩의 중요도는 약화되고 있다. 중국인들과 중국기업들이 홍콩경제를 주도하고 있다. 이러한 정책은 집값 상승과 임대료 상승으로 이어지면서 홍콩 본토인들을 밖으로 내몰고 있다. 친중국계 기업들의 표준어 사용자 위주의 고용정책은 그렇지 않아도 살기 어려운 홍콩 청년들을 좌절시킨다.

상황을 비관으로 모는 것은 중국 중앙정부가 홍콩에 대해 양보할 여지가 없다는 점이다. 중국공산당의 최대한 양보는 홍콩 자치를 명분으로 하여 홍콩 정부가 시위대 요구 중 몇 가지를 들어주고 타협하는 것이다. 중국공산당의 결정과는 별개의 논리로.

그간 중국공산당은 정치적 시위에 대해 양보한 전례가 없다. 중국공산당에게 양보는 체제붕괴로 이어질 것이라는 두려움이 있기 때문이다. 홍콩보다 더 큰 티베트와 신장-위구르 문제가 뒤에 버티고 있다. 고로 홍콩 시위대의 요구가 '중국 권위주의 체제 부정과 민주주의구축'으로 간다면 이것은 중국공산당에 생사의 문제가 될 것이다.

이 지점에서 민주화의 성공 여부를 가늠하게 하는 정치적 조건이 두 가지 있다. 첫째, '구심점'이다. 홍콩의 시위가 정책거부에서 체제거부로 넘어가려면 구심점이 되는 대안 정치세력과 대안 조직이 필요하다. 그런데 홍콩에는 이러한 구심점이 없다. 이 조건은 둘째 조건인 '외부 지지확보' 가능성과 연결된다. 인구 380만 명의 홍콩이 14억짜리 인구의 중국에 대해 민주주의를 관철하려면 혼자서는 안 된다. 중국 내의 동조자들과 해외 지지자들이 있어야 한다. 하지만 둘째 조건 역시 홍콩에 우호적이지 않다. 중국 본토인들에게 홍콩은 그저 작은 섬에 불과하다. 한족과 공산당원들이 홍콩 때문에 민주주의를 받아들이지는 않을 것이다. 게다가 구심점 부족은 해외의 지지확보마저 어렵게 한다. 특히 중국과 무역 관계로 엮여있는 국가들 입장에서 결과를 알기 어려운 홍콩 민주화 요구에 적극적으로 지원하는 것은 거의 불가능하다. 21세기 민주주의의 수호자인 미국의 어정쩡한 태도를 보라.

구조적 관점에서 볼 때 홍콩사태의 미래는 낙관적이지 않다. 지금 시점에서 가장 아름다운 그림은 시위대와 홍콩 정부가 타협하여 홍콩 경찰의 강경진압에 대해 조사하고 홍콩시의 대중 교통운영을 정상화하는 정도가 될 것이다. 그리고 홍콩 선거제도에 부분적인 수정을 가하는 것이다. 하지만 내년 1월 '대만 총통선거'라는 변수와 함께 '미중간의 무역-환율-기술 분쟁'이라는 변수가 있다. 홍콩시민들은 여기서 일말의 희망을 찾겠지만 국제정치의 '힘의 논리'상 이마저도 낙관적이지 않다.

홍콩의 미래는 최루탄 속에 있다. 연기가 깨끗이 걷히고 나더라도 한참 동안 고통스러울 것이다.

그럼 지금은?

2019년 시작한 홍콩사태는 2020년 3월 현재도 진행중이다. 홍콩 시위대는 5가지를 요구했다. 첫째, 송환법 공식 철회. 둘째, 경찰의 강경진압에 대한 독립적인 조사. 셋째, 시위대를 폭도로 규정한 것의 철회. 넷째, 체포된 시위 참여자에 대한 조건 없는 석방 및 불기소. 다섯째, 행정장관 직선제실시가 5가지 요구사항이다. 그 중 첫 번째 요구만 관철되었다.

홍콩인들에게는 안타깝게도 코로나 사태가 중국에서 발생하여 홍콩문제는 국제적으로 관심을 못받고 있다. 반면에 시진핑주석에게 홍콩문제는 이번 코로나 사태 해결만큼이나 중요한 정치적 난제이다. 시주석은 '시자쥔(習家軍 : 시진핑의 사람들)'을 홍콩문제 해결의 전면에 포진했다. 방어적인 위기관리라기 보다 위기를 이용해 권력을 강화하려는 것으로 볼 수 있다. 앞으로 홍콩 사태는 세상의 관심 밖에서 계속될 가능성이 높다.

일상이 정치: 미식, 세대, 지정학

15

2019. 7. 25.

중국과 러시아간 연대 :
경쟁적 권위주의 국가들의 결탁

2019년 7월 23일 러시아 군용기가 독도 영공을 침범했다. 당연히 한국은 발칵 뒤집혔다. 방공식별구역도 아닌 영공을 침범당한 것이다. 게다가 러시아 조기경보기와 폭격기가 지나갔다. 엎친 데 덮친 격으로 중국까지 합류했다.

찔러보기 전략. 러시아와 중국은 합동군사훈련 도중 찔러보기 전략을 썼다. 그런데 대한민국에 이것은 그저 찔리는 정도가 아니다. 헤비급 복서의 잽을 한 방 맞은 느낌이랄까! 북한 핵 문제 교착과 일본과 무역 분쟁으로 외교적 곤경에 처한 한국정부에게 중국과 러시아의 안보 도전까지 이어졌으니 한국이 느끼는 펀치의 강도는 강력하기 그지없다.

이 글은 중국과 러시아가 "왜" 찔러보기를 했는지에 집중하지 않을 것

2019년 7월 23일 러시아 조기경보기가 한국의 영공을 침범하였다. 러시아의 '찔러보기 전략'에 한국은 경고사격이라는 군사적 고강도 조처를 했다. "왜 침범했을까"도 중요하지만 "앞으로 더 깊숙이 찌르면 어찌할 것인가"도 중요하다. 군사적 강대국 사이에서 한국은 옵션이 그리 많지 않다. 안타깝지만 그것이 현실이다.

사진출처 : 연합뉴스, 스트레이트 뉴스 재인용

이다. 너무나 많은 이들의 분석이 이어질 것일 뿐 아니라 분석에 특별한 것이 있어 보이지 않기 때문이다. 그도 그럴 것이 전략적으로 볼 때 어떤 국가가 가장 약한 고리를 찔러 보는 것은 너무나 당연하다. 게다가 중국과 러시아로선 친밀감을 강조하면서 미국을 향해 같은 목소리를 내는 연성균형전략(soft balancing strategy)으로 이만한 것이 없을 테니 말이다. 2005년 시작한 Peace Mission부터 중국과 러시아는 군사훈련을 계속해오면서 미국에 일관된 저항의 신호를 보내왔다. 이번 사건은 그 연장선에서 한국-미국-일본으로 이어진 고리를 찔러보며 미국의 이 지역에서 안보 의지와 동맹들의 결속력을 확인할 수 있다.

사실 더 분석해야 할 것은 '왜?'보다는 앞으로 '어떻게' 될 것인지 이다. 만약 중국과 러시아가 이번 달 말에 예정된 군사훈련 때 다시 도발하여 좀 더 깊숙이 찌른다면. 이것이 진짜 문제다. 이런 상황에서 한국은 미국에 의향을 타진해야 한다. 그럼 미국은 지역적으로는 일본과의 관계 속에 전

2005년부터 중국과 러시아는 'Peace Mission'이라는 이름으로 합동 군사훈련을 해오고 있다. 이러한 중국과 러시아의 군사적 밀착은 동맹으로 발전한 것은 아니지만 미국을 향한 연성균형(soft balancing)전략으로 볼 수 있다. 동맹체결로 미국을 견제하는 것은 아니지만 강대국인 중국과 러시아가 미국에 대해 여차하면 동맹으로 견제할 수 있다는 신호를 보내는 것이다. 이 사진은 2005년 Peace Mission 훈련 당시 중국군의 상륙연습 장면이다.

사진 출처 : China Defence Forum

체 판을 고려해야 하고 세계적으로는 중동질서에 대한 전략(미국의 이란과 시리아에 대한 압박과 그에 따른 러시아와 중국의 이란과의 밀착 가능성)도 계산에 넣어야 한다. 만약 미국이 중동 때문에 한국을 자제시키거나 역으로 한국을 중심으로 중-러의 찔러보기에 강력하게 대응하라고 요구한다면? 한국은 어떤 경우나 당황스러울 것이다. 1930년대 독일이 했던 것처럼 중국과 러시아가 한-미-일의 관계에서 가장 약한 고리인 한국을 계속해서 찔러보기를 한다면? 그것이 가장 끔찍한 시나리오일 것이다.

이번 칼럼에서 보고 싶은 것은 다른 부분에 있다. 안보 이야기 말고 중국과 러시아의 국내정치다. 좀 더 구체적으로는 '정치체제'를 이야기할 것이다.

'경쟁적 권위주의' 혹은 '선거권위주의'나 '혼합체제.' 최근 권위주의 특이한 형태를 분석하기 위한 개념들이다. 이게 뭔 소린가.

권위주의가 진화하고 있다. 분석개념이 새로 생겼다는 것은 분석할 대상이 존재한다는 것이다. 실제 권위주의 '정치체제'가 바뀌고 있다. 전통적으로 권위주의체제라고 하면 독재자인 지도자를 중심으로 하여 정치가 운영되는 체제다. 우스갯소리로 지도자가 암살당하면 끝나는 체제가 권위주의였다.

그런데 단순했던 권위주의 '체제'가 진화 중이다. "우리 아이가 달라졌어요!"의 정치적 버전. 권위주의 체제인데 선거를 하는 것이다. 야당들이 선거 게임에 진입하여 여당과 경쟁을 하는 것이다. 이렇게 되면 민주주의와 권위주의의 구분이 약해진다. 가장 단순한 민주주의의 정의는 "경쟁적인 선거를 통해서 정부를 구성하는 것"이다. 그런데 권위주의 체제에서도 경쟁적인 선거를 통해서 정부를 구성한다. 러시아가 가장 대표적인 사례다.

2000년대 들어와서 발전하고 있는 이 개념은 정치학적으로는 민주주의이론가들에게 치명적이다. 자유민주주의가 전세계로 확산할 것이고 장기적으로 권위주의 체제는 지탱하지 못할 것이라는 서구 민주주의이론가들의 가정과 확신을 깨기 때문이다. 경쟁은 하지만 여전히 권위주의라서 어느 정도 선거 이후 결과가 보장된 체제들인 경쟁적 권위주의, 혹은 선거권위주의가 생기면서 '권위주의의 약화 = 민주주의로의 전환'이 아닐 수도 있게 된 것이다.

물론 중국은 경쟁적 권위주의에 해당하지 않는다. 중국에는 복수정당도 경쟁적인 선거도 없다. 공산당 내 분파들이 경쟁하고는 있지만, 러시아나 중앙아시아 국가들처럼 선거라는 유권자들의 선택을 받아들이지는

21세기판 술탄, 황제, 차르

레제프 타이이프 에르도안(64)	시진핑(65)	블라디미르 푸틴(66)
터키 대통령	중국 국가주석 (공산당 총서기·중앙군사위 주석 겸임)	러시아 대통령

최고지도자 부상 및 집권 연장 ▶

2003~2014년 총리, 2014년 대통령 취임해 개헌으로 권한 강화하고 연임 기간 재시작	2013년 국가주석 취임. 2018년 3월 국가주석 재선임되며 연임 제한 철폐	2000~2008년 대통령 역임 뒤 연임 제한 피하려 2008~2012년 총리. 개헌으로 임기 6년으로 연장 뒤 2012년 대통령 재취임. 2018년 3월 재선 성공해 2024년까지 집권 가능

대외 관계 목표와 현안 ▶

• 시리아 북부 침공(진행중) 등 터키 내외 쿠르드족 대처. • 팔레스타인 문제 등에서 이슬람권 대표 추구	• '중국몽' 실현 • 미국과 '무역 전쟁' • 일대일로 정책으로 유라시아 주도권 확보 시도 • 핵 문제 두고 북한과 밀착	• '러시아제국·소련 전성시대' 재현 추구 • 조지아 침공(2008년)과 우크라이나 크림반도 합병(2014년) • 시리아 내전 개입(진행중)

권위주의 체제가 진화하고 있다. 과거 권위주의 하면 '인적 통치', '지도자의 카리스마' 정도로 정의되었지만, 최근 권위주의는 선거를 통해 정권을 유지하고 야당과 경쟁을 하는 방식으로 민주적 제도를 도입하여 운용되고 있다. 좀 다르긴 하나 중국도 권력 경쟁이 덩샤오핑 이후로 제도화되었다. 2018년 시진핑이 개헌을 통해 '일인' 독재로 바꾸기는 했지만 말이다. 이들 권위주의 체제의 공통점은 경제실적으로 정치적 정당성을 만회한다는 점이다. 그런데 경제실적이 나빠지면 어떻게 되는가! 여기서 대외 위기나 대외적 돌파구를 모색할 가능성이 생긴다는 것이다. 한국에게는 지정학에 더해 부담을 줄 수 있는 요인이다.

사진출처 : 한겨레

않고 있다. 하지만 중국의 권위주의도 북한이나 아랍의 왕정 권위주의들과 비교하면 권력 계승의 제도화에는 큰 차이가 있다.

그런데 러시아와 중앙아시아 국가들에서 보이는 '경쟁적 권위주의'의 특징이 있다. 자원이 많고 이것을 국영기업을 통해 판매함으로써 경제실적을 높였다는 것이다. 이러한 경제적 성과에 대한 자신감이 '선거'를 통해서 권위주의 체제의 정당성을 지속할 수 있다는 확신을 가지게 한 것이기도 하다. '자원의 저주'라는 기름 많이 나는 중동의 왕정국가들과는 좀 다른 버전의 권위주의인 것이다.

'경쟁적 권위주의' 국가들. 그리고 좀 더 넓게 중국까지를 포함한 '제도화된 권위주의' 국가들은 '경제성장'과 '권위주의체제유지'를 맞교환한다. 잘살고 보는 것이 최우선이다. 그들에게 민주주의는 그리 중요한 문제가 아니다.

이들 국가의 최대 아킬레스건이 여기에 있다. 경제가 나빠지면 답이 없다. 민주주의를 포기한 대가로 줄 수 있는 것이 없다. 그런데 선거가 있어 자칫하면 정권교체도 가능하다. 그런데 경제는 성장만 한다는 확실한 보장이 없다. 그리고 바로 현재가 그렇다.

그래서? 이 국가들은 돌파구가 필요하다. 과거의 향수를 자극하는 민족주의가 첫 번째 돌파구고 두 번째가 자국의 위상을 보여줄 수 있는 대외적인 갈등과 위협이다. 이 인과고리를 확대하면 왜 중국과 러시아가 군사적 협력을 강화하고 미국에 대한 강경정책을 펴는지 그리고 주변 국가들에 대해 군사적 위협을 가하는지에 대한 한 가지 실마리를 찾을 수 있다.

그러면? '세계 경제 상황 악화 ⇨ 러시아-중국의 경제실적 악화 ⇨ 지지율 확보를 위한 외부로 눈 돌리기 ⇨ 미국 견제와 주변 국가 찔러 보기 혹은 압박하기' 이런 고리가 자연스레 만들어진다. 한국입장에서 지정학만이 아니라 이 국가들의 국내정치를 고려해야 하는 이유 되겠다.

이래저래 숙제가 더 생겼다. 아 짜증 난다.

일상이 정치: 미식, 세대, 지정학

16

2019. 7. 11.

권력정치와 한일관계

G20에서 휴전하기로 한 미중 간 무역전쟁이 재개되었다고 가정해보자. 중국에 잘못이 하나도 없는데 미국이 중국의 힘을 꺾기 위해 예방적인 무역전쟁에 다시 돌입한 것이다. 이 상황에서 중국 정부가 다음 3가지 조치를 취한다면 우리 한국은 이를 어떻게 받아들일까? 첫째, 국제여론을 동원해서 미국 조치를 부당성을 알리고 국제'사회'의 양심을 이끌어 미국이 조치를 철회하게 한다. 둘째, 이러한 조치가 자유무역 규범에 위반되는 것이니 WTO에 제소한다. 셋째, 중국기업들을 불러 모아서 지금 상황이 어떤 것인지 알아보고 이에 대한 기업들의 대비책이 무엇인지를 묻는다. 그리고 정부는 20년이나 30년 뒤에 사용할 수 있는 해결책을 제시한다.

만약 중국이 미국의 부당한 행동에 대해 위와 같은 3가지 전략으로 대응한다면 우리는 중국에 대해 안타까워하기는커녕 냉소를 보낼 것이다. 그리고 이런 조치를 수행한 시진핑 주석을 '정의로운' 리더라고 평가하지도 않을 것이다. 객관적인 관찰자입장에서 우리는 중국이 힘의 논리에 무지하다고 질책할 것이다. 또 위의 3가지 방안들이 지나치게 이상적이거나 장기적인 것에 불과하다고 비판할 수도 있다.

그렇다. 우리 한국이 중국을 안타까워한다고 해서 미국이 권력과 국가이익 차원의 결정을 번복하지 않을 것이다. WTO는 제소과정을 거쳐도 2년에서 3년이란 시간이 필요하다. 수입선 다변화와 국산화를 하는 과정은 장기적인 방안일 뿐이다. 그때까지 중국기업들은 이 전쟁에서 몰살당할 수도 있다. 그러니 우리는 이런 도덕과 정의에 기초한 정책을 제시한 시진핑의 리더십을 존경하지 않을 것이다. 왜? 이곳은 냉엄한 '권력'정치의 세계니까!

얼마 전까지 한국은 미국과 중국의 무역 전쟁을 지켜보던 관객이었다. 그런데 지금 한국은 일본에 무역보복을 당하는 직접적인 희생자가 되었다. 일본이 무엇을 명분으로 제시하든 무자비한 권력정치의 세계로 들어온 것이 사실이다. 국내정치의 '도덕'과 '윤리'의 기준이 무시되는 국제정치의 '현실' 말이다. 1905년 제국 일본의 데자뷰.

일본의 비열함을 비난하고 더 나가 일본 제품 불매운동을 하자는 이들도 있다. 우리 정부가 외교적으로 대비를 못했다고 비판하는 이들도 있다. 어느 쪽이나 이 상황은 불편할 뿐 아니라 갑갑하다. 그리고 현재 상황이 불편하고 갑갑한 이유도 명확하다. 권력. 무엇을 할 수 있고 못 하는지를 결정하는 권력을 직접 경험하고 있기 때문이다.

냉정한 진실은 불편하다. 그런데 권력은 무자비할 만큼 정확히 진실을 보여준다.

일본의 명분이 무엇인지가 이번 사태의 본질은 아니다. 이번 사태의 본질은 '권력'이다. 일본은 미국을 상대로는 이런 조치를 취하지 못한다. 또 일본은 중국을 상대로도 이런 조치를 취하기 어렵다. 그런데 한국에는 한다. 이것이 현 상황의 냉정한 진실이다.

1948년 출판되어 현실주의 관점에서 국제정치학을 정립한 책. 이 책은 '국가 간의 정치' 즉 국제정치를 권력 관계로 규정하였고 권력을 인간의 본성에서 찾았다. 미중간의 무역전쟁도 그 본질이 권력에 있는 것처럼 한일간의 무역 갈등도 그 본질은 권력에 있다.

사진출처 : 교보문고

국제정치학을 현대적으로 정립한 한스 모겐소 교수는 국제정치의 본질은 권력에 있다고 했다. 또한 국가운영(statecraft)을 하는 지도자는 상대방 입장에서 먼저 상황을 파악하라고 했다. 일본이 얼마나 옹졸한지 그리고 과거 일본의 만행을 상기하기 이전에 일본이 지금 왜 이런 행동을 하는지를 따져보는 것이 중요하다. 문제를 해결하겠다면 말이다.

일본은 '쇠락하고 있는 강국(declining power)'이다. 그래서 일본은 자꾸 과거 일본으로 돌아가고자 한다. 특히 일본 우파들에게 일본제국은 오랜 노스탤지어이다. 1980년대 미국에 얻어맞고 2000년대 중국에 추

현대국제정치학을 현실주의 관점에서 체계화한 모겐소 교수. 모겐소 교수는 권력을 본질로 하는 국제정치의 세계에서 지도자의 리더십과 외교의 중요성을 강조하였다. 그의 주장처럼 국제정치의 본질은 권력정치다. 이 원칙을 거부하고 인간의 이성을 통해서 제도, 교역, 민주주의를 이용하여 국가 간의 관계를 변화시켜 보려는 입장이 자유주의이다. 한국이 위치한 동북아시아라는 지리적 공간은 아직도 권력과 국가이익이 강조되는 현실주의가 지배하는 공간이다.

사진출처 : 한겨레

월당한 신세가 된 일본은 그럼에도 불구하고 여전히 강국이다. 다만 상대적인 국력에서 미국과 중국을 따라갈 수 없는.

그런 일본에게 한국은 딱 좋은 먹잇감이다. 한국에게는 안타깝지만, 일본 정부는 권력을 보여줌으로써 한국에 까불지 말라고 큰소리칠 수 있다. 한편으로 미국과 중국에 할 수 없는 무역보복을 한국에 함으로서 자신들이 아직도 강국임을 내부적으로 확인할 수도 있다. 쇠락하는 강국을 똘똘 뭉치게 할 수 있는 바로 그 권력정치를 통해서 말이다. 게다가 한국은 1950년대 이후 미국이 짠 일본 중심의 아시아 경제권에서 발전하였다. 일본과 연계된 발전모델로 성장한 한국에 대해 일본은 쓸 수 있는 카드가 무궁무진하다.

이 상황에서 정말 걱정되는 것은 일본이 완전히 권력정치로 돌입하는 것이다. 과거에는 전쟁이 외교의 끝이었다. 현시점에서 무역보복이 다른 형태의 전쟁이라면 이 또한 외교의 끝이 될 수 있다. 총칼이 아닌 다른 버전의 이 전쟁에서 일본이 상대적으로 힘이 약한 한국에게 외교를 접고 오로지 권력만을 보여주겠다면 이것은 심각한 문제다. 우리가 사용할 수 있는 방안이 별로 없기 때문이다.

그렇다. 권력은 냉정한 진실이다.

모겐소 교수는 국가운영방책(statecraft)의 비책으로 '이중도덕'을 제안했다. 지도자가 정치적 리더십을 발휘하기 위해서는 개인 자격으로서 가지는 도덕과는 다른 도덕관이 필요하다는 것이다. '신중성(prudence)' 즉 권력정치를 면밀히 파악하고 권력에 기초하여 전략을 만들어내는 정치지도자로서의 도덕관이 필요하다.

권력의 사용은 과학의 영역이 아니라 예술의 영역이다. 특히 국정운영기술(statecraft)과 외교(diplomacy)는 어떤 '상대'를 대상으로 어떤 '맥락'에서 어떤 '자원'을 사용할 것인지를 정하는 것이다. 이런 외교술에 물리학과 같은 공식을 만드는 것은 불가능한 일이다. 그래서 권력과 외교술을 다루는 국제정치는 예술의 영역이다. 특히 국가지도자의 리더십은 한 가지로 규정될 수 없는 예술의 극치라고 할 수 있다. 2019년 일본의 무역보복에 의한 한일관계의 극단적 대립을 해결할 수 있는 리더십은 그런점에서 어렵지만 노력해야 하는 이유다.

사진 출처 : 교보문고

일본이 권력을 보여주겠다고 작심한 것이 가장 문제라면 우리 정부가 이 상황을 권력이 아니라 도덕과 정의의 문제로 보고 대처하려는 것은 더 큰 문제다. 1592년 임진왜란, 1905년 을사늑약에서도 일본은 있는 그대로의 권력을 보여주지 않았던가!

권력이 펄떡펄떡 살아 숨 쉬는 국제정치에서 강자는 권력을 말한다. 반면 약자는 정의에 의지한다. 그런데 약자의 정의가 정말 의미가 있을 때는 데자뷔가 없도록 대비가 되어있을 때다. 2019년. 한국은 일본에 대해 얼마나 대비가 되어있는가!

지금은 냉혹한 권력을 똑바로 직시할 때다. 그리고 권력에 기초해 대책을 만들어야 할 때이다. 그것이 진정한 리더십(statecraft)이 아닐까!

일상이 정치: 미식, 세대, 지정학

17

2019. 7. 4.

일본의 경제보복과 한국의 대응에서 무엇을 볼 것인가?

전세계에서 유일하게 일본을 무시하는 국가가 있다. 바로 우리 대한민국이다. 우리는 일본을 '쪽발이의 나라'라고 부른다. 전세계 2위 경제

일본인을 '쪽발이'라고 부르며 전세계에서 유일하게 일본을 무시하는 한국. 위의 그림은 2005년 일요신문에서 고이즈미 수상과 일본의 극우주의를 풍자하고 있다. "쪽발이 너무해"라는 영화를 풍자한 이 그림의 아래에는 현재 수상인 아베가 있다.

사진 출처 : 일요신문

대국일 때도 깔아뭉갰고 일본 경제가 고꾸라져 회복이 더딘 현재에도 무시한다.

우리가 무시하는 일본이 7월 4일 자로 반도체 핵심 부품에 대한 수출 규제를 시작한다. 삼성과 SK의 반도체에 들어가는 3가지 품목에 대해 한국 유입을 막은 것이다. 3가지 품목 중에서 2가지는 일본 의존도가 90%를 넘는다고 한다. 2달에서 3달 뒤 재고가 떨어질 때쯤 한국 기업들은 심각한 위기를 맞을 것이다.

이번 조치는 아베 정부가 오랫동안 벼르고 준비한 것이다. 안보상 이유라는 '명분', 반도체 핵심 품목 3가지라는 '공격대상', 자유무역을 논의한 G20 정상회의 이틀 후라는 '시기'를 볼 때 그렇다.

아베 수상의 발표 후 한국은 두 입장으로 나뉘었다. 첫 번째는 일본을 비난하고 일본제품 불매운동이나 동경올림픽 보이콧 같은 전면전을 펴자는 측이다. 두 번째는 한국정부에 대해 왜 이런 일본의 경제보복조치에 제대로 대비를 하지 못했는지를 비판하는 측이다. 전자는 민족주의 입장이고 후자는 진보-보수의 입장이다.

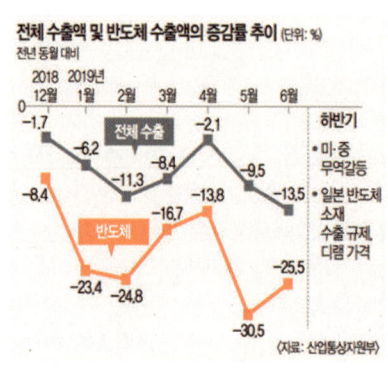

한국은 수출로 먹고사는 국가이다. 그리고 그 수출에서 상당 부분을 차지하는 것이 반도체이다. 일본은 2019년 7월 4일 자로 한국 반도체 회사에 필요한 3가지 품목에 대한 수출규제를 시작한다. 그렇지 않아도 어려운 한국경제에 더 큰 암운이 드리우고 있다.

사진 출처 : 국민일보

그런데 이 두 가지 관점은 상황의 가장 중요한 부분을 정확히 보지 못하고 있다. 가장 중요한 부분은 '인식'과 '전략'의 문제이다.

일본의 경제보복조치는 21세기 자유무역 시대에 역행하는 일이다. 그것도 일국의 사법부 판결에 대해 정치적으로 무역보복 조치를 꺼내든 것은 강대국의 만행이다. 그러니 우선적으로 비난받을 것은 일본 아베 정부다. 그렇다고 해서 현 정부인 문재인정부가 정치적 책임을 피할 수는 없다. 그 이유가 일본에 대한 '인식'과 '전략' 부재 때문이다.

일본이 이 시점에서 이런 초강수를 둘 것이라고 정확히 예측하지 못할 수는 있다. 허를 찔린 우리 정부가 경제대국인 일본을 상대로 어떤 대응방안을 만드는 데는 시간이 걸릴 것이다. 기업들의 예상 피해를 구체적으로 파악하고 우리가 사용할 수 있는 방안들을 정부부처 간에 합의하는 것도 시간이 든다. 그래서 일본에 화가 난 한국 시민들을 만족시킬 만한 정책방안을 당장에 제시할 수는 없을 것이다. 이 부분은 충분히 납득할 수 있다.

대비 부족과 빠른 대응책 마련의 어려움을 인정한다고 해도 현재 시점에서 현 정부가 정치적 비판을 피하기 어려운 것은 앞서 말한 두 가지 때문이다. 하나는 일본에 대한 인식문제고 두 번째는 일본에 대한 전략부재 문제다.

현 정부나 전임 정부나 모두 일본은 거의 존재하지 않는다는 식의 '인식'을 가지고 있었다. 이번 보복 조치 이전에도 몇 군데서 제기된 일본 보복가능성을 우리 정부는 별거 아닌 듯이 지나쳤다. 한국은 일본을 미워할 수 있다. 일반 국민이나 지도자 모두 마찬가지다. 그러나 일본을 무시할 수는 없다.

일본은 여러 가지 점에서 무시할 수 없는 존재이다. 우선 '지정학적'으로 일본은 한국에 가장 가까운 국가이다. 또 우리가 수출입을 하는 바닷길을 통제할 수 있는 나라다. '역사적'으로 일본은 아시아에서 유일하게 강대국의 반열에 두 번이나 오른 국가이다. '전략적'으로 일본은 집요함의 '끝판왕'이다. 그들은 목표를 이루기 위해 변태적일 정도로 철저한 준비를 한다.

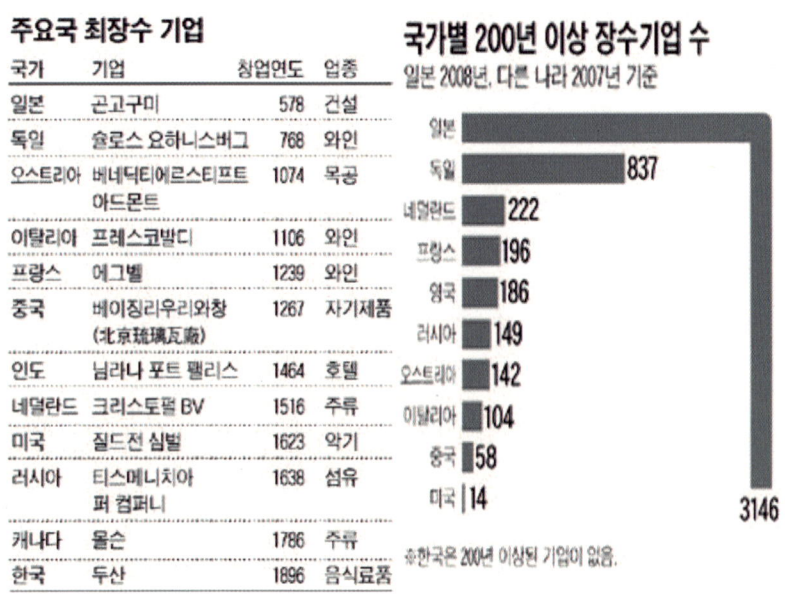

일본의 집요함을 보여주는 지표로 장수기업의 수를 들 수 있다. 일본은 200년이 넘은 기업이 3,146개가 된다. 100년이 넘은 기업은 3만 3천 개에 달한다. 한국은 100년이 넘은 기업이 2019년 기준으로 8개에 불과하다. 식민지라는 역사적 경험도 이러한 차이의 원인이 될 수 있다. 한편으로는 일본에 장수기업이 압도적으로 많은 것은 '고다와리(こだわり)'라고 하는 일본의 문화에 기인한다. "구애하는 것"이나 "좋아해서 집착하는 것"을 의미하는 '고다와리'는 일본인이 자신만의 것을 고집하게 만든다. 오랫동안 집요하게 들고 파려는 근성인 '고다와리'는 한편으로 일본이 변화하기 어렵다는 상징이기도 하다.

사진출처 : 조선일보

역사가 이를 잘 말해준다. 일본은 1905년 러일전쟁 이전부터 먼 미래에 미국과 전쟁을 할 수 있다고 생각하고 '제국국책요강'을 수립한 국가이다. 미국의 진주만을 공격하기 위해 거의 1년에 가까운 시간을 어뢰 투하 훈련을 했다. 일본은 1997년 ASEM 재무장관 회의에서 국제통화기금(IMF)을 대체하는 아시아통화기금(AMF)을 만들겠다고 제안했다가 미국에 의해 제지당하자 지금의 치앙마이이니셔티브라는 통화스와프 제도로 우회하였다. 정말 집요한 국가다. 1972년 미국 닉슨 대통령이 일본에 일언반구 없이 중국을 방문해 '닉슨 쇼크'를 주자, 2002년 고이즈미 총리의 깜짝 북한방문으로 앙갚음했다.

일본이 대단하니 존경하자는 것이 아니다. 일본을 정확히 이해해야 한다는 것이다. 특히 한국은 그래야만 한다. 식민지의 기억 때문만이 아니다. 1997년 외환위기 때의 기억도 있다. 일본은 한국에서 제일 먼저 돈을 뺐고 채권만기를 거부하여 한국의 국가부도를 만드는 데 일조했다. 똑같이 안 당하려면 잘 알아야 한다.

일본은 복수의 아이콘이다. 여기에는 역사적 요인이 있다. 현재 일본 엘리트층의 70%는 메이지유신 시절 사무라이의 후손들이다. 이들에게 무사도는 중요하다. 무사도는 집요함과 극단적 용기를 강조한다. 게다가 반드시 복수하라고 가르쳐왔다.

일본의 보복에 따른 현 위기에서 가장 핵심은 한국정부가 일본을 무시하고 있다는 점이다. 그러니 연초에 제기된 일본의 보복가능성에 대해 "그러거나 말거나"로 대응한 것이다. 이런 인식은 민족주의 노선에 의해 더욱 강화되어왔다. 민족주의는 정치적으로 수지타산이 맞는다. 국내적으로는 정적을 만들지 않으면서 외부에서 적을 찾아낸다. 또 지지율을 떨어뜨리지 않으면서 계급대립과 남북대립을 뛰어넘을 수 있다는 환상을

일본 무사도를 보여주는 민화. 일본에서 무사도는 근대 메이지유신을 단행할 때 이용된 이데올로기이다. 1600년대 말 야마코토 쓰네토모의 히가쿠레에서도 무사도를 언급하고 있지만 주로 주목을 받게 된 것은 메이지유신 시기다. 무사도는 "주군을 위한 복수"를 강조한다. 일본이 복수의 문화를 만든 주된 이유다. 재미있는 것은 무사도 정신에서는 주군을 위한 충성심에 기반을 둔 하극상도 높게 평가했다는 점이다. 이 하극상 문화가 1931년 일본이 만주사변을 일으키게 만든 한 가지 요인이기도 하다. 어찌 되었든 메이지 시대에 숭상된 무사도는 여전히 일본 엘리트 집단에게는 중요한 덕목으로 남아있다는 것이다. 조선의 선비정신과 얼마나 대비되는가!

사진출처 : 한계레 21

심어준다.

　한국만 민족주의 정서를 이용하는 것은 아니다. 미국, 중국, 일본, 러시아도 민족주의를 사용하여 정치적 지지를 끌어내고 있다. 그러니 한국의 민족주의 전략을 비난하면 안 된다고 항변할 수 있다. 그러나 민족주의 '정서'는 상대적으로 힘이 부족한 국가에겐 독이 될 수 있다. 객관적 상황파악을 어렵게 하기 때문이다. 특히 전략을 만들 필요성 자체를 인식하지 못하게 한다. 만약 한국정부가 일본의 보복이 있을 것이라고 조금도 예상하지 못했거나 그런 상황이 되었을 때 어떻게 대처할 것인지의 시나리오를 가지고 있지 않았다면, 그런 인식 자체는 한국정부의 '오만'이다.

역사적으로 볼 때 한국의 경제발전 모델과 경제운영방식은 일본을 중심으로 짜였다. 한국은 이번 사건을 계기로 지긋지긋한 일본과 손을 털고 자립형 경제로 가려고 노력할 수 있다. 하지만 21세기 세계화의 시대에 그것이 과연 가능하겠는가! 1997년 외환위기 때 미국에게, 2016년 THAAD위기 때 중국에게 한 방씩 맞은 경험이 있는 한국이 독자적으로 '일본 없는 경제'를 건설하는 것이 과연 가능하겠는가!

강대국에 의해 포위된 한국은 지정학적 숙명이 강하다. 그러니 힘의 관계를 정확히 이해해야 한다. 그리고 다른 국가들보다 더 많은 전략을 강구하고 더 현실적인 방안들을 모색해야 한다. 이번 사건에서 우리가 뼈저리게 배워야 할 부분이다. 그리고 한 가지 중요한 사실을 기억해야 한다. 일본은 미워할 수 있지만 무시할 수 없다는 것이다.

그럼 지금은?

일본의 경제보복조치 이후 한일관계는 더욱 나빠졌다. 결국 한국과 일본은 한일정보보호협정(지소미아)를 종료하는 지경까지 갔다. 물론 종료 몇 시간 전 한국 정부가 유예를 결정하여 당분간은 유지하겠지만. 큰 틀에서 한일관계 개선이 되지 않고 있다. 지속된 경제분쟁으로 한국 기업의 피해도 크지만 일본 기업의 피해도 크다. 대법원강제징용판결에 대한 불만에 의해 시작된 한일무역분쟁은 한일이 가진 감정적 앙금처럼 현재 진행형이다.

일상이 정치: 미식, 세대, 지정학

18

2018. 5. 3.

북한의 고슴도치 전략과 비핵화 가능성

쉴 틈이 없다. 4월 27일 정상회담 이후. 지금 한반도 정의는 "빠르다." 대북 확성기 해체. 철도와 도로 관련 주식들의 가격 상승. 군대 안 가도 되냐는 질문들. 이런 상황보다 더 빠른 것은 감정의 과잉이겠지만.

남북정상회담의 최종 종착지는 북미정상회담이다. 이 회담에서 비핵화가 합의되어야 한반도평화체제구축과 남북 경제협력이 가능해진다. 모든 것은 비핵화를 하고자 하는 김정은 위원장의 의지에 달려있다. 향후 한반도 역사가 그에게 달렸다고 해도 과언이 아니다.

문제는 의지를 확인하는 것이 어렵다는 점이다. 개인의 주관적인 의지에 대한 다른 이들의 해석은 엇갈리기 마련이다. 남한 내에서 "이번에는 다르다."라고 북한의 의지를 믿자는 입장과 "이번에도 속을 수 없다."라는 입장이 갈리는 것은 그래서 당연하다.

우리가 지금 가장 알고 싶은 것이 무엇인가? 북한이 과연 비핵화를 할 것인가이다. 현재 불확실한 국면에서 이 질문의 답을 찾기 위해 우린 변덕스러운 개인의 의지보다는 개인을 둘러싼 구조와 환경을 보아야 한다. 개인이나 국가를 둘러싼 환경이 많은 것을 결정할 때가 있다. 구조적인 압력이 강할 경우에는 더욱 그렇다.

북미정상회담의 성공과 북한의 비핵화 가능성은 인간 김정은의 '의지'가 아닌 그를 둘러싼 '구조와 환경' 속에서 파악해야 한다. 남북정상회담에서 보인 김정은의 행동은 그 이전에 우리가 보았던 김정은과 다르다. 짧은 시간 동안 개인이 달라졌을 리가 없다.

그런데 왜 이렇게 김정은이 변한 것일까? 전략적 관점에서 북한 김정은의 변화 이유는 단순하다. 북한의 전략이 바뀐 것이다. 북한의 외교 전략은 '고슴도치 전략'이다. 고슴도치 전략은 영국 사상가인 이사야 벌린의 『고슴도치와 여우』에서 유추한 전략이다. 원래 이사야 벌린(Isaiah Berlin)의 비유 속 고슴도치와 여우는 철학의 일원론과 다원론을 대표한다. 세상을 짜개고 짜개면 결국 모든 것은 한 가지로 수렴되기 때문에 그 단 한 가지를 정확히 이해하는 것이 중요하다는 것이 철학적 일원론이다. 고슴도치는 그 한 가지에 매달리는 철학자이다. 반면에 여우는 다방면에 능한데 이는 철학적 전제가 다원론에 기초하기 때문이다. 다원론에 따르면 세상은 다양한 요인들에 의해 구성되어 작동하기 때문에 철학자는 이런 요인들을 총체적으로 파악해야 한다. 이런 철학적 입장은 국가의 외교 정책과 전략에도 적용될 수 있다. 고슴도치는 한 가지에 집중하는 외교를 하지만 여우는 다재다능한 외교를 한다.

북한의 현재 전략은 고슴도치 전략의 전형이다. 북한의 외교는 과거 '권력추구'에서 현재 '생존추구'로 단 한 가지 목적을 향해 달려왔다. 탈

냉전 이후 생존을 위해서 북한은 방어와 억지의 논리로 무장하고 핵과 장거리 미사일을 개발해왔다. 이것으로 미국을 위협하여 생존을 보장받고자 한다. 그리고 북한은 핵이 완성되어야 생존을 할 뿐 아니라 협상도 가능해진다고 보고 시간벌기전략을 써왔다. 그런데 상황이 달라졌다. 북한이 미국을 협박하여 생존을 보장받기 어려운 상황이 된 것이다. 오랜 국제적 제재의 효과가 드디어 나타나고 있기 때문이다.

북한체제를 이끄는 김정은과 그의 참모진과 좀 더 넓게는 북한 내의 소수 엘리트들에게 제재의 효과가 강력하게 나타나고 있다. 설상가상 이 상황은 몇 개월 안에 해결될 것처럼 보이지도 않는다. 생존을 위해 만든 핵과 미사일이 자신의 목에 칼이 되어 돌아오는 형국이다. 북한의 평범한 민간인들은 장마당을 통해서 어떻게든 살아간다. 그런데 최고 권력층은 다르다. 그들에게 필요한 것들은 북한 내부에서 만들 수가 없다. 게다가 이런 것들을 구할 가능성은 더욱 희박해지고 있다. 본래 경제제재는 민중들의 불만을 유도해 지도자와 민중을 분리하고 봉기하게 만들고자 한 전략이다. 그런데 현재 북한 민중들은 각자 도생하고 있어 제재 효과가 크지 않다. 그런데 제재의 표적이 민중에서 엘리트로 바뀌면서 북한 엘리트층이 직접적으로 압력을 심각하게 받고 있다.

지금 북한 처지는 1941년 12월 진주만 공격 이전 군국주의 국가 일본의 처지와 유사하다. 미래전망이 매우 어둡다. 주변 상황은 점차 불리해지고 있다. 한술 더 떠서 현재 북한은 1941년 일본보다 더 상황이 나쁘다. 일본처럼 미국을 공격할 수도 없는 노릇이기 때문이다. 게다가 이번 북미정상회담이 틀어지면 미국으로부터 심각한 군사공격을 받을 가능성도 있다.

1941년 12월 7일 일본은 미국을 공격했다. 8배나 국력이 차이가 나는데도 이런 극단적인 선택을 한 것은 절박했기 때문이다. 특히 석유를 전량 미국에 의존하는 상황에서 미국의 경제제재는 일본의 심장으로 서서히 박히는 칼날이었다.

사진 출처 : 연합뉴스

　북한은 기습공격을 받아본 적이 없다. 그래서 선제공격을 받고 지도자만 사라지는 상황이 되면 120만이나 되는 대군은 아무것도 할 수 없다. 그야말로 마비가 된다. 일인 독재국가인 북한은 자신들이 그간 써온 기습공격과 선제공격전략에 대해 가장 취약하다.

　한 가지 문제가 더 있다. 북한은 중국처럼 전면적인 개방정책을 수용하기가 어렵다. 중국은 지리적으로 넓은 영토와 거대한 인구가 자본주의 충격을 흡수할 수 있었다. 그러나 북한은 다르다. 개방 이후 쉽게 자본주의에 점령당할 것이다. 그럼에도 불구하고 김정은은 트로이의 목마가 될 경제제재 해제와 이후 개방을 앞당기게 될 경제 지원을 간절히 원한다. 불을 향해 달려드는 부나방처럼.

　왜? 너무 급하기 때문이다. 생존을 위해 지금 추진하는 비핵화와 북미 관계 개선은 김정은에게는 엄청난 모험이다. 하지만 정권을 보장할 수 있는 일말의 가능성이 있다면 이것 말고 딱히 방법도 없다. 급사(sudden death)를 피하기 위해서는 질식사(slow death)할지라도 뛰어들어야 하는 판이다. 안 죽고 살려면 우선 무엇이든 먹어야 한다. 설령 그것이 독이 든 사과라도. 그래야 다음 전략이 있다.

그런 점에서 이번 남북정상회담과 이후 북미정상회담을 대하는 북한의 입장은 명확하다. 김정은은 최대한 주도적인 모습을 보일 것이다. 또한 비핵화와 군축을 이야기하면서 경제적 보상을 챙길 것이다. 그런데 미국이 호락호락하지 않다. 1994년 이후 북미 관계의 학습효과도 있다. 북한이 장난을 치고 싶어도 치기 어렵다. 국제제재를 가하는 국제사회가 있어 미국도 쉽게 판을 바꾸기 어렵다.

북한 김정은 위원장은 최근 지방으로 경제시찰을 자주 간다. 그곳에 가서 대내적으로 인민들에게 경제를 직접 챙기는 모습을 보여준다. 하지만 가서 격노하는 모습도 많이 보여준다. 심지어는 자라 공장 책임자를 총살하기도 했다. 공포정치. 이것은 김정은이 체제를 유지하면서도 경제를 자생적으로 유지하는 일종의 보험이다. 그래야 미국과 협상이 깨질경우 국내 경제가 무너지는 것을 방지할 수 있기 때문이다.

사진출처 : SBS 뉴스

그래서 북한 고슴도치 전략의 결론은? 북한은 현재 평화공세에서 주도권을 쥔 척하지만, 사실은 비핵화의 선택을 강요당하고 있다. 다른 대안이 없는 상황에서조차 김정은은 평화공세를 통해서 좋은 이미지와 생존을 위한 실익 모두를 챙길 것이다.

김정은 위원장이 문재인 대통령과 함께 일시적으로 군사분계선을 넘었던 그 행동이 북한 전략의 모든 것을 말한다. 군사분계선을 '베를린 장벽' 붕괴로 상징화하려는 평화주의와 함께 미국에 대해 신호를 보내는 것이다. 나는 준비가 되어 있다고.

고슴도치는 한 가지에 집중한다. 그래서 북한은 외교에 목숨을 걸었다. 평화공세의 극대화와 생존을 위한 실리 극대화. 게다가 전략적으로 만든 평화이미지는 국제여론을 움직이고 있다. 미국이 더 많이 양보하여 평화를 만들라고 말이다. 옥류관 냉면은 우리 시대 평화의 상징이 되고 있다. 불쌍한 비둘기.

한반도는 현재 역사적 변곡점에 서 있다. 북한의 비핵화가 긍정적으로 진행되든 판이 깨지든. 이런 중대국면에서 우리에게 필요한 것은 감정보다는 전략이다. 1970년대 데탕트시기 핵과 미사일개발이라는 고슴도치 전략을 이미 사용해보았던 대한민국은 역사적으로도 북한에 한 수 위다. 게다가 북한전략을 빤히 꿰고 있는 각 분야의 전문가들도 많다. 역사는 생존을 위한 고슴도치의 가시가 자신을 찌를 수도 있다는 점을 알려준다. 그러니 북한은 예전처럼 까불지 말기를 바란다.

일상이 정치: 미식, 세대, 지정학

19 2016. 12. 22.
초코파이로 이루는 통일

초코파이에 대한 기억이 있다. 사실 이 기억은 군대를 다녀온 남자들은 공유하는 것이다. 종교 활동 시간과 초코파이. 초코파이를 하나라도 더 주는 곳이 교회거나 성당이거나 절이거나 그 어디가 되었든 무교신자들은 그곳을 천국으로 알고 그 종교를 선택하곤 했다. 종교를 뛰어넘게 만드는 초코파이의 기적.

더 놀라운 건 출퇴근 하는 방위들이다. 훈련소를 마치고 영외로 나가면 얼마든지 사 먹을 수 있는 초코파이가 훈련소에서는 방위병들을 하나로 만든다. 학력, 연령, 종교 이 모든 것을 초월하게 하는 초코릿과 머쉬멜로우의 은혜.

입은 머리보다 빠르다. 머릿속 이성은 저항해도 입은 쉽게 저항하지 못한다. 특히 '달달함'의 유혹 앞에서는.

군에서 초코파이는 신앙에 대해 진지하게 고민한다. 초코파이를 하나라도 더 받을 수 있는 곳에 가고 싶은 유혹. 위의 사진은 드라마 '푸른 거탑 제로'에서 종교활동 시 갈등을 보여주고 있다.

사진출처 : 매일경제

초코파이는 북한에서 유명하다. 과거 개성공단 근로자들에게 근로의욕고취 차원에서 제공된 초코파이는 북한의 시장을 변화시켰다. 하루에 2개꼴로 지급된 초코파이는 북한 주민들에게는 '충격과 공포' 그 자체였다. 달달함의 충격과 벗어날 수 없을 것이라는 공포.

2013년 영국 가디언지는 "개성공단에서 초코파이는 전설적인 지위에 올랐다."라고 보도했다. 달콤함에 저항하는 것은 어느 곳에서도 쉽지 않은 일이다.

사진 출처 : MBC

초코파이는 그 인기가 높아 장마당에서 높은 가격에 팔렸다. 실제 초코파이 하나당 가격이 500원까지 오르기도 했다. 북한 교사 한 달 월급이 2,000원에서 3,000원 선이고 노동자 월급이 5,000원 선이라는 점을 감안하면 초코파이 가격은 상상을 초월한다. 개성공단 근로자들은 이런 초코파이를 많게는 하루에 10개까지 받은 적도 있었다. 그러니 장마당에 내다 팔게 되면 월급보다 몇 배 이상 많은 돈을 벌 수 있었다. 초코파이 재벌의 등장이랄까.

이렇게 공단 밖으로 나온 초코파이는 기차를 이용해 전국 각지의 장마당으로 퍼져나갔다. 이 과정에서 돈줄을 쥔 '돈주'와 이것을 전달하는 '중개꾼', 실제로 이동시키는 '달리기 꾼'과 같은 연결고리가 만들어진다. 그리고 이들과 공모하고 수수료를 챙기는 중앙간부들까지 하나의 자본주의 네트워크가 구성되는 것이다. 게다가 한 번 맛본 달달함은 북한 주민들에게는 끊을 수 없는 유혹이 된다. 장마당을 통해 전파된 남한의 드라마가 주는 유혹은 머리가 관장하지만, 초코파이는 입을 점령하여 머리를 지배한다. 이런 상황에서 초코파이를 끊었을 때 금단현상이 얼마나 심할지는 말하지 않아도 알 수 있다. 정리하자면 '초코파이로 하나 된 북한.'

엄중한 시국에 뭔 초코파이 이야기인가? 스토리는 이렇다. 지난 2월에 개성공단이 폐쇄되었다. 북한의 핵실험에 대한 제재 차원에서 진행된 일이다. 그 이전부터 개성공단은 진보와 보수사이에서 서로 다른 평가를 받아왔었다. 그러다가 북한이 4차 핵실험을 진행하고 나자 개성공단에 대한 폐쇄가 결정되었다. 남북관계에서 '통일 대박'을 이야기했던 정부가 돌연 대북강경정책으로 선회했고 북한 길들이기로 들어간 것이다.

이번 정부의 한반도 신뢰프로세스라는 정책의 기저에는 상호주의가 있다. 상호주의를 엄격하게 해석하면 북한의 핵실험이라는 도발에 대한

'맞대응(tit-for-tat)'이라는 견지에서 공단폐쇄 조치는 타당하다고 할 것이다. 북한에 대해 가용한 제재수단이 별로 없어 마땅히 내세울 정책은 없었지만, 보수층 지지결집을 위해 무엇인가를 해야만 했던 정부가 어쩔 수 없이 선택한 카드로 보인다. 이런 상황에서 다시 개성공단을 이야기하는 이유는 무엇인가?

그 이유는 현재 상황의 변화 때문이다. 탄핵정국은 어떤 식으로든 결론이 날 것이다. 민주주의에서 신뢰를 잃어버린 지도자가 할 수 있는 일은 많지 않다. 이제는 다음 리더십을 기대해야 한다는 주장들이 늘고 있다. 차기 대통령이 누가 되어야 할 것인지는 정치 이론적으로나 현실 정치적으로나 중요하다. 하지만 더 중요한 것은 차기 리더가 누가 되든지 관계없이 대한민국이 수행해야 할 과제와 원칙들을 정하는 것이다. 2007년 부시 대통령 이후 미국의 정책이 무엇이 되어야 하는지에 대해 민주당과 공화당이 공동으로 제안했던 'SMART POWER 보고서'처럼.

국제정치 무대가 너무나 긴박하게 돌아간다. 4차 산업혁명이라는 거창한 이야기를 차치하고 트럼프 시대의 미국외교라는 변수만 봐도 그렇다. 트럼프시대 외교 변화는 직접적으로 중국, 일본, 러시아, 북한이라고 하는 우리의 주변 국가의 변화를 예상하게 한다. 대한민국만이 아니라 주변 국가들도 자체적으로 변화의 방향과 폭을 예측할 것이다. 문제는 북한이다. 변화의 폭이 커지리라 예측되면 북한이 상황 반전을 위해 선수를 칠 가능성이 있다. 김정은은 사업가 출신의 트럼프 대통령과 거대한 거래를 시도할 수 있다. 지금까지 북한 외교 패턴으로 볼 때 북한은 강력한 위협이 될 한 방을 날리고 협상을 주도할 수 있다. 지금이야 대한민국의 국내정치로 혹시 불똥이 북한으로 튈까 조심하고 있지만, 탄핵정국이 안정을 찾으면 북한의 도발 가능성은 커질 것이다.

북한의 단기적인 위협 가능성이 문제의 본질은 아니다. 장기적으로 볼 때 대한민국이 이렇게 북한위협에 끌려다닐 수는 없다. 북한에 끌려다닐 뿐 아니라 북한을 이용하는 중국에도 볼모가 될 수도 있다. 대한민국이 변화무쌍한 이 지역 질서에서 버티기를 넘어 발언권을 가지려면 북한이라는 변수를 줄여야 하고 결국은 통일과정으로 들어가야 한다. 대한민국의 중장기적인 명운이 여기에 달려있다. 20세기 근대국가 버전도 되지 못하는 1인당 국민소득 1,000불짜리 국가의 재래식 위협과 핵 도발에 21세기 버전의 국가가 인질처럼 끌려다니는 것이 있을 법한 일인가!

이제는 우리 미래를 위해 통일계획이 절체절명이다. 과거 '햇볕 정책'과 '비핵개방3000'과 '한반도 신뢰프로세스'를 넘어서는 계획이 있어야 한다. 이를 위해서는 진보와 보수의 초당적인 합의가 전제조건이다. 정부 변경에도 대북정책유지가 필요하다. 그런 강력한 국내정치적 의지의 통일이 되어야 북한의 교란 정책에 농락당하지 않으면서도 일관된 자세로 통일을 이룰 수 있다.

복잡하고 지난한 통일 그림의 한편에 초코파이가 있다. 초코파이의 강력한 효과는 이미 입증되었다. 북한 정부는 초코파이의 효과를 걱정해 다른 간식을 달라고 요구한 적이 있다. 또한 '초콜레뜨 단설기'라는 짝퉁 초코파이를 만들기도 했다. 달달함을 버텨내기 어렵다는 것을 북한 지도층도 잘 알고 있다. 그런데 대한민국에는 이외의 후보 선수들도 많다. 달달한 맥심 커피믹스와 아이스 아메리카노도 대기 중이다. 이런 달달한 것들이 북한 시장을 지배하고 북한 주민들의 입을 장악하게 해야 한다. 최근 북한 내 드라마와 K-pop 한류 열기까지 가세하면 북한 주민들의 입과 머리를 변화한다. 남한 버전의 '세뇌(洗腦).'

칸트가 일찍이 말하고 자유주의자들이 발전시킨 경제적 이성에 기초

북한의 짝퉁 초코파이. 수입대체재로 만들어 남한의 초코파이에 대항하려고 했다는 것 자체가 초코파이의 위력을 보여주는 것이다.

사진 출처 : 노컷뉴스

한 '상호의존'이 통일을 만들어가는 초석이 될 것이다. 달달함의 유혹, 드라마의 유혹, 더 크게는 자본주의의 유혹. 달달함은 여전히 얼어있는 한반도의 미래를 변화시킬 것이다. 달달한 커피 한 잔 하면서 남북의 지도자들이 다시 머리를 마주한다면 좀 더 통일을 당길 것이다. 소소함이 역사를 만들 듯 다시 초코파이가 북한으로 들어가기를 바래본다.

일상이 정치: 미식, 세대, 지정학

20

2015. 5. 21.

인도, 지정학전략 중심에 서다

2015년 5월 18일 인도 나렌드라 모디 총리가 짧은 일정으로 한국을 방문했다. 중국에서 시진핑 주석을 만나고 난 뒤 한국을 방문한 모디 총리는 제조업 특히 조선업에 관심을 가지고 현대중공업을 방문했다. 재계는 앞다투어 인도 총리를 만나 인도시장에서의 향후 투자를 논의했다. 분초를 다투며 재계가 인도 총리와 만난 이유는 GDP 2조 478억 달러(2014년 기준)로 세계 경제 8위라는 경제 강자로 떠오른 인도를 주목했기 때문이다.

한국을 방문하기 전 모디 총리가 시진핑 주석과 '시안(西安)'에서 만났다는 점은 주목할만하다. 시안은 상징적인 곳이다. 시진핑 주석의 고향이기도 하지만 당나라 시절 중국과 인도 사이에 가장 문물교류가 활발했던 곳이다. 시진핑 주석은 직접 시안까지 가서 모디 총리를 영접했다. 중국이 인도에 대해서 가지는 전략적 가치를 보여주는 대목이다.

인도가 부상하고 있다. 경제 분야에서 인도의 부상은 특히 눈에 띈다. 국제통화기금(IMF)은 2015년 올 해 인도가 16년 만에 중국의 경제성장률을 넘어설 것으로 전망했다. IMF의 세계경제전망(WEO)보고서에 따르면 인도의 2015년과 2016년의 예상 GDP 성장률은 각각 7.5%에 달한다. 반면 중국의 예상성장률은 2015년은 6.8%이고 2016년은 6.3%로 잡았다. '쇠락하는 중국'과 '부상하는 인도'로 요약될 수 있다. 이런 분위기 속에서 크리스틴 라가르드 IMF 총재는 "인도가 이대로 성장한다면 앞으로 4년 안에 국내총생산(GDP)이 일본과 독일을 합친 규모보다 커질 것"이라고 예측했다.

인도의 빠른 성장배경에는 모디의 리더십이 있다. 2014년에 집권한 모디 총리는 개혁 작업과 함께 제조업 분야를 키우겠다는 강력한 의지를 보인다. 외국인 투자가들에게 회의적인 인도시장을 매력적으로 바꾸기 위해 모디 총리는 몇 가지에 손을 댔다. 예를 들면 현행 30%인 법인세율을 4년 내 25% 수준으로 낮추겠다고 밝혀 외국인 투자를 끌어들이고 있

2018년 7월 인도를 국빈 방문한 문재인 대통령이 모디 총리와 함께 한국 기업이 건설한 지하철을 타고 삼성 노이다 신공장으로 향하고 있다. 최근 한국과 인도는 200억 달러 수준이던 교역수준을 2030년까지 500억 달러까지 확대키로 했다.

사진 출처 : 뉴스줌

다. 철도 분야에서 외국인 투자 지분을 100%까지 높이는 조치를 택했다. 인도의 낮은 교통 인프라 시설을 개선하기 위해 외국기업들의 직접투자를 유도하고 있다. 인도 지도자의 의지는 '인도 개조 국가기구'를 설치한 것에서도 잘 드러난다

모디 총리는 제조업을 키우겠다는 의지를 '메이크 인 인디아(M ake in India)'를 통해서 나타내고 있다. 인도가 경제성장을 지속하기 위해서는 제조업성장이 불가피하다. '메이크 인 인디아' 시책은 현재 인도 GDP의 15% 수준에 불과한 제조업 비중을 2020년까지 25%로 올리겠다는 것이다. 이것은 인도의 내부사정과도 연관되어 있다.

인도는 인구가 12억 5천만이 넘는 인구 대국이다. 게다가 인도의 인구 중 1/2은 25세 미만이며, 국가 평균연령이 29세에 불과하다. 이러한 '젊은 인도'의 상황은 중국과 큰 차이가 있다. '고령화'하는 중국은 2014년 한족에 대해 그동안 사용했던 산하제한정책을 풀었다.

인도는 젊다. 인도가 젊다는 것은 양면적인 특성을 갖는다. 한편으로 성장 동력이 있고 경제적 활력이 있을 수 있다. 다른 한편으로 늘어나는 인구에 맞는 일자리가 공급되지 않으면 '청년압력'에 심각하게 시달릴 것이다. 즉 늘어나는 청년들에 비해서 일자리가 부족하게 되면 청년들의 불만이 높아져 사회 불안을 가져올 것이다. 2011년 아랍의 봄을 이끈 요인이 바로 20%를 넘어선 실업률과 청년압력이었다는 점을 고려하면 인도의 인구 증대는 시한폭탄이 될 수 있다.

인도는 서비스산업 특히 미국과 연계된 서비스 분야에서 두각을 나타내고 있다. 인도의 유능한 젊은 인재들은 낮은 단가에 양질의 서비스를 제공한다. 미국기업들 대다수가 인도에 콜센터를 두고 있다는 점은 인도

의 서비스 경쟁력 지표이다. 영국의 식민지지배로 사용했던 영어를 사용했고 지금도 공영어로 사용하고 있기 때문이다. 유능한 인재가 많아서 인도는 IT기술력과 우주항공 분야에서도 두각을 나타낸다.

성명	회사명	회사 소개	인물 소개
Sundar Pichai(순다르 피차이)	Google	1998년 미국에서 창립된 검색엔진을 바탕으로 사업을 확장했고, 현재는 지메일, 클라우드 시스템, 크롬 등 다양한 소프트웨어를 생산하는 정보 통신 기업	첸나이 출생의 IT 엔지니어로, 인도공과대학(IIT) 졸업 후 미국 MBA를 거쳐 2004년 구글 입사. 구글 크롬, 안드로이드, 툴바의 개발을 이끌었으며 지난해 8월부터 CEO로 활동
Satya Nadella(사트야 나델라)	Microsoft	윈도우(Windows) 운영 체제를 비롯해 다양한 컴퓨터 기기에 사용되는 소프트웨어 및 하드웨어 제품을 생산하는 다국적 기업	1992년 입사 후 컴퓨터 플랫폼, 개발자 도구, 클라우드 서비스 업무를 담당함. 기업의 경영 악화가 이어지자 2014년 MS CEO로 임명됨
Shantanu Narayen (산타누 나라옌)	Adobe	1982년 미국에서 설립된 소프트웨어 개발 회사로, 포토샵·플래시·아크로벳 등과 같은 그래픽 프로그램 및 솔루션을 제공	인도에서 전자공학 학사, 미국에서 경영학·컴퓨터 공학 석사를 취득한 후 1998년 Adobe에 입사했고, 제품연구소 팀 부사장을 거쳐 2007년 CEO로 선임

세계적인 IT 기업에서 활동 중인 대표적인 인도의 IT 인재들. 인도 정부의 적극적인 인재 육성책으로 인해 인도의 IT 산업은 갈수록 성장하고 있다. 2015년 기준, 인도 IT 산업 규모는 이전해보다 23.7% 성장한 1,465억 달러를 기록했으며, 2020년까지 연평균 성장률 9.5%를 기록하며 3,000억 달러에 달할 것이다. 한국으로선 부러울 수밖에 없다. 한국은 공부잘하는 학생들이 공대를 기피하고, 의대나 치대로 진학한다.

사진 출처 : KOTRA 해외시장 뉴스

하지만 더 많은 고용을 위해서는 제조업이 필수적이다. 2030년까지 인도 인구 중 10억 가까운 사람이 생산가능인구가 될 것이다. 이는 10억 개의 일자리가 필요하다는 의미이다. 그런 점에서 인도가 제조업을 통해서 일자리를 늘리는 것은 경제적인 문제가 아니라 정치적인 문제이다. 아직 카스트제도를 가진 인도가 더 젊고 유능한데도 직업을 구할 수 없는 청년들로 채워지는 것은 폭약을 잔뜩 안고 달리는 폭주기관차가 되는 것이다.

인도 총리의 방문으로 인도가 경제적 차원에서 주목을 받지만, 여전히 회의적인 시각도 많다. 인도의 이중성 때문이다. 기업에게 인도는 가장 이해가 안 되는 투자처이자 상식이 통하지 않는 투자처로도 악명이 높다. 실제로 세계은행이 발표한 '2015 사업 환경 평가'에서 인도는 조사대상 189개국 중 142위를 차지했다. 인·허가 항목에서는 184위와 계약 이행 부문에서는 186위에 그쳤다. 인도에 대해 투자를 극단적으로 꺼리는 것이다. 조세제도의 낮은 예측 가능성이 문제다. 주(州) 정부마다 각기 다른 세율을 가지고 있고 심지어 조세제도도 자주 바뀐다. 법치주의의 근간인 예측 가능성이 작다는 점이 장기적인 투자를 고려하는 이들을 인도에서 밀어내고 있다.

투자해도 회수가 안 될 수 있다는 점과 함께 열악한 인프라 시설과 사회구조도 문제이다. 종교를 신성시하는 이 나라의 문맹률이 40%이고 1인당 국민소득은 2,900불에 불과하다. 고등교육을 받은 사람의 비율이 40%로 중국의 91%와 차이가 크다. 여전히 도시 거주율은 29%에 불과하다. 낙후했다고 평가되는 중국의 도시 거주율도 43%나 된다. 빈부격차가 크고 위생시설과 위생관념이 약한 점도 문제다. 공용어가 25개나 되는 것은 과연 이들이 서로 의사소통이나 제대로 할 수 있을까 싶다. 인프라도 문제다. 기업들은 낮은 전압과 단전으로 인해 기계설비가 망가지기도 한다.

이처럼 내부를 들여다보면 인도의 통치력과 지속적인 성장에 의문부호를 표시할 수 있다. 하지만 지정학 관점의 이야기는 또 다르다. 중국이 해양진출을 하고 있다. 인도는 중국이 지나가야 하는 인도양의 가장 중요한 지역에 위치한다. 우정고속도로까지 연결해 가며 중국과 관계강화를 하는 파키스탄을 견제하면서도 중국의 인도양진출을 견제할 수 있는 국가가 인도이다. 인도는 해안선이 2500km에 이르는 국가이고 해군력도 강하다. 인도 국방부는 올해만 핵잠수함 6척과 프리깃함 7척을 새로 건조하기로 했다. 또 이미 보유한 두 척의 항공모함 외에 3번째 항모도 건조 중이다.

최근 모디 총리와 시진핑 주석은 경제협력을 확대하고 있다. 중국의 신실크로드 계획과 아시아인프라투자은행(AIIB)까지 경제협력을 확대하기로 했다. 하지만 경제협력 이면에는 1962년 인도와 중국이 전쟁까지 하게 만든 카슈미르지역의 국경분쟁 문제가 여전히 남아있다. 또 1997년 중국이 파키스탄 핵실험을 지원했다는 점도 중국과 인도 사이에는 여전히 불편하다. 중국의 눈에 띄는 해군력 증강에 인도는 최근 인도양의 스리랑카를 방문하고 중국과 남중국해에서 국경분쟁을 벌이고 있는 베트남과 군사 공조를 늘리는 것으로 대응하고 있다. 또 인도는 미국과 일본의 러브콜을 받으면서 중국견제의 전략적 중심축에 서 있다. 이러한 일련의 상황은 다시 중국이 인도와의 전략적 관계에 대한 중요성을 더욱 강화한다.

중국은 국경분쟁뿐 아니라 비동맹국가들에 대한 외교 차원에서도 인도를 고려해야 한다. 비동맹국가들에게 가지는 인도의 외교력을 무시할 수 없는 중국은 비동맹국가들의 지원을 지속하기 위해서도 인도와의 관계는 더할 나위 없이 중요하다.

최근 한국외교를 걱정하는 사람들이 많다. 동북아시아 지역에서 투명인간처럼 되어버리는 것은 아닌지를 우려하는 이들에게 한국정부는 동북아지역에서 좀 더 전략적 시야를 넓히고 있다는 점을 보여주어야 한다. '원교근공(遠交近攻).' 가까이 있는 나라를 치는 것까지는 아니라도 멀리 있는 국가와 교류를 넓혀서 가까이 있는 국가를 관리하는 것이 필요하다. 한국은 중국의 의존도를 낮추면서 지나치게 미-중 경쟁 구도에만 매몰되지 않기 위해 인도를 전략적으로 살펴볼 때이다.

그런 점에서 인도 총리방문을 계기로 한국과 인도가 '특별 전략적 동반자 관계'로 합의한 것과 정례적으로 '외교. 국방 2+2 차관회의'를 개최하기로 한 것은 지정학적인 관점에서 환영할 일이다.

그럼 지금은?

인도의 지정학 중요성은 더 커지고 있다. 핵심은 중국의 해양국가화에 있다. 중국이 성장하자 이에 부담을 느낀 일본은 미국과 인도를 포함하여 중국을 견제하고자 한다. 미국은 2010년 아시아회귀정책(Pivot to Asia)으로 중국을 본격적으로 견제하였다. 트럼프 행정부는 아예 '인도-태평양 시대'를 선포하였다. 중국을 좀 더 넓게 견제하겠다는 것이다. 중국이 해양으로 나갈수록 인도양의 핵심 국가인 인도는 더더욱이 중요해질 것이다. 게다가 지경학에서도 인도는 중요하다. 인도가 제조업분야를 성장시키려면 세계의 공장 역할을 하는 중국과 갈등할 수밖에 없기 때문이다.

일상이 정치: 미식, 세대, 지정학

21

2018. 3. 18.

부상하는 인도를 이해하는
첫 번째 키워드 지리(Geography)*

인도에는 '사기(詐欺 : fraud)'라는 단어가 없다고 한다. 화교 상인도 혀를 내두르게 만드는 인도에 사기를 친다는 단어가 없다는 이야기를 들었을 때 의아했다. 전세계 기업인을 대상으로 하는 설문조사에서 인도는 투자 후 돈을 떼일 가능성이 가장 큰 나라로 악명이 높다. 그런데 사기라는 개념이 없다고? 어떻게 된 것일까? 그 이유는 인도인들이 사기를 치는 것이 일상이 되었기 때문에 특별히 사기를 개념화할 필요가 없어서이다. 그만큼 인도는 우리의 예상 밖에 있는 국가이다.

인도가 뜨고 있다. 2017년 11월 트럼프 미국 대통령은 '인도-태평양

---

* 이 칼럼은 방산업체 LIG 회사블로그 근두운에 실린 글의 원본이다.

시대'를 주창하였다. 그간 모든 미국 대통령들은 태평양을 언제나 중요시했다. 하지만 인도에 방점을 찍은 것은 이번이 처음이다. 패권국 미국과 도전자 중국의 다방면에 걸친 경쟁. 이 시점에서 사업가 출신의 트럼프 대통령은 인도의 무엇을 본 것일까? 인도를 전략적으로 보게 만드는 질문의 시작이다.

인도에서는 왜 "사기친다"는 것이 의미가 없을까? 언어만 1,652개에 달할 정도의 다양한 문화. 힌두교, 이슬람교, 불교 등 복잡한 종교들. 인도인들의 독특한 의식 세계. 기본적인 설명요인들이다. 그런데 문화, 종교, 소수 토착 세력들에 영향을 미친 더 중요한 요인이 있다. 바로 지리(geography)다. 인도는 아대륙(亞大陸 : subcontinent)으로 불릴 정도로 널리 분포되어 있다. 또 산맥들로 포위된 형상을 이루고 있는 지리는 인도 이해에 매우 중요하다. 아대륙 전체적으로 볼 때 지리적인 고립감과 함께 드넓은 영토와 다양한 기후 조건은 인도인들에게 이 땅에 살아야만 한다는 숙명론과 함께 다시 이 땅으로 돌아올 수밖에 없다는 윤회사상을 만들어주었다. 이런들 어떠며 저런들 어떤지 하는 인식을 만드는 지리조건에서 누군가에게 지금 사기를 친다는 것이 뭐 그리 큰 문제이겠는가!

일본인들에겐 사기를 치고 도망가는 것은 상상하기 어렵다. 좁은 땅에서 도망가 봐야 어느 곳이든 바닷가에서 잡힐 것이기 때문이다. 그래서 일본은 화(和 : harmony)를 강조한다. 서로 적당히 양보하면서 공존을 모색하지 않으면 섬나라의 좁은 땅에서 서로 죽고 죽이며 그 끝을 보기 마련이다.

그렇다. 지리는 인간을 다방면으로 구속한다. 첫 번째로 지리는 국가 간의 정치를 결정하며 국내정치를 결정한다. 인도도 마찬가지이다. 인도를 포함한 아대륙(과거 이 지역은 특별한 국가나 영토적 실체들로 명확히

나뉘지 않았다가 영국 식민지지배에서 해방되면서 국가들이 만들어졌다)
은 북으로는 히말라야산맥으로 둘러싸여 있고 서쪽으로는 슬라이만산맥
과 힌두쿠시산맥이 놓여있다. 동쪽으로는 팟카이산맥이 방글라데시 사이
에 자리하고 있다. 남쪽으로 동고츠산맥과 서고츠산맥과 데칸고원이 자
리하고 있다. 이것은 인도가 외부 침략에 상대적으로 안전할 수 있다는

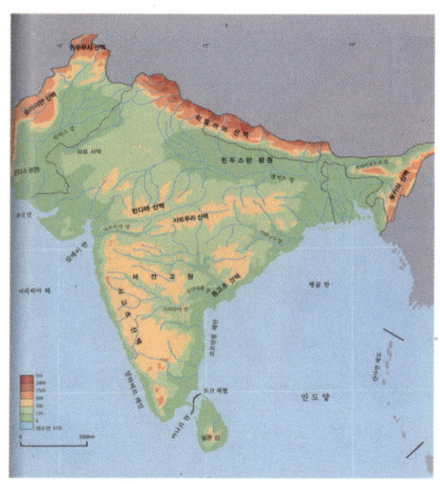

지도 1 : 옥한석 외, 『세계화 시대의 세계 지리 읽기』(파주, 한울아카데미, 2011). p. 245. 이 지도를 보면 인도 아대륙이 다른 지역과 산맥에 의해 거의 봉쇄되듯이 막혀있는 것을 볼 수 있다. 지리적 고립은 인도를 이해하는데 중요하다.

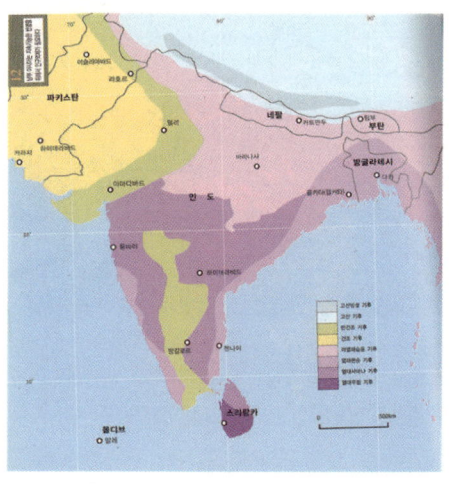

지도 2 : 옥한석 외, 『세계화 시대의 세계 지리 읽기』(파주, 한울아카데미, 2011). p. 246. 넓은 영토는 기후 조건에도 영향을 미친다. 인도는 높은 산으로 건조기후 지역과 함께 낮은 위도로 열대 기후도 가지고 있다. 기후 조건의 차이는 문화적 다양성으로 이어진다.

것을 의미한다. 국경선이 12,700km에 달하는데도 불구하고 인도가 상대적으로 안전할 수 있는 것은 산맥이라는 자연 방어선 때문이다.

하지만 서북쪽의 카슈미르지역은 과거 외부 침략자들이 주로 이용했던 통로이다. 현재 인도 서쪽으로는 이슬람교를 중심으로 한 파키스탄이 자리를 잡고 인도와 갈등하고 있다. 그 뒤편에 아프가니스탄이 자리하고 있다. 아프가니스탄의 카이바르고개(Khaibar pass)는 외부세력이 인도로 진입할 수 있는 통로로 과거 외부로부터의 침략에 대한 상징물이다.

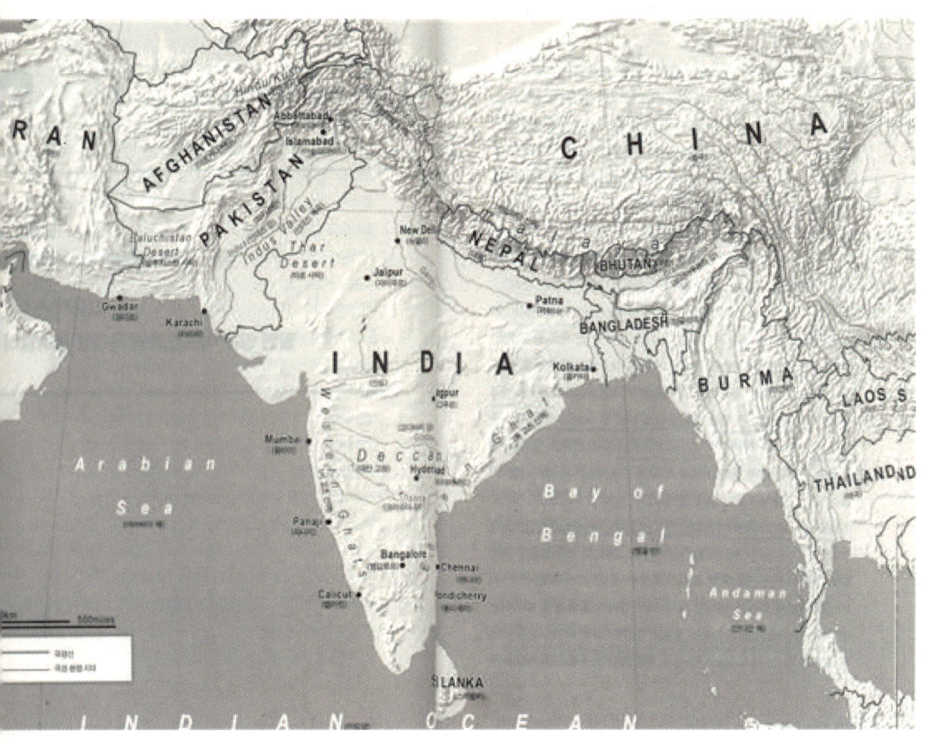

지도 3 : 팀 마샬『지리의 힘』(서울, 사이, 2016). 인도와 중국은 오래전부터 문명을 가지고 있었다. 그런데 두 국가는 큰 전쟁을 하지 않았다. 그 이유는 이 지도에 보이는 것처럼 산맥이 두 국가 사이에 놓여있기 때문이다.

카슈미르로 인해 연결된 '인도-파키스탄-아프가니스탄'의 이 지역은 모호한 국경문제를 두고 갈등하고 있다. 인도가 그간 받은 침략의 두 가지 통로 중 거의 유일한 육상 통로는 여전히 인도를 불안하게 하고 있다. 다른 한 가지 통로는 육지가 아닌 바다이다.

인도가 면하고 있는 해안선의 길이는 7,000km이다. 인도는 동으로 인도양에 서로는 아라비아해를 접하고 있는 삼면이 바다로 둘러싸인 해양 국가이다. 영국은 이 바다를 이용해 인도를 침략하였고 아대륙을 지배하였다. 이런 이유로 인도는 자국의 안전을 위해 반드시 해군력을 키워야만 한다. 최근 인도의 해군력 증강정책의 맥락이기도 하다.

인도의 넓은 영토와 산맥 때문에 만들어진 몬순 기후 등으로 인도 내부는 지역마다 기후도 다르고 강우량도 다르다. 이것은 인도의 농업에도 영향을 주고 있다. 광활한 영토와 따뜻한 기후는 인도인들이 초기부터 제국을 만들 필요가 없게 해주었다. 중국이 치수를 내세워 제국으로 통합을 한 역사와 비교되는 부분이다. 분열된 인도 아대륙을 통합한 것이 16세기의 무굴제국이라는 점. 또 두 번째 통합 역시 19세기 영국의 식민지 시절에 불과하다는 점. 이것을 보면 지리가 인도 역사 전체에 미친 영향은 대단히 크다. 현재도 인도가 분권화된 연방주의를 사용하고 있는 역사적 기원이기도 하다.

두 번째로 지리는 경제에도 영향을 미친다. 이것이 지정학을 넘어서 지리경제학(Geoeconomics)을 만들게 한 원인이다. 세 번째로 지리는 문화를 구성한다. 지리문화학(Geoculture)이 최근 관심을 받는 이유다. 인도의 사례도 마찬가지이다.

인도의 지리와 경제 간 관계를 살펴보자. 인도의 인구는 2016년 기준으로 UN의 추정 데이터에 기초하면 13억 2천 만이 넘는다. 산아제한이 없어 인구 증가율이 연평균 1.2%를 넘어서는 인도는 산악지대가 많아 농경지가 부족하며 넓은 대륙에 비해 강이 몇 개밖에 없어 물도 부족하다. 또 에너지자원과 광물자원도 인구보다 턱없이 부족하다. 1991년 이후 경제개방 조치로 경제성장률이 7%를 넘어서는 가장 빠른 성장을 하는 인도이지만 전체 산업에서 차지하는 농업의 비율이 높다. 농업인구가 전체 산업인구에서 2/3나 된다. 게다가 제조업보다는 서비스산업에 집중하고 있는 경제구조는 대책 없이 늘어나는 인구를 먹여 살리기에는 역부족이다. 2016년 UN 인구데이터에 기초해 볼 때 인도의 평균연령은 26세다. 이것은 한국의 41세와 중국의 37세와 비교할 때 10세 이상이 젊다. 2016년의 인도의 도시화 비율은 31%에 불과하다. 중국의 도시화 비율이 57%이고 대한민국의 81%와 대비되는 부분이다.

인도의 늘어나는 인구와 높은 출산율은 인구팽창과 함께 '청년팽창'을 가중한다. 일자를 구하는 청년들의 경우 구직이 현실화되지 못하면 사회문제가 되어 극단적일 경우 불만은 폭발할 것이다. '청년팽창'은 2011년 아랍 국가들에서 민주화를 이룬 요인이다. 이런 사회적 압박은 인도가 제조업육성과 해외투자에 사활을 걸게 한다. 지리와 인구는 경제적으로 자유무역에 더 눈을 돌리게 하고 있다. 그러자 자석처럼 미국을 끌어들였다.

이번에는 지리와 문화를 살펴보자. 인도는 할리우드영화에 대해 저항할 수 있는 자국 영화산업을 가진 전 세계 두 나라 중 하나이다. 두 국가 중 나머지 한 국가인 한국보다 더 큰 영화 시장을 가지고 있는 인도는 2003년 기준으로 1년에 1,100여 편의 영화를 만들어 미국의 600여 편보다 거의 2배 가까운 수치를 기록하였다. 인도는 내부의 다양한 종교와 문화가 영화산업의 원동력이 되면서 미국 영화산업의 대안으로 관심을 받는다.

이렇듯 지리는 인도를 규정하고 있다. 그렇다면 왜 최근 인도가 주목을 받는 것인가? 이것을 해석하기 위해 지정학의 도움을 받아보자. 다소 복잡할 수 있으니 지정학을 당구로 전환해서 이해해보는 것이 유용하겠다. 당구의 쓰리 쿠션의 논리처럼 한 개의 공이 다른 공을 치면 그 공은 다시 굴러서 3번째 공을 때린다. 지리에서도 한 국가의 압력은 다른 국가를 자극하고 이 자극에 제3국 역시 반응하게 되는 것이다.

지정학적 차원에서 인도의 부상은 미국과 중국의 경쟁에서 찾을 수 있다. 논리는 이렇다. '미국⇨중국⇨인도'의 쓰리 쿠션. 미국이 중동에서 관심을 아시아로 돌리자, 중국은 이것을 자신에 대한 포위로 인식하고 '역포위전략'으로 전환했다. 이것의 구체적인 표현이 중국의 일대일로 전략이다. 중국이 육상 실크로드와 해상 실크로드를 이용해서 중앙아시아와 유럽과 아프리카까지 확대해가면서 미국이 견제하기 전에 다른 국가들과 관계를 전략적으로 맺고 있다. 이를 위해 중국은 해상을 통해서 인도 주변국가인 방글라데시의 치타공항구와 스리랑카의 함반토타 항구와 파키스탄의 과다르 항구에 대한 사용권을 얻었다. 이것은 인도가 볼 때 명확히 인도에 대한 해상포위이다. 중국-방글라데시-스리랑카-파키스탄의 쓰리 쿠션.

히말라야산맥으로 인해 인도가 중국과 대규모 지상전을 수행할 수 없기에 중국의 실제 인도에 대한 위협은 해군이나 미사일 공격이다. 중국이 미국의 견제에 대항하기 위해 항공모함으로 상징화되는 대양해군을 만드는 것은 인도에 대한 실질적인 안보 위협이다. 게다가 중국은 육상으로 확대해가기 위해서 인도의 적대 국가인 파키스탄과 송유관 건설 뿐 아니라 안보 강화도 도모한다. 과거 파키스탄에 대한 중국 핵 개발 지원의 데

지도 4 : 중국의 진주목걸이 전략, 출처 연합뉴스. 중국은 인도를 중간에 두고 방글라데시, 스리랑카, 파키스탄과 항구 임대를 하였다. 중국에 의한 인도 포위처럼 보인다.

자뷔. 그에 따른 인도의 군사력 강화라는 쓰리 쿠션.

1947년 카슈미르분쟁 이후 1999년 카르길 전쟁까지 파키스탄은 현실적으로 인도의 주된 위협이다. 또 카르길 전쟁에서 종교적 열정은 두 국가가 핵무기를 보유한 상태에서도 충분히 전쟁을 수행할 수 있다는 것을 보여주었다. 국경을 접한 가장 강력한 위협 국가들인 파키스탄과 중국의 밀착은 인도가 미국과 일본의 손을 잡게 하고 있다. 인도 외교정책의 변화에 따른 '미국-일본-인도-호주'의 군사적 밀착이라는 쓰리 쿠션.

1962년 중국과 전쟁에서 굴욕을 경험한 인도는 이후 군사력을 현대화하면서 군사력에 집중하고 있다. 글로벌 파이어 파워(GFP)는 인도를 세계 군사력 4위라고 평가했다. 물론 학문적으로 볼 때 이런 순위는 큰 유용성이 없다. 국가들의 지리적 조건에 따라서 군사무기의 유용성이 다르고 실제 전쟁에서 각각의 군사력이 승리로 이어질 가능성도 다르기 때문이다. 군사력 세계 1위 미국이 베트남에서 패한 것을 생각해보라. 군사전문가들은 국가별 세계 순위를 부여하는 것에 회의적이다. 왜냐하면, 어떤 나라가 모든 국가를 상대로 전쟁을 하지는 않기 때문에 절대적 순위 자체가 중요하지 않다. 물론 술자리 안주로는 이만한 것이 없지만.

이보다는 실제 어떤 국가와 1대 1로 싸울 때 승리할 수 있는지를 계량화한 '전투력지수'가 중요하다. 따라서 인도의 군사력 전체가 문제는 아니며 중국과 전쟁을 수행할 능력이나 파키스탄과 전쟁을 수행할 능력이 현실적으로 더 중요한 것이다.

인도가 군사 대국화되고 있는 것은 확실하다. 4,000대가 넘는 전차, 3,000대가 넘는 항공기, 다양한 종류의 단거리, 중거리, 장거리 미사일의 보유 등으로 볼 때 인도가 군사력이 강력한 것은 확실하다. 다른 지표들도 인도의 강력한 군사력을 예측하게 한다. 첫 번째로 볼 수 있는 것은 무기수입량이다. 스톡홀름평화연구소(SIPRI)통계로 인도는 2011년부터 전세계 무기수입량 1위를 달리고 있다. 두 번째는 인도가 IT분야에서 두각을 나타내고 있기 에 사이버전의 역량이 뛰어날 것이라는 점이다. 실제 인도의 도시 방갈로르(bangalore)는 5만 명의 뛰어난 IT산업 역군을 보유하고 있다. 군사기밀이라 알기 어렵지만, 인도의 사이버전력이 세계적 수준임을 충분히 예측할 수 있다. 세 번째는 인도가 인공위성을 독자적으로 쏘아 올릴 수 있는 우주강국이라는 점이다. 인도의 우주 지정학 전략과 미사일 전략은 향후 더 발전할 것이다.

쓰리 쿠션. 그렇다. 미국과 중국의 패권경쟁은 인도의 지리를 중요하게 만들고 있다. 이 과정에서 인도는 지리정치뿐 아니라 지리경제와 지리문화를 전략적으로 육성하면서 미중 패권경쟁의 한 축(key player)으로 올라서고 있다. 주변 국가 중국이 부상하고 미국-일본-인도의 관계가 강화되는 과정에서 한국 역시 전략적으로 인도를 이해해야 한다. 왜? 지리가 국제패권경쟁의 쓰리 쿠션을 만들고 있기 때문이다.

일상이 정치: 미식, 세대, 지정학

22   2019. 2. 20.

2차 북미정상회담 개최지 베트남 : 베트남 개최는 어떤 의미일까?

2차 북미정상회담이 1주일 앞으로 다가왔다. 낙관론, 회의론, 신중론들이 오간다. 2차 회담. 1박 2일의 양자회담. 베트남 하노이 회담장. 각각 낙관론 또는 회의론으로도 해석된다. 입장은 다르지만 '예측과 확인' 또는 '희망과 우려'가 이번 북미정상회담을 궁금하게 한다.

상황을 정확히 보려면 "이번에는 다르겠지"의 낙관론이나 "지난번과 차이가 있을까"의 비관론에서 조금 비켜설 필요가 있다. 결과에 대한 예측가능성이 낮고, 약속이행에 대한 신뢰도 역시 미심쩍기에 이번 정상회담 예측 그 자체가 무의미하다는 지적도 있다. 그럼에도 불구하고 몇 가지 상황 조건들은 그럴싸한 현실 설명과 미래를 생각할 수 있게 한다. 그렇다. 관심을 가질만하다.

관심을 가진다면 어디서부터 시작해야 할까? 가장 단순한 시작은 '어디서 개최되는가'이다. 다른 문제들은 그 다음이다. 우선 단순하게 시작해보자. 지정학이라는 분석틀을 가지고.

왜 회담장소로 베트남이 선택되었을까? 그런데 여기서 잠깐. 원인분석에 앞서 장소선정은 몇 가지 결과를 예측하게 한다. 첫째, 이번 회담에

1989년 12월 3일 몰타회담을 마치고 부시 미국 대통령과 고르바초프 소련 서기장이 기자회견을 하고 있다. 12월 2일과 3일에 걸친 정상회의는 지중해의 몰타 섬 근처의 소련 여객선 막심고리키 호에서 열렸다. 당시 강풍이 불어 원래 회담예정 장소였던 소련 순양함 대신에 25,000톤짜리 여객선에서 정상회의를 가졌다. 이 회의는 특정 의제의 합의에 구속되지 않고 유럽 문제와 군축 문제에 의견을 나누기 위해 개최되었다. 그러나 회의가 끝나고 양 지도자는 "이제 냉전이 끝났다"고 선언함으로써 얄타체제라고 하는 냉전체제를 붕괴시키는 중대한 계기를 만들었다. 이렇게 제3국에서 역사적인 선언이 만들어질 수도 있다. 또 먼 곳이기 때문에 이틀의 시간을 가지고 정상회담을 할 수도 있다. 2018년의 1차 남북정상회담이나 이번 2019년 2차 북미정상회담이 몰타회의와 같은 역사적인 의미를 가졌으면 하는 희망이 몰타회의를 다시 보게 한다.

사진 출처 : 경향신문

서 매우 획기적인 조치는 취해지지 않을 것 같다. 만약 2차 정상회담에서 북한 핵문제를 종결지을 수 있는 합의가 이루어질 것이라면, 제3국 베트남은 아니다. 역사적 '하노이 선언'이라. 평양선언이나 워싱턴선언 대신에. 글쎄.

둘째, 차기 정상회담들이 줄줄이 이어질 것이다. 이번 회담 이후 김정은 위원장의 남한방문이 있을 것이다. 그리고 미국과 중국을 끌어들이는 다자 정상회담이 개최될 것이다. 이때 최종 합의안이 만들어질 가능성이 크다. 북한이 가장 비싸게 '비핵화'를 판매할 수 있기 때문이다.

셋째, 시한도 작동한다. 2020년 미국 대선과 북한 경제개발 5개년 계획의 종결은 현재 북미정상회담에 대한 대중적 관심을 좀 더 길게 끌어야 할 유인이 된다. 물론 미국 국내정치에서 북한문제 해결이 멕시코에 대한 국경장벽설치나 베네수엘라 난민 문제보다 그리고 이란과의 핵협상 파국보다 더 관심을 끌기는 쉽지 않겠지만 말이다.

그렇다면 왜 베트남이고 왜 하노이일까? 1차 정상회담 장소가 제 3국인 싱가포르였으니 2차 정상회담 개최가 제 3국인 베트남이라도 부담은 적었을 것이다. 미국과 북한 중 어느 쪽이 먼저 베트남 카드를 내밀었는지는 현재 알기 어렵다. 다만 맥락상 북한이 먼저 제의했을 가능성이 크다. 지금까지 나온 해석은 북한이 구체적 장소로 하노이를 고집했고 미국이 다음을 위해 양보했다는 것이다.

국가로서 베트남이 선정된 이유에 대한 분석은 차고 넘친다. 북한과 가까운 거리와 접근성. 미국과 북한 모두와 우호적인 관계. 도이모이로 대표되는 베트남 경제발전의 상징성이 대표적인 이유다.

그런데 역사에선 걸리는 부분도 있다. 베트남은 미국에 패배를 안긴 유일한 국가이다. 북베트남은 사회주의 이념 아래 남베트남을 흡수통일했다. 냉전기 자유민주주의를 가장 괴롭히는 대목이다. 개인 역사도 불편하다. 트럼프 대통령은 허위진단서를 내고 베트남전쟁 징집을 기피했다는 의혹을 받고 있다. 혹시 미국이 많이 급한가!

미국의 협상 전략 입장에선 유용한 부분도 있다. 포스트 차이나 국가 1순위라는 베트남의 놀라운 경제발전속도. 이런 경제발전이란 결과가 도이모이 정책 자체 보다 미국의 베트남 제재해제와 투자허가에 기초했다는 점. 사회주의 정치체제와 자본주의 경제체제의 공존 가능성에 대한 입증. 게다가 중국처럼 대국이 아니라서 현실적인 중국의 (북한에 대한)대안일 수 있다는 점이 그것이다.

회담 장소로 하노이가 된 이유를 이해하려면 먼저 베트남의 지정학 조건을 알면 좋다. 지리적으로 베트남은 위도 8도에서 23도에 걸쳐있다. 국가 모양은 S자 형태를 이루고 있지만, 일직선으로 하면 1,650km 정도 길이가 되고 해안선은 3,200km 이상 되는 제법 긴 국가이다. 종족(ethnie)구성은 주종족인 낑(kinh)족과 53개 다른 부족들로 이루어져 있다. 또 전통적으로 소규모 농업 위주의 사회이다. 기후와 농업 때문에 대나무로 울타리를 만든 촌락(베트남어로 '랑 Lang')을 중심으로 국가를 구성한 촌락공동체 국가이다. 이런 조건 때문에 베트남은 하노이를 중심으로 하는 '북부'와 다낭을 중심으로 한 '중부' 그리고 호치민(과거 사이공)을 중심으로 한 '남부'가 각기 다른 문화와 조금은 다른 역사를 가지고 살아간다.

이런 지정학 배경에서 북한이 하노이를 고집한 이유는 명확하다. 베트남 북부도시라 북한에서 거리가 가깝다. 또 북베트남의 수도이다. 그리고 북한 대사관이 있다.

베트남의 지리를 보면 베트남을 이해하기 좋다. 베트남은 지리적으로 길다. 물론 중남미의 칠레처럼 4,000km에 달하지는 않지만 1,600km를 넘는 길이에 폭이 좁은 지형을 가지고 있다. 게다가 해안선이 굴곡져 있어서 매우 길다. 전체 면적으로는 331,210.0㎢로 한반도 전체 면적인 22만 ㎢의 1.5배이고 남한 면적인 100,364㎢의 3배가 좀 넘는다. 2018년 기준 베트남 인구는 9천 6백만 명이 넘는다. 게다가 인구 전체의 65%가 35세 미만으로 젊은 국가이다. 북베트남은 홍 강을 중심으로 전통적인 수도 하노이를 기반으로 살아왔다. 반면에 중부는 다낭이 남부는 호치민(과거에는 사이공)을 기반으로 하고 있다. 남부는 메콩강을 끼고 있다. 54개의 종족으로 이루어져 있고 각각의 부족들이 촌락을 구성하여 촌락 하나가 하나의 국가를 구성하듯이 독립적으로 살아왔다. 남부는 공산화된 뒤에도 자본주의 문화를 여전히 가지고 있고 북부의 하노이는 상대적으로 보수적이다.

사진 출처 : 다음카페. 클로이 산악회

여기에 약간의 해석을 덧붙일 수도 있다. B.C. 2세기 초 베트남이 한족의 지배를 당한 이후 A.D. 938년 응오 꿰(Ngo Quyen)이 중국의 베트남 지배를 종식시켰다. 그 뒤 딩 보 링(Ding Bo Linh)이 독립왕국을 세웠다. 이때부터 하노이는 베트남의 수도가 되었다. 그래서 2009년 12월 베트남은 하노이 천도 1000주년 기념행사를 하기도 했다.

이것이 북한과 무슨 관계란 말인가? 북한은 사회주의 계급의 역사해석과 민족주의 역사해석을 동시에 가지고 있다. 민족주의 관점에서 북한은 자신들이 한반도 역사의 주체라고 생각한다. 즉 평양이 단군조선시대부터 수도였고 '대동강 문화'의 중심이었다는 것이다. 고구려에서 고려 그리고 조선으로 이어지는 역사에서도 여전히 역사의 중심은 평양에 있었다고 주장한다. 하노이는 역사적 정통성이란 상징성을 평양과 공유한다. 북한이 주장하듯 미국에 패배하지 않은 국가의 수도라는 점까지 고려하면 하노이와 평양은 도플갱어(doppelganger) 수준이다.

'과거' 북한 공군의 베트남전 참전이나 1950년대와 1960년대 두 차례에 걸친 김일성의 방문은 사회주의 맹방으로서 양자 사이 관계를 발전시킬 수 있는 '현재'적인 여지를 가진다. 그러면 베트남과 하노이 선택은 북한에 좋기만 할까?

아니, 베트남은 북한에 부담스러운 선택이기도 하다. 지정학은 그렇게 말한다. 특히 중국을 고려하면 그렇다.

베트남과 중국은 지정학적으로 관계가 나빴고 지금도 나쁘다. 1,000년 이상의 중국 지배와 A. D. 938년 독립 이후 원, 명, 청의 공격이 있었다. 또 미국과 베트남전쟁을 하던 1974년, 중국은 베트남의 영토였던 시사군도(파라셀 아일랜드)를 점령했고 현재까지 실효적 지배를 하고 있다. 1978년 베트남의 캄보디아 침공 이후 1979년 중국은 베트남에 대해 보복하였다. 최근 중국의 일대일로 정책과 해군력 확장은 중국이 단지 과거만의 위협이 아니라는 점을 확인시켜 주고 있다. 게다가 과거의 위협마저 소환하고 있다.

이런 상황에서 북한이 중국경유 없이 혹은 중국과 사전조율 없이 베트

남중국해의 시사군도와 난사군도에서 중국의 군사력증강을 보여주는 지도이다. 시사군도는 베트남이 점유하던 것을 1974년 중국이 점령하였다. 2015년 이후 중국은 위의 제도에서 보이는 암초들에 군사시설을 만들고 있다. 대륙 국가 중국이 해양으로 확장하는 이러한 정책전환은 필리핀과 베트남을 불안하게 만들고 있다. 또 전통적인 해양국가인 일본과 미국을 자극하여 이 지역 내 해군경쟁을 유발하고 있다.

사진 출처 : 한국일보

남행을 선택하긴 어렵다. 만약 북한이 그렇게 행동한다면, 이는 중국을 버리고 베트남을 추종하는 것을 의미한다. 그리고 북한이 중국 지원 없이 미국을 직접 상대하겠다는 것이다. 열 받은 중국이 북한을 버리면 지금의 북한은 끝이다. 여기에 북한의 딜레마가 있다. 베트남을 선택했지만, 베트남으로 향하지 못하는. 이번 정상회담이 복잡한 이유 중 하나이다.

일상이 정치: 미식, 세대, 지정학

23

2019. 3. 13.

북한은 베트남처럼 될 수 있을까?

2월 28일 노딜(no deal) 이후 2차 북미정상회담 복기가 빠르게 진행되고 있다. 노딜로 끝이 났지만, 아직 대화의 희망은 있다. 북한 경제 사정이 계속 나빠지고 있기 때문이다. 그래서 과거 같으면 '미국 제국주의' 운운하면서 모욕을 주었을 북한이 조용하다. 그저 일본을 맹비난할 뿐이다. 그러면서 북한은 미국에 계속해서 신호를 보내고 있다. S.O.S!

2020년 재선을 감안하면 트럼프 대통령도 북한이 필요하다. 그러니 북미간 협상 과정은 좀 더 긴 호흡으로 지켜볼 필요가 있다. 대신 북미 협력 이후의 그림을 예상해보자. 일이 잘 풀려간다는 전제하에 무엇을 준비하면 좋을지 차원에서.

핵심적 질문은 한반도 비핵화 이후 북한이 어떤 경제 모델로 재활할 수 있는가이다. 특히 미국이 강조하는 베트남식 개방정책이 가능할 것인지에 있다. 최근 북한의 미래모델로 중국 대신 베트남이 뜨고 있다. 실제 2월 27일 하노이에 방문했던 북한 협상팀조차 관광단지 '하롱베이'와 산업단지 '하이퐁'을 시찰했다. 그렇다면 향후 북미 대화가 재개되고 북한이 경제발전을 추진한다면 북한은 베트남처럼 될 수 있을까? 아니 베트남 모델을 차용할 수 있을까?

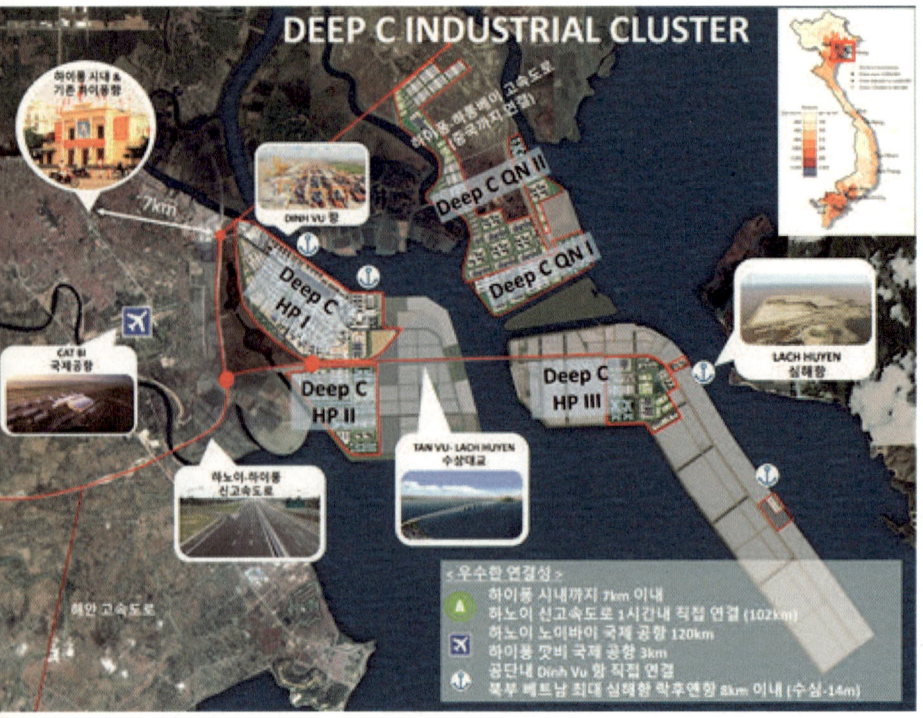

베트남 경제발전의 상징인 하이퐁클러스터의 모습. 해안선이 긴 베트남에서 육상과의 연결이 잘 된 이 지역은 산업 크러스터로서 위치가 좋다. 베트남은 중소기업 중심의 제조업부터 개방하는 방식이 아니라 전면개방하는 방식을 사용했다. 중국과는 다른 모습이다. 해외 다국적기업들의 투자를 유치하면서 인력시장 문제를 해결하고자 한 것이다. 중국이 해외기업의 '기술'을 얻는 투자에 집중한 것과 다르다. 북한이 경제개방을 한다면 어느 방향으로 갈 것인가?

사진 출처 : machine.learncloud.co.kr

결론부터 말하면 북한은 베트남처럼 될 수 없다. 또 베트남 모델을 차용하는 것도 어렵다. 북한이 베트남으로부터 관광과 제조업유치방법을 배울 수는 있다. 그래서 북한 협상팀도 하롱베이를 거쳐 하이퐁을 방문한 것이다. 이처럼 '관광산업 + 제조업개발'이란 북한의 의도는 다른 곳에서도 읽을 수 있다. '9.19평양선언'의 2조 2항(개성공단과 금강산관광사업을 우선 정상화하고 서해경제공동특구 및 동해관광공동특구를 조성하는 문제를 협의해 나가기로 했다)을 보라.

북한은 돈이 절실하다. 지금 이것저것 따질 상황이 아니다. 그렇다고 정권의 명운이 걸린 경제 활성화를 대충할 수도 없다. 북한의 고민은 깊지만, 해결책은 난망하다. 왜 그런지 베트남과 비교해 보자.

첫째, 정치체제 운영방식이 다르다. 우선 베트남 발전의 본질은 미국에 있다. 흔히 말하듯이 베트남 발전이 도이모이 정책 때문이라고? 아니다. 도이모이는 1986년 채택되었지만, 그 효과는 1993년이나 되어야 나타난다. 1993년 7월 미국은 국제금융기구들의 대(對)베트남 융자재개를 허용했다. 그러자 1993년 11월 1차 베트남 원조국회의가 개최된다. 이어서 1994년 2월 미국은 베트남에 대한 경제제재를 해제한다. 이 시기부터 거대한 공적개발원조자금(ODA)이 베트남에 들어가고 막대한 해외직접투자(FDI)가 베트남을 찾게 된 것이다. 일종의 영양제 집중투하.

이후 베트남은 지속적으로 개발원조자금과 해외직접투자를 받았는가? 그렇지 않다. 오랜 사회주의의 관성이 발목을 잡았다. 관료들의 부패가 너무나 심각했다. 열 받은 해외기업들이 투자를 철회하겠다고 위협을 하자 그제야 베트남 정부는 충격을 받았다. 다급해진 베트남 정부는 부패를 줄이고 법치주의를 실천했다. 혹독한 부패 다이어트가 지금의 경제성장을 만든 것이다.

북한과 중요한 차이점이 여기에 있다. 1980년대 경제가 후퇴하던 시기 베트남에는 개혁을 주장한 개혁파들이 있었다. 베트남도 공산당 '일당'독재 체제였지만, 기존 보수파들의 정책실패를 비판하고 새로운 노선인 도이모이를 만들어낸 당내 '반대파'들이 있었다. 당내 분파간 경쟁. 이는 호치민의 유산이다. 그는 1969년 사망하면서 베트남을 '일인' 독재가 아닌 집단지도체제로 운영하라고 유언을 남겼다.

중국, 베트남. 미얀마의 지도체제는 북한과 다르다. 사회주의 체제라는 틀을 유지하면서 자본주의를 받아들인 중국이나 베트남은 집단지도체제로 운영이 된다. 미얀마는 2011년 민주화가 된 후 개방정책을 받아들였다. 미얀마는 북한 김정은 정권의 미래모델 중에서 가장 나쁜 시나리오이다. 물론 리비아의 카다피 사례는 더욱 끔찍하다. 북한의 '가족국가체제(family state system)'에서 과연 집단지도체제를 통한 권력의 순환과 변환 가능성을 받아들일 수 있을까!

사진 출처 : 조선일보

다시 북한을 보자. 북한의 경제발전에는 외부 자본이 필수적이다. 최근 성장한 북한의 장마당 경제는 주로 외국산 제품들을 사고파는 물물교환시장에 불과하다. 그런데도 북한은 2016년 3.9%의 성장을 할 수 있었다. 이유는 워낙 북한 경제가 작고 저발전 되었기 때문이다. UN을 중심으로 한 11개의 국제제재가 풀리면 장마당 경제는 더 활성화될 것이다. 일정 수준까지 국민소득도 높아질 것이다. 그러나 한계는 명확하다. 제조업이 뒷받침되지 않기 때문이다.

그럼 트럼프 대통령은 북한의 무엇을 보고 경제 강국이 될 수 있다고 한 것일까? 그는 북한에 외국자본이 들어가면 가능하다고 보았다. 그러나 여기에는 한 가지 커다란 제약이 있다. 해외 투자자들은 과연 북한이 개방되자마자 부나방처럼 뛰어들까? 그렇지 않다. 그들은 투자이익뿐 아니라 투자 위험부담도 고려해야 한다. 베트남 공산당은 '일당독재'체제나 '집단지도'체제이다. 즉 지도자 한 사람이 과한 욕심으로 국유화를 시도하거나 공단폐쇄를 결정할 수 없다.

북한은 다르다. 북한은 '위대한 수령 영도체제'이다. '일인독재'체제인 이 체제는 종교체제나 마찬가지다. 북한에 투자하는 사람들은 오로지 김정은이라는 교주 한 사람만을 믿고 가야 한다. 그는 권좌에는 오래 있겠지만 언제 수가 틀릴지 모르는 인물이다. 과연 이런 국가에 자본을 투자할 모험가 혹은 자선 사업가들이 얼마나 될까! 투자자의 모국(mother country)이 보증하는 것도 북한에는 큰 의미가 없다. 금강산관광사업과 개성공단을 보라.

과연 해외 투자자들을 위해 김정은은 정치체제를 개편할 수 있을까!

법치주의라는 두 번째 조건도 있다. 베트남이나 중국도 해외투자를 받았던 초기에는 낮은 법치주의와 이에 따른 투자 철수로 고통을 받았다. 독재국가에서 법치주의는 큰 의미가 없다. 그런데 법치주의가 없으면 '예측가능성'이 없다. 법치주의는 자본주의의 핵심이다. 그러니 투자를 하려는 자본주의국가들은 망설일 수밖에 없다. 개혁개방 선언만으로 법치주의가 만들어지는 것은 아니다. 외국인투자법과 같은 체계적인 법들이 촘촘히 만들어져야 한다. 그런데 북한에서 법치주의는 요원하다. 북한에선 주체사상 아래 지도자의 포고령이 가장 중요하다. 지도자의 말씀이 노동당 강령과 국가 헌법의 상위에 있다. 이런 국가에서 소유권 보장을 기대할 수는 없다.

세 번째는 인구요인이디. 북한에는 베트남(생신가능인구 6친민 명 이상)처럼 일 할 수 있는 노동력이 부족하다. 북한도 2004년부터 고령화사회(전체 인구에서 65세 이상이 7%이상인 사회)가 되었다. 게다가 '고난의 행군'의 영향으로 합계출산율도 2.0명(2010년 기준)으로 줄었다. 2,200만 명에서 2,300만 명이라는 전체 인구수 자체도 1억에 가까운 베트남과 차이가 있다. 소비시장으로 부상하는 베트남과 달리 장래 북한은 소비시장이 되기에 인구가 너무 적다.

[남북한 총인구와 남북한 연령별 인구구성 2013년 기준]

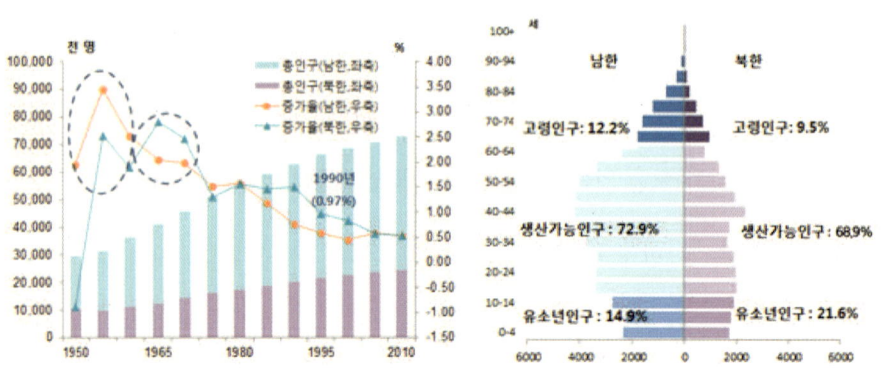

위의 표는 북한의 인구수와 인구구성을 남한과 비교해 볼 수 있다. 전체 인구수도 적지만 생산가능인구는 더 적다. 2013년 통계이므로 유소년 인구의 상당수는 고난의 행군기간 기근과 영양실조에 노출된 이들이다. 고령화와 저출산이 동시에 진행되고 있는 북한도 인구문제가 심각하다.
표의 출처: 최지영, "북한 인구구조의 변화 추이와 시사점"

한국은행 2015년 6월 22일 보고서

네 번째 지향하는 개방방식도 다르다. 경제 체제의 내구성이 약한 북한은 베트남처럼 전면개방으로 가지 못할 것이다. 현재 북한은 중국모델처럼 특구(5대 경제특구와 19개 경제 개발구)를 만들어 부분적 개방을 추진하고 있다. '모기장이론'으로 점진적 개방화를 꾀하고 있는 북한 장마당 경제에 대한 전면 시장 개방은 자본주의에 의한 체제 압사를 의미한다.

그래서 북한은 점진화로 가닥을 잡은 듯 보인다. 관광을 통한 수익창출과 함께 점진적 산업화추진이 그것이다. 그러나 도로와 숙박 인프라가 없는 상황에서 관광산업이 될 리가 없다. 전기가 부족해 불이 안 켜지는 호텔을 상상해보라. 여름 공포 체험 Ok! 가족 여행 No!

마지막 차이. 베트남은 비엣큐(Viet Kieu, 越僑 :해외거주 베트남인)가 있다. 비엣큐는 보트 피플 혹은 망명으로 본국을 떠난 이들이다. 이들은 각 국가에서 자리를 잡았고 지금은 본국으로 자금을 보낸다. 1999년 베트남 정부는 비엣큐의 투자를 허용하였다. 현재 비엣큐의 송금액은 베트남 GDP의 8% 정도에 달한다. 또 교육열이 강한 베트남 부모들은 3만 명 이상의 유학생들을 해외로 내보냈다. 이들은 향후 외국인들의 투자에서 가교역할을 할 것이다. 그러나 북한은 이런 제반 조건이 없다. 조총련? 글쎄...

여기서 말하고자 하는 바가 북한이 폐쇄된 체제로 고립되어 점차 몰락해야 한다는 것은 결코 아니다. 이런 상황은 대한민국에도 엄청난 부담이자 재앙이다. 북한은 변화해야만 한다. 정권이든 체제든 이를 유지하려면 붕괴한 경제를 재가동해야만 한다. 과거와 달리 북한 주민들은 외부 노출이 많아졌고 정보가 많다. 2017년부터 시작된 민간 부분의 경제 붕괴(-3.5%성장)가 몇 해 지속할 경우 체제 이반을 넘어 체제붕괴를 가져올 것이다. 만약 북한이 '위대한 영도자'의 일인 독재체제를 유지하면서

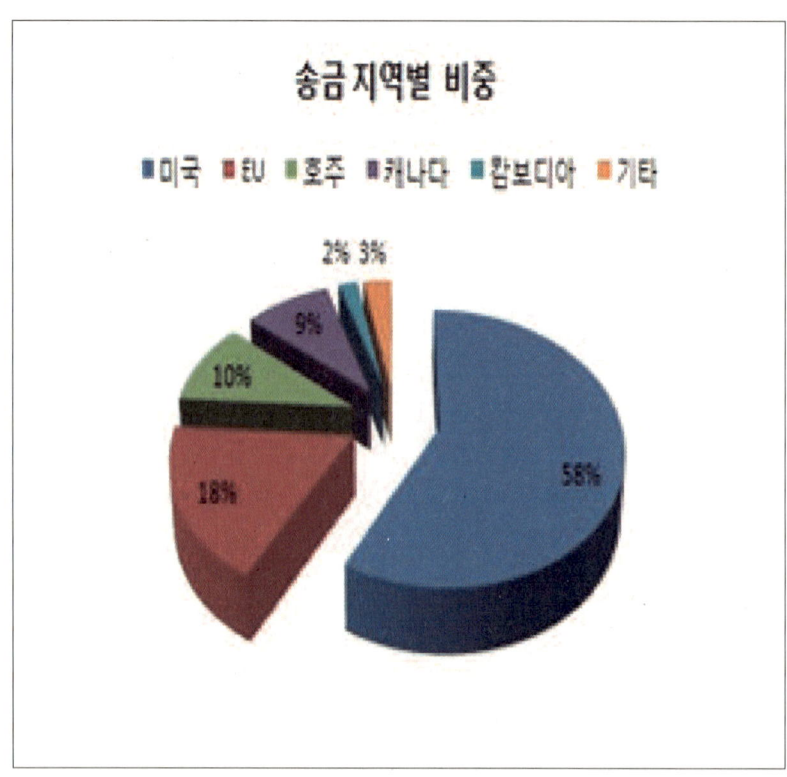

위의 표는 해외의 비엣큐가 베트남 본국으로 보내는 송금의 지역별 비중을 보여준다. 2013년 기준으로 해외거주자인 비엣큐는 450만 명이고, 이들은 104개국에서 본국으로 송금을 한다. 중국 화교 정도의 영향력은 아니지만, 전적으로 외국자본에만 의존하지 않게 한다는 점에서 이들의 영향력은 크다.

사진 출처 : news.kotra. or.kr.

도 경제를 잘 돌리고 싶다면 중국이나 베트남보다 더 많은 아이디어가 있어야 한다. 하이 리스크(고위험) 하이 리턴(고수익)이다. 즉 경제발전을 위한 개방을 원하면 그만큼 포기도 따라야 한다. 자본이냐 일인 독재냐. 이것이 문제로다.

일상이 정치: 미식, 세대, 지정학

24 2019. 3. 28.
관광지 태국과 정치 격전지 태국

태국의 카오 락(Khao Lak)에 다녀 온 적이 있다. 푸켓 공항에서 한 시간 걸리는 시골 마을. 아시아에서 가장 큰 수영장을 가진 세계적인 호텔과 리조트들이 곳곳에 있는 휴양지.

카오락에 위치한 메리어트 호텔의 전경. 이 호텔은 객실들을 모두 연결하는 수영장이 있다. 수영장 총 길이가 3.5km나 된다. 동양 최대다. 태국풍으로 지은 건물들과 잘 꾸며진 수영장이 럭셔리한 휴가를 보낼 수 있을 듯하다. 그런데 정작 태국인들 중 얼마나 많은 사람이 이 휴양지를 즐길 수 있을까!

사진 출처: www.jwmarriott-khao-lak.co.kr

카오락에서 즐길 수 있는 뱀부 래프팅. 대나무가 많은 지역이라 대나무로 뗏목을 만들어 작은 개울을 래프팅하는 것이다. 대나무와 약간의 노동력으로 하는 이 래프팅을 하다 보면 주변에서 물놀이하는 주민들을 만나게 된다. 이 지역은 화려한 리조트와 함께 이처럼 원시적인 교통수단이 공존하고 있다.

사진 출처: 태초클럽. www.taechoclub.com

그런데 이질적인 장면 하나. 대나무 뗏목 투어를 하는 개울가에서 수많은 젊은이가 물놀이하고 있었다. 으리으리한 호텔 수영장과 개울의 대비. 그때 딸들이 물었다. "왜 저 아저씨들은 여자 친구랑 워터파크 안가?"

그렇다. 현재 태국과 한국은 차이가 나는 사이가 되었다. 한국에서 태국은 주로 관광지로 유명하다. 방콕, 파타야, 푸켓이 과거형이면 치앙마이와 크레비(krabi)나 카오락(Khao Lak)은 현재형이다. 2017년에만 3,000만 명이 넘는 관광객이 태국을 찾았다. 그중 한국인 관광객도 146만 명(2016년 기준)이나 된다. 태국은 관광지로 좋다. 한국에서 가깝고, 따뜻하고, 물가 저렴하고, 이국적이고.

태국이 관광지로만 유명한 것은 아니다. 전 세계 유일의 '군부 지배 국가(junta regime)'기도 하다. 그런데 여기서 좀 더 세심하게 들여다보면 태국은 정치학 교과서 그 자체이다. 가장 훌륭한 롤모델이라는 의미가 아니다. 교과서에서 볼 수 있는 정치적 문제들 중 거의 대부분을 태국정치에서 볼 수 있기 때문이다. 관광지 태국의 국민은 대체로 순하고 착하다. 그런데 이런 사람들이 사는 이 국가는 어쩌다 정치학의 표본 국가가 된 것일까!

현재 태국정치는 우리에게 정치학 교과서에 실린 '제도'와 '권력관계'와 '민주주의 인식'이 현실에서 얼마나 중요한지를 알려준다. 구체적으로 보자.

2019년 3월 24일. 태국에서 총선이 있었다. 2014년 5월 군부가 쿠데타-1932년 입헌군주제 개편 이후 19번째 쿠데타였다-를 통해 권력을 잡은 후 5년 만에 치른 선거다. 또 2011년 마지막 민주적인 선거 이후 8년 만의 선거였다. 현재까지의 개표상황에 기초해 볼 때 이번 선거에서는 군부의 '팔랑 쁘라차랏(Palang Pracharath)당'(태국어의 의미로는 '국민의 힘')이 승리한 것으로 보인다.*

군부가 쿠데타가 아닌 "선거로" 다수당이 될 수 있게 된 것은 2017년 헌법 개정 때문이다. 태국 군부는 헌법 개정을 통해 의회 750석 중 상원 250석 전체 지명을 군부 몫으로 떼어두었다. 그리고 하원 500석 중 350석은 지역 선거로 150석은 비례대표제를 통해 선출하게 바꿨다. 또 군부

---

* 3월 24일 치른 태국의 선거결과는 부정선거의 의혹이 있어서 공식적인 최종 결과는 5월이 되어야 발표가 될 것이라고 한다. 이 글을 쓰는 현재 시점(3월 28일)까지 나온 94% 정도 개표율을 보인 선거결과의 정보만을 토대로 분석한 것이라 세부적인 의석수나 득표수는 바뀔 수 있다.

2014년 5월 19번째 쿠데타를 통해 집권한 프라윳 찬오차(Prayuth Chanocha) 총리. 육군참모총장 출신인 그는 2019년 3월 24일 치러진 선거를 통해 총리가 되면서 "민주주의의 옷"으로 갈아입게 된다. 태국이라는 국가에서 군대의 역할을 보면 민주주의로 이행할 때 군부를 어떻게 권력정치의 일선에서 퇴진시키는 것이 중요한지를 알 수 있다.

사진출처 : 이투데이

는 민주파의 대부인 탁신 전총리의 영향력을 견제하기 위해 지역투표의 당선 수에 반해서 비례 대표의석수를 배분하게 고쳤다.

    그 결과는? 이번 선거에서 국외 망명 중인 탁신(전 총리)을 지지하는 정당인 '푸어타이(Pheu Thai)당'(태국 명 '태국을 위하여')은 지역에서 135석만을 얻었을 뿐이다. 117석을 얻은 군부 정당보다 지역구 의석은 많지만, 의회 다수당은 못 된다. 여기서 주목할 부분은 탁신을 지지하는 푸어타이당이 742만 표를 얻어 1위인 군부 정당의 793만 표에 뒤진다는

태국 권력구도 주요 인물

친탁신 진영(레드셔츠)
현 정부 지지
지방농민, 도시 노동자 등 저소득계층 지지

탁신 친나왓

- 2001년, 2005년 총리 당선
- 2006년 쿠데타로 실각
- 2008년 부정부패 등 유죄선고 이후 해외 도피 중

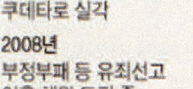
잉락 친나왓

- 탁신 전 총리의 막내 여동생
- 2011년 7월 총리 당선
- 탁신 전 총리 정치사면 추진하다 반정부 시위 직면
- 2014년 5월 헌법재판소 판결로 실각

반탁신 진영(옐로셔츠)
반정부 시위 주도
왕실, 군부, 기업가, 법조계, 도시 중산층 지지

쁘라윳 짠오차

- 육군 참모총장
- 왕비 근위병 부대 출신의 대표적 왕당파
- 2010년 4~5월 레드셔츠 시위 진압 주도
- 2014년 5월22일 쿠데타 선언

수텝 트악수반

- 전 부총리
- 2010년 레드셔츠 시위 진압 결정
- 2013년 11월부터 반정부 시위 주도

현재까지도 태국정치에 영향력을 가진 탁신 전 총리. 2006년 군사 쿠데타로 축출된 이후 탁신은 그의 지지자들을 통해 여전히 태국정치에 큰 영향을 끼치고 있다. 2011년 선거에서 총리가 된 잉락 친나왓이 대표적이다. 탁신의 여동생이라는 후광과 탁신의 정책 계승이 선거 승리에 크게 작동한 것이다. 그녀 역시 2014년 군사쿠데타에 의해 실각하였고 현재는 국외 망명 중이다.

사진 출처 : 세계일보

점이다. 즉 더 많은 유권자가 민주적 선거에서 군부 정당을 지지한 것이다. 물론 2014년 쿠데타 이후 권력을 쥔 쁘라윳 찬 오차 총리의 군부정당은 750석 중 375석을 채우지는 못할 것이다. 그러나 군소정당과 연립하여 그는 '민주주의 옷'을 입은 수상이 될 것이다.

여기서 두 가지 질문이 생긴다. 첫째, 그럼 군부는 어떻게 헌법을 고쳐 '기울어진 운동장'을 만들 수 있었을까? 둘째, '기울어진 운동장'이란 민주주의의 제도 붕괴에도 불구하고 태국 시민들은 왜 저항하지 않을까?

첫째 질문에 대한 답은 '권력 관계'에서 찾을 수 있다. 현 태국정치는 국왕-군부-경제 엘리트의 '지배 연합'과 탁신-민주주의 지지자-농민과 노동자의 '저항연합'으로 나뉜다. 이 대립구조에서 중심축이 국왕이다. 그간 수많은 쿠데타와 빈번한 민주화 사이에서 중재자로서 국왕의 역할은 절대적이었다. 국왕은 태국에서 '쿠암뻰타이(khwampenthai : 타이적인 것)'을 대표한다. 영토경계선이 명확하지 않은 인도차이나반도란 공간과 근대화란 시간에서 태국만의 정체성 구성에 있어서 국왕은 절대적인 존재였다.

2016년 10월 13일(현지시간)으로 푸미폰 아둔야뎃 국왕이 타계했다. 향년 88세. 그는 1946년 6월 9일부터 왕위에 올라 70년과 126일간 왕위를 유지하여 최장수 국왕 기록을 세웠다. 전체 국민의 95%가 불교도인 태국에서 왕은 신적 존재에 가깝다. 그만큼 국민의 존경과 사랑을 받는다. 1932년 입헌군주제로 전환된 뒤 군부에 의해 실권을 빼앗긴 적도 있었지만, 태국 왕실은 1950년대 다시 권위와 권력을 회복하였다. 민주화 혁명과 군사쿠데타 사이에서 국가를 중재하는 역할을 한 왕이었기에 태국정치의 미래도 다음 왕위를 이어받을 국왕의 역할에 주목하게 된다.

사진 출처 : 연합뉴스

2016년 10월 서거한 푸미폰 아둔얏데 국왕(라마 9세)은 70년간 재위하면서 태국정치의 중심에 있었다. 국왕은 국가이익뿐 아니라 왕실의 이익을 고려하면서 군부와 민주파 사이를 오갔다. 그는 민주주의 혁명 시기 군부 지도자들에게 국외로 나갈 것을 조언하기도 했지만, 한편으로 군부 쿠데타 시기 쿠데타를 추인하기도 하였다. 이 과정에서 '국왕-추밀원(국왕을 보완하는 기구)-군부'가 보수 네트워크를 구축하여 경제엘리트들과 이익을 공유했다. 군부가 푸미폰 국왕 서거 후인 2017년 헌법 개정을 한 배경도 여기에 있다.

이런 거대 연합에 대해 탁신 전 총리는 포퓰리즘을 무기로 인구가 많은 북부에서 농민, 노동자들의 지지를 이끌었다. 2001년 총리선출 이후 그는 새로운 정치를 폈다. 경찰공무원에서 사업가로 변신에 성공한 탁신은 사업가적 기질을 발휘해 가난한 태국인들에게 30불 의료보험제, 농업정책 개편, 최저임금인상 등의 민중주의 정책을 사용하였다. 이에 사회하층부는 탁신의 절대적인 지지 세력이 되었다. 2001년 이후 모든 선거에서 탁신은 압도적인 지지를 받아왔다. 특히 2006년 군사쿠데타로 총리 자리를 빼앗기고 망명 생활에 들어간 뒤의 선거에서조차 그는 그를 추종하는 이들에 의해 승리해왔다.

당시 투표결과의 의미는 명확하다. 지니계수 0.536(1992년 기준)으로 세계에서 가장 경제적 불평등이 높은 태국에서 하나의 대안세력이 탄생한 것이다. 그러나 급격한 변화를 꾀한 탁신 등장 이후 태국정치는 '친탁신 vs. 반탁신'으로 정치투쟁에 돌입했다. '탁신과 민중주의 개혁연대 vs. 군부와 국왕의 기득권 거부연대'의 대립.

태국은 2개로 나뉜다고 한다. 방콕과 태국으로. 방콕 중심의 공업지대와 나머지 지역이 있는 것이다. 화교 자본과 일본 기업들이 지배한 태국경제구조에서 전체 인구 6900만 명 중 80%가 넘는 타이족은 대체로 가난하다. 이렇게 구분된 경제적 불평등이 정치투쟁으로 이어진 것이다.

그런데 시민들은 왜 지금도 군부를 지지하는가? 이것은 정치와 민주주의를 이해히는 시민들의 인식과도 관련된다. 2001년부터 2012년까지 3차례 진행된 아시안바로미터서베이(ABS)에 따르면 태국인들은 민주주의를 선거와 정당이란 '제도'보다는 자유와 평등 같은 '추상적 가치'로 인식한다. 민주주의에서 '빈부격차축소'와 '부정부패가 없는 정부'라는 가치를 '자유롭고 공정한 선거'라는 제도보다 더 선호한다. 또 민주주의에서 '정부의 공공서비스 제공'을 중시한다. 이러한 조사 결과는 태국인들이 민간 정치인이나 민간 정당보다 군부와 국왕에 대한 신뢰가 높게 나오는 이유를 설명해준다. 그들에게는 현실적인 경제문제 해결이 정치투쟁보다 중요하다. 최근 민주주의를 '결과'로 이해하는 이들에게 "민주주의가 가장 좋은 정부형태"라는 확신도 떨어지고 있다.

그렇다. 태국 상층부는 전근대의 상징인 '국왕'과 근대의 상징인 '군부' 그리고 새로운 현대를 원하는 '민간'이 권력투쟁 중이다. 그런데 그 기저에는 지나친 빈부격차로 인한 체념과 능력 없는 민주주의에 대한 실망이 자리 잡고 있다. 상층부의 기약 없는 권력투쟁과 하층부의 무기력이 동시에 진행 중인 것이다.

나는 카오 락에서 1970년대 가난했던 한국을 보았다. 화려한 리조트 옆 개울에서 물놀이하던 태국 젊은이들이 떠오른다. 순박하게 여자 친구를 개울로 불러내는 태국 젊은이들에게 미래는 어떻게 그려질까!

25   2019. 4. 4.

태국의 지정학과 외교 : 자유를 위한 자유의 포기

한 국가의 음식문화는 그 국가의 지리적 환경을 반영한다. 대륙 문화를 가진 중국에서 손님을 후하게 대접하려면 손님이 충분히 먹고도 남을 정도로 음식을 차려야 한다. 보릿고개가 있던 한국에서 후한 대접은 음식이 남지 않는 것이다. 손님 또한 음식을 다 먹는 것이 예의다. 반면에 빈번한 지진·태풍과 자원 부족으로 여러 차례 기근을 겪은 일본은 음식을 여유 있게 차리기 어렵다. 그래서 '눈으로 즐기는' 음식을 대접한다.

그런데 다른 나라 국민끼리 만날 때가 골치 아프다. 중국인에게 초대받은 한국인은 사람이 이걸 다 먹을 수 있을까 싶은 양의 음식을 대접받는다. 만약 한국인이 한국문화대로 이 많은 음식을 다 먹어치우면 초청자나 손님 모두 난감하다. 과식한 손님과 달리 주인은 "모자랐나?" 자책할 수도 있다.

중국의 접대문화를 보여주는 사진. 중국은 많은 음식을 차려 후하게 대접하는 것을 중시한다. 과연 이것을 사람이 다 먹을 수 있을지 싶을 정도로.

사진 출처: boomup.chosun.com

일본 음식은 눈으로 보고 즐길 수 있을 정도로 아름답다. 특히 오마카세(주방장이 그날 그날 최상의 재료로 자유롭게 구성한 메뉴) 등으로 발전한 일본 음식은 손을 대는 것이 미안할 정도이다. 그런데 먹고 나서 좀 모자란다는 느낌을 받는다. 나만 그런 건가?

사진 출처: 네이버 블로그. 비밀스럽고 심오한

한국음식문화는 중국과 일본의 중간 위치쯤 된다. 양이 부족하지도 않지만 아름답다. 다양하면서 건강을 챙긴다. 이 사진은 '지화자'의 한정식 상차림이다. 이 음식점에 대한 한국관광공사의 설명은 이렇다. "국가중요무형문화재 38호 조선왕조 궁중음식의 기능보유자인 고 황혜성 교수와 한복려 원장의 황혜성家에서 운영하는 우리나라 최초의 궁중음식점이다. 한복려 원장은 드라마 대장금의 궁중 요리 자문을 맡은 것으로도 유명한 궁중 요리의 대가. '지화자'라는 이름은 이어령 전 문화부 장관이 '우리 전통의 맥을 신명 나게 이어나가라'는 뜻에서 붙여줬다."

사진출처: 한국관광공사 청사초롱. 블로그

더 심난한 것은 일본인이 중국인을 초대한 경우다. '눈으로 즐기는' 음식이 나오고 중국 문화대로 중국 손님이 음식을 어느 정도를 남겨야 한다고 생각해보라.

지리가 문화를 만든다. 태국도 지리와 지정학에 영향을 많이 받았다. 그런데 재미있는 것은 그들은 "자유를 위해 자유를 포기하였다"는 것이다. 이율 배반, 그 속으로 들어가 보자.

먼저 태국 지정학을 보자. 태국 영토는 51만 제곱킬로미터가 넘는다. 남한의 5배에 달한다. 태국은 1,645km가 넘는 남북과 넓게는 785km에서 좁게는 12km의 동서로 구성된다. 전국 연평균기온은 28도에 연평균습도는 70%에 달한다. 열대몬순기후로 강수량이 풍부하여 삼모작도 가능하다. 태국에서 벼를 심고 그냥 두면 2m까지 자라 쌀 나무가 된다는 우스갯소리가 있다. 2018년 기준(USDA기준)으로 연간 쌀 생산량은 2100만 톤, 수출량은 1100만 톤이다. 생산량 세계 6위에 수출량 세계 1위였다. 최근 수출량 1위를 인도에 빼앗겼지만 말이다. 2018년 한국 쌀 생산량 400만 톤과 2018년 북한 전체 곡물생산량이 495만 톤(UN 추산 영양실조나 질병에 걸릴 가능성이 있는 주민이 1090만 명)과 비교하면 그 수치가 실감난다.

태국은 다른 자연자원도 넘친다. 천연고무, 주석, 설탕 생산 세계 1위. 수산물자원도 풍부하다. 과거 1993년 수산물 수출이 세계 2위일 정도였다. 열대과일이 풍부한 태국에서 '아사(餓死)'는 자살이라고 할 정도다.

따뜻한 기후, 풍부한 자연자원, 넓은 영토와 농경지, 7천만 명 정도의 인구. 태국을 여유롭게 만든 요인들이다. 태국이 '미소의 나라' '여유와 친절의 나라'일 수 있는 이유다. 여유가 자유를 만든다. 태국은 태국어로는

'쁘라텟타이'다. '자유의 나라'라는 의미다. 이 '자유의 나라'라는 국명은 1939년 군부의 원수 출신인 피분쏭크람 수상이 예전 국호인 싸얌(샴 혹은 시암)을 개정한 것이다. 또 태국인은 태국어로 '콘타이' 나 '차우타이'라고 한다. '자유로운 사람'이란 의미다. 두 가지는 태국의 지향점을 말한다.

태국속담에 '부아마이참 남마이쿤'이라는 말이 있다. 이 말도 태국인들의 자유지향성을 잘 보여줄 듯하다. 말뜻은 "연꽃을 상하지 않게 하고 물도 흐리지 않게 한다."이다.* 연꽃을 따지만 그 연꽃을 상하게 하지도 않고 연꽃이 있는 물도 흐리지 않게 한다는 것이다. 어떤 행동으로 다른 이에게 피해를 주지 않고, 나 스스로에 마음의 짐을 남기지 않겠다는 의미로 해석된다. 많이 쓴다는 "끄렝짜이"도 태국인의 자유 의식을 잘 보여준다. 이 말은 "다른 이가 육체적으로 정신적으로 불편한 마음이 들지 않게 하는 심리"를 의미한다.* 한국어로 '배려하고' '삼가는 것'과 유사하다고 보인다. 물론 태국인들의 이러한 자유, 배려의 마음은 국민의 94%가 믿는 불교의 영향도 있을 것이다. 그런데 춥고 자원이 부족한 동북아시아 지역 국가들도 불교나 다른 종교를 가지고 있다. 반면에 태국처럼 마음의 여유를 가지지 못한 것을 보면 종교 영향이 절대적이지는 않다.

태국은 외교에서도 자유를 중시한다. 1차 대전과 2차 대전을 겪는 동안 태국은 동남아시아 국가 중에서 유일하게 식민지로 전락하지 않았다. 이는 '대나무 외교'의 결과다. 태국은 "휘지만 부러지지 않는다."는 원칙으로 외교를 수행해왔다. 이런 외교는 일면 기회주의 외교로 비판받기도 한다. 하지만 궁극적인 자유를 위해 자유의 일부분을 희생한다는 점에서

---

* 박경은, 정환승, 『태국 다이어리, 여유와 미소를 적다』, (서울 : 눌민, 2016). pp. 25-26.
* 같은 책. 33p.

약소국의 고육지책으로 볼 수도 있다. 극단적으로 말해 몸통을 위해 팔다리는 내줄 수도 있다는 것이다.

태국의 '대나무 외교'는 역사가 깊다. 13세기 몽골의 팽창 시기 태국은 원나라로부터 권력정치(power politics)를 배웠다. 중국이 아편전쟁에서 패배하여 더는 강대국이 아니라고 판단할 때까지 태국은 중국식 힘의 질서를 따랐다. 1512년 태국은 서양국가로는 처음 포르투갈과 문호개방을 했다. 이후 1600년대 네덜란드의 영향력이 강화되자 영국을 통해 힘의 관계를 조정하기도 했다. 1860년대 이후 프랑스 나폴레옹 3세의 인도차이나 점령 시기 태국은 영국으로 기울었다. 1893년 영국을 이용하여 영국-프랑

영화 '왕과 나'의 한 장면. 이 영화의 실제 왕은 태국의 라마 5세이다. 1868~1910년이라는 재위 기간 라마 5세 쭐랄롱꼰 대왕은 프랑스와 영국에 일부 영토를 내어주었지만, 태국을 서구 열강의 식민지가 되지 않게 하였다. 태국 대나무외교를 잘 보여주는 사례다.

사진 출처 : 이코노뉴스

스의 '태국독립 합의'를 유도하기도 하였다. 이때 태국은 프랑스에 자신의 속국이었던 캄보디아와 6개의 섬을 넘겼다. 영국에게도 말레이반도의 4개 주를 넘겼다. 하지만 독립은 지켜냈다. 1차 세계대전 때 연합국의 승기가 확실해지자 태국은 연합국 편에 서서 승전국이 되었다. 2차 세계대전 중에는 이중플레이까지 했다. 군부가 이끄는 정부는 일본과 공수동맹을 체결한데 반해, 왕의 섭정은 '자유타이운동'이란 반일운동을 통해 미국에 '태국-일본 동맹'이 일본의 강요에 의한 것이라고 설득했다. 결국, 2차대전 후 태국은 승전국으로 UN에 가입한다. 이중플레이를 통한 자유 수호. 1942년 피분쏭크람 수상의 말은 이런 태국외교 속성을 적나라하게 보여준다. "이 전쟁에서 어느 편이 패배하리라 생각하느냐? 패배하는 쪽이 바로 우리의 적이다."*

자유를 위한 자유의 포기. "팔 하나를 내주고도 몸통은 지키겠다."는 생존을 위한 고통스럽지만 전략적 사고. 태국은 약소국에겐 '유연성'이 중요한 전략일 수 있다는 점을 알려준다. 이처럼 '미소의 나라' 태국의 이면에는 힘겨운 생존투쟁이 있다.

한국은 태국처럼 유연할 수 있을까? 그러기 어렵다. 첫째, 한국은 지정학 조건이 척박하여 여유가 없다. 둘째, 한국은 민족주의, 유교적 도덕성, 한국전쟁이 가져온 이념대결이 여전히 강력하다. 지정학 조건과 관념 모두 유연성과 거리가 멀다. 지정학과 관념은 한국에 외줄 타기 외교를 강요해왔다. 하지만 한국에 반드시 외줄타기 외교만 필요한 것은 아니다.

강대국간 대결이 심화하여 '줄 세우기'를 할 때 한국에 외교적 대안은 별로 없다. 답보상태인 남북미관계, 미중, 중일 경쟁구조는 한미동맹을 여

---

* "외교", 이병도. 『태국의 이해』 (서울: 한국외국어대출판부, 2012). 11장. p. 192.

전히 중요하게 만든다. 하지만 힘이 상대적으로 부족한 한국도 한편으로 유연성을 발휘해볼 수 있는 조건을 모색하고 상상력을 키워볼 수 있다.

그렇다. 스승은 멀리만 있는 것이 아니다.

그럼 지금은?

태국외교는 전형적인 편승(bandwagon)외교다. 이념이나 정치적 목적은 중요하지 않다. 그저 생존만 추구한다. 이를 위해 더 강력한 국가에 의지한다. 어쩌면 비굴한 이 외교정책으로 태국은 다른 동남아시아 국가와 달리 식민지 경험이 없다. 그래서 이것이 과연 외교술책일까 싶기도 하다. 다만 태국이 유연한 자세를 갖춘 것에서 한 가지 의미를 생각해볼 수는 있다. 물론 지정학적 이해관계가 너무 강력한 동북아시아 지역에서 과연 태국식 유연성이 발휘될 수 있는가라는 질문이 떠오르기는 한다.

일상이 정치: 미식, 세대, 지정학

26

2019. 7. 18.

터키의 지정학과 한반도 :
터키의 러시아산 무기구매는 어떻게
한국정부에 부담이 되는가?

'지정학'과 '쓰리 쿠션.' 터키와 한반도를 연결하는 두 가지 키워드다. 갑자기 웬 터키? 그리고 웬 터키와 한반도?

터키와 한국은 '형제의 나라'와 '월드컵 3, 4위 결정전' 말고는 잘 연결되지 않는 조합이다. 그런데 최근 터키가 한반도와 연결되고 있다. 지금부터 그 연결고리를 설명해보겠다.

터키가 연일 뉴스 면에 오르고 있다. 아주 작은 지면으로. 터키는 한국에게 '형제의 나라'라지만 사실 한국은 터키에 별 관심이 없다. 터키 문제를 구체적으로 다루는 매체들이 없는 것을 보면 알 수 있다.

터키가 쟁점이 된 것은 러시아제 S-400이라는 미사일방어체계를 도입했기 때문이다. 문제의 핵심은 두 가지다. 첫째 기술적인 차원이다. 터키가 러시아제 방어무기체계를 도입하면 미국에서 구매하기로 한 F-35 스텔스기와 운용체계가 충돌한다. 무기 상호 간 피아(彼我) 구분을 위해서는 미국산 F-35 스텔스기와 러시아산 S-400을 연동시켜야 한다. 이 과정에서 미국의 가장 앞선 스텔스기술이 러시아로 흘러 들어갈 수 있고 이는 러시아의 방어력 강화와 미국의 제공권약화로 이어질 수 있다.

터키가 도입한 러시아제 S-400 방공 미사일 시스템. 이 미사일은 미국의 방어미사일(MD)체계보다 상대적으로 저렴하면서도 성능 면에선 앞서고 있다는 평가를 받는다. NATO 회원국인 터키는 러시아산 무기를 도입하여 러시아와 관계강화를 시도한다. 이런 헤징(Hedging) 전략은 패권국 미국에는 하나의 도전이다.

사진출처 : 한겨레

둘째 전략적인 차원이다. 터키의 이런 행동은 미 패권에 대한 도전이다. 이 부분이 현재 터키 이슈의 핵심이다. 즉 터키가 동맹국인 미국을 배신하고 러시아에 한발 걸치는 것이다. 일명 헤징(hedging) 전략. 그리고 이 전략의 핵심에는 지정학이 있다.

지정학적인 차원에서 터키는 유럽과 아시아를 연결하는 위치 말 그대로 전략적인 요충지에 있다. 지도를 한번 펴보면 왜 터키가 중요한지를 쉽게 이해할 수 있다. 터키의 보스포러스 해협은 유럽과 아시아의 경계선이다. 게다가 이 해협은 과거 소련의 유일한 부동항인 세바스토폴 항에서 소련 군함이 나갈 수 있는 하나뿐인 길목이다.

터키의 지리. 터키는 이스탄불의 위쪽으로 보스포러스 해협이 있다. 이 해협을 기준으로 왼쪽이 유럽이고 오른쪽이 아시아이다. 터키는 중동에서 유럽으로 넘어가는 길목에 있을 뿐 아니라 흑해에서 지중해로 나가기 위해서는 터키의 보스포러스 해협과 다르다넬스 해협을 통과해야 하는 그야말로 지정학적 요충지에 있다. 터키는 이슬람국가로 수니파 국가다. 다른 이슬람 국가들과 달리 정교가 분리되어 있다. 터키의 아래로 시리아와 이라크가 있고 오른쪽에 이란이 있다. 이 국가들은 시아파 중심 국가들이다. 그런 점에서 터키는 과거 냉전기에는 소련을 억지하는 거점이었고 현재는 러시아 견제와 중동관리에 있어서 중요 거점이다.

사진출처 : http://blog.daum.net/freeleeandkim/839

터키의 지정학은 역사적이다. 터키의 보스포러스 해협과 다르다넬스 해협은 19세기와 20세기 초 영국이 러시아 남하를 견제한 길목이었다. 그리고 냉전 시기 미국은 영국의 역할을 이어받았다. 냉전기 트루만 독트린. 쿠바 미사일 위기. 모두 터키와 관련되어있다.

터키의 지정학은 다른 지표로도 중요성을 확인할 수 있다. 터키는 NATO회원국이지만 유럽 연합(EU)구성원은 아니다. 즉 유럽에게 터키는 안보차원에선 Yes 경제차원에선 No이다.

이번에 사달이 난 사건의 시작은 이렇다. 터키가 1990년대 말 미국으로부터 스텔스기를 도입하고 유럽에 배치될 스텔스기를 공동 생산하기로 하고는, 2018년에 와서 러시아제 방공무기를 들여놓겠다고 미국을 협박한 것이다. 그리고 2019년 7월 13일 터키는 실제 러시아 미사일을 도입했다.

그런데 왜 이게 한반도에 문제가 되는가! 당구의 쓰리 쿠션 논리를 빌려오면 이렇다. '터키 ⇨ 미국 ⇨ 북한과 일본 ⇨ 대한민국'이 된다.

세부적인 논리를 보자. 패권국 미국의 자존심을 건드리고 있는 터키가 지정학 쿠션의 시작이다. 에르도안 터키 대통령은 외교카드로 헤징 전략을 꺼내 들었다. 최근 마이너스 성장을 보이는 터키의 경제난을 극복할 방법이 에르도안 대통령에게는 없다. 게다가 2019년 6월 23일 이스탄불 시장선거에서 야당에 패하기까지 했다. 지난 25년간 자신의 정치 텃밭이었던 이스탄불에서 패한 것은 에르도안의 정치적 지도력이 끝나간다는 것이다.

이런 상황에서 전략가이자 모험가인 에로도안은 히든카드로 미-러 간 '양다리 걸치기' 전략을 꺼내 든 것이다. 그에게 이번 사안은 다목적카드다. 러시아와의 관계 개선과 경제 지원확보. 부분적 반미를 통한 국내 지지의 결집. 쿠르드족의 국가건설 문제에 대한 강경한 입장표명. 미국의 이스라엘 정책에 대한 거부.

터키의 에로도안 대통령. 그는 3번 총리를 지냈고 헌법을 바꾸어 대통령 자리를 차지하였다. 게다가 2029년까지도 집권할 수 있다. 경제발전과 이슬람주의를 내세운 그의 통치 전략이 최근 터키의 경제 악화로 먹혀들지 않고 있다. '선거권위주의 체제'인 터키 정부가 지난 6월 이스탄불 시장선거에서는 야당에 패하였다. 권위주의 체제 유지에 빨간불이 들어온 것이다. 현재 에르도안이 사용하는 미국과 러시아 사이의 '양다리 걸치기 전략(헤징 전략)'이 과연 그와 그가 이끄는 정권의 지지도를 유지하는데 유용한 전략이 될 것인지가 이번 사건에서 가장 핵심이다.

사진 출처 : 한겨레

미국의 제재를 받을 것이 명확한데도 불구하고, 현시점에서 에르도안이 러시아제 무기를 도입하는 강수를 두는 것은 터키의 지정학이 '꽃놀이 패'기 때문이다. 미국은 터키에 제재를 가할 것이다. 하지만 터키가 NATO를 떠날 정도로 강한 제재를 부과하지는 못할 것이다. 터키가 없으면 러시아의 군사적 확장에 대처하기 어려울 뿐 아니라 중동의 시아파 국가들인 이란, 이라크, 시리아 문제를 관리하기 어렵다. 터키의 오른편 위쪽에 있는 조지아나 아르메니아를 관리하는 것도 어려워진다. 만약 70만 명에 달하는 거대한 터키의 재래식 군대가 미국과 NATO의 반대편에 선다면 이것 역시 미국에는 커다란 부담이다.

또 터키는 러시아에 자신이 어떤 존재인지를 너무나 잘 알고 있다. 최근 지지율이 떨어지고 있는 푸틴은 '강한 러시아'를 강조하면서 민족주의를 전략적으로 사용하고 있다. 어렵게 크림반도를 병합한 러시아가 지중해로 나가기 위해서는 터키와 파트너십이 필수적이다.

그럼 미국은 이 상황을 어떻게 받아들일까? 트럼프행정부는 패권 강화를 통해서 미국의 국익을 지키는 전략을 구사하고 있다. 그런 미국에 중국, 이란, 베네수엘라, 북한이라는 외교적 도전이 있다. 여기에 비민주주의 국가지만 믿을만했던 터키가 등에 칼을 꽂겠다고 나선 것이다.

패권국의 '명예' 뿐 아니라 중대한 '이익'까지 도전받는 상황에서 트럼프 대통령은 2020년 재선을 기획해야 한다. 벌려놓은 외교적 사안 중에서 몇 개는 정리가 되어야 내년 대선에서 외교적 공세에 대처할 수 있다. 그런데 터키는 유럽과 연결된 중요한 국가이다. 독자적인 위협 구사로 미국에 도전하는 북한과 결이 다르다. 트럼프 대통령을 싫어하는 유럽의 지도자들은 터키 문제를 이슈화해서 미국 대선에 간접적으로 개입할 것이다. 그럴수록 조만간 해법을 찾기 어려운 북한 비핵화는 미국외교에서 후순위로 밀려날 것이다.

미국은 터키를 버릴 수도 없지만 그렇다고 그냥 둘 수도 없다. 트럼프 대통령은 적당한 선에서 제재를 가하는 것으로 끝을 볼 것이다. 이후 미국은 더 믿을 만한 동맹 파트너들과 국제질서를 관리하는 제도화에 나설

'형제의 나라' 터키. 터키는 2002년 월드컵의 3. 4강 결정전에서 '형제의 나라'로 관심을 받았다. 터키와 한국의 인연은 깊다. 1950년 한국전쟁 때 터키는 14,000명(국가 보훈처 발표 기준)을 파병하였다. 하지만 터키가 한국을 '형제의 나라'라고 한 것은 그보다 오래전인 고구려 시대 돌궐과 관련된다. 돌궐은 고구려와 동맹을 통해 중국을 견제했다. 이후 돌궐이 무너지고 돌궐사람들은 중앙아시아로 이주하게 된다. 그리고 이렇게 이주한 이들이 나중에 오스만 투르크 제국을 건설하였고 이들이 지금의 터키를 이룬 것이다. 그래서 터키는 아직도 돌궐과 고구려의 우호적인 관계를 역사에 기록하고 있다고 한다.

사진출처 : 일간스포츠. http://blog.daum.net/leemooyeoung561225/10047597 에서 재인용

것이다. 유럽에서는 영국이, 아시아에서는 일본이 그 파트너가 될 것이다. 그런 점에서 미국은 어정쩡한 입장의 한국보다는 확고한 입장의 일본과 관계를 강화할 것이다. 2015년 미일방위협력지침의 개정 이후 끈끈한 미일관계는 더욱 밀착될 것이다.

미국에게 북한 문제가 외교적 후순위로 밀릴수록, 일본과의 동맹이 강화될수록 한국의 외교적 입지는 더 좁아진다. 북한도 이것을 잘 안다. 그래서 최근 대한민국 정부에 "중재자나 촉진자 따위 언급하지 말고 실제 당사자로 행동하라"라고 압박하는 것이다. 일본은 한국에 대한 무역제재

의지를 더 강하게 불태우고 있다. 미국은 한국과 일본이 알아서 해결하라고 한다. 그런데 한국정부는 외교보다는 국내정치에 관심이 많다. 이것이 제일 걱정이다.

지리는 연결되어 있다. 저 먼 '형제의 나라'가 이제 대한민국에게 의도하지 않게 부담을 주고 있다. 3쿠션의 지정학. 대한민국에게 지정학적 전략이 절실한 이유다.

일상이 정치: 미식, 세대, 지정학

맺음말

이 책은 정치학의 전문서가 아니다. 처음부터 체계를 갖추고 한 가지 주제를 다룬 책도 아니다. 그간의 칼럼들을 모아서 나름의 체계를 잡았기에 주제와 주제를 연결하는 논리적 끈이 부족하다. 좀 더 알고 싶은 이론이나 개념들이 있을 수도 있다. 이런 약점에도 불구하고 지난 칼럼들을 모아 책으로 낸 것은 정치 현상을 관통하는 커다란 흐름이 있고, 이것을 한 가지 해석으로 공유해보자는 취지였다.

한국 정치는 개인화되는 사람들과 개인화를 강요하는 사회구조 속에 있다. 게다가 너무나도 많은 세대로 구획되어 살고 있다. 자원이 중요해지고 지리가 더 밀접히 연결되면서 지정학은 우리 생활의 일부가 되고 있다. 사회화, 세대, 지리의 관점을 가지고 세상을 보면 그 이전보다 세상의 흐름이 좀 더 명확해질 것이다. 그리고 좀 더 재미있게 세상을 해석할 수 있을 것이다. '일상이 정치'인 여정을 함께 해준 독자분들께 먼저 감사드린다.

개인적으로 '특별한' 책인 만큼 감사 인사를 하고자 한다. 우선 이 책을 지금은 하늘나라에 계신 나의 할머니께 바친다. 할머니는 어린 시절 나의 성정을 만들어주셨다. 지금까지 그 가르침을 따르려고 노력하고 살고 있다. 가난한 환경에서도 감사하며 살 수 있게 해주신 부모님께도 감사드린다. 장인 장모님의 보살핌에도 감사드린다. 그리고 화목한 가정생활을 할 수 있게 해주는 아내와 두 딸에게 매일 고맙다.

부족한 제자의 글에 항상 애정 어린 지도를 해주시는 지도교수이신 강성학 교수님께 항상 감사드린다. 40대 이후의 삶에 가장 많은 영향을 주신 이영석 회장님께도 항상 감사드린다. 어려운 출판계 상황에서도 초보 '인문학' 책을 선뜻 출판해주신 행인출판사 대표이신 이인규 박사님께도 감사드린다. 편집으로 책이 근사해 보이게 만들어주신 전희주 편집자님께도 감사드린다. 연구실에서 책을 만드는 전 과정에 조언을 해주신 이종훈 선생님, 류준세 선생님, 정경호 선생님께도 감사드린다. 인사드려야 할 분들이 더 많지만, 항상 감사하는 마음으로 열심히 사는 것으로 감사 인사를 대신하도록 한다.

2020년 3월 30일

일상이 정치: 미식, 세대, 지정학

발 행 일 : 2020년 03월 30일
저　　자 : 신 희 섭
발 행 인 : 이 인 규
발 행 처 : 행인출판사
주　　소 : 서울시 관악구 신림로29길 8, 112동 405호
전　　화 : 02-887-4203 팩 스 : 02-6008-1800
출판등록 : 2012.02.06. 제2012-13호
홈페이지 : www.baracademy.co.kr / e-mail : baracademy@naver.com

정　　가 : 16,000원　　ISBN : 979-11-963357-6-2 (03300)

저자와 협의하여
인지를 생략함

파본은 바꿔드립니다. 본서의 무단전제·복제 행위를 금합니다.

이 도서의 국립중앙도서관 출판시도서목록(CIP)은 서지정보유통지원시스템 홈페이지 (http://seoji.nl.go.kr)와 국가자료공동목록시스템(http://www.nl.go.kr/kolisnet)에서 이용하실 수 있습니다.(CIP제어번호 : CIP2020013313)